职业教育新能源汽车类专业
新形态一体化教材

新能源汽车
整车控制与检测技术

主　编　吕丕华　霍苏萍　吴　刚
副主编　许智达　温江杰
参　编　张雪妮　徐跃进

中德诺浩（北京）教育科技股份有限公司　组编

U0968508

中国教育出版传媒集团
高等教育出版社·北京

内容简介

本书是职业教育新能源汽车类专业新形态一体化教材。

本书根据新能源汽车企业一线典型工作任务进行编写，通过各类任务的相关知识学习和实际操作，使学习者掌握新能源汽车整车控制系统电路图识读，整车控制系统硬件结构、工作原理，高压部件控制策略和诊断方法，以及高压上电控制系统、充电系统、温度控制系统、车载网络系统的原理、结构和诊断方法等知识，并具备独立完成新能源汽车整车控制系统常见故障检测、维修、部件更换、性能测试等工作的各项职业技能。

本书共有 4 个情境、16 个任务，内容包括整车网络信息管理、整车高压控制、整车安全管理、整车热管理。

本书重点/难点的知识点/技能点配有动画、微课等丰富的数字化资源，视频类资源可通过扫描书中二维码在线观看，学习者也可登录“智慧职教”平台（www. icve. com. cn）搜索课程“新能源汽车整车控制与检测技术”进行在线学习。

本书可作为职业院校新能源汽车类专业课程的教学用书，也可供与新能源汽车相关的从业人员及其爱好者学习参考。授课教师如需本书配套的教学课件等资源或是有其他需求，可发送邮件至 gzjx@ pub. hep. cn 获取。

图书在版编目（CIP）数据

新能源汽车整车控制与检测技术 / 吕丕华，霍苏萍，吴刚主编；中德诺浩（北京）教育科技股份有限公司组编. -- 北京：高等教育出版社，2024. 11

ISBN 978-7-04-061914-0

Ⅰ. ①新… Ⅱ. ①吕… ②霍… ③吴… ④中… Ⅲ. ①新能源-汽车-控制系统②新能源-汽车-检测 Ⅳ. ①U469. 7

中国国家版本馆 CIP 数据核字(2024)第 053371 号

XINNENGYUAN QICHE ZHENGCHE KONGZHI YU JIANCE JISHU

策划编辑	姚　远	责任编辑	姚　远	封面设计	赵　阳	版式设计	杜微言
责任绘图	于　博	责任校对	吕红颖	责任印制	赵义民		

出版发行	高等教育出版社	网　　址	http://www. hep. edu. cn
社　　址	北京市西城区德外大街 4 号		http://www. hep. com. cn
邮政编码	100120	网上订购	http://www. hepmall. com. cn
印　　刷	北京盛通印刷股份有限公司		http://www. hepmall. com
开　　本	787mm×1092mm　1/16		http://www. hepmall. cn
印　　张	16. 25		
字　　数	310 千字	版　　次	2024 年 11 月第 1 版
购书热线	010-58581118	印　　次	2024 年 11 月第 1 次印刷
咨询电话	400-810-0598	定　　价	45. 00 元

本书如有缺页、倒页、脱页等质量问题，请到所购图书销售部门联系调换
版权所有　侵权必究
物 料 号　61914-00

“智慧职教”服务指南

“智慧职教”(www.icve.com.cn)是由高等教育出版社建设和运营的职业教育数字教学资源共建共享平台和在线课程教学服务平台,与教材配套课程相关的部分包括资源库平台、职教云平台和App等。用户通过平台注册,登录即可使用该平台。

• 资源库平台:为学习者提供本教材配套课程及资源的浏览服务。

登录“智慧职教”平台,在首页搜索框中搜索“新能源汽车整车控制与检测技术”,找到对应作者主持的课程,加入课程参加学习,即可浏览课程资源。

• 职教云平台:帮助任课教师对本教材配套课程进行引用、修改,再发布为个性化课程(SPOC)。

1. 登录职教云平台,在首页单击“新增课程”按钮,根据提示设置要构建的个性化课程的基本信息。

2. 进入课程编辑页面设置教学班级后,在“教学管理”的“教学设计”中“导入”教材配套课程,可根据教学需要进行修改,再发布为个性化课程。

• App:帮助任课教师和学生基于新构建的个性化课程开展线上线下混合式、智能化教与学。

1. 在应用市场搜索“智慧职教 icve”App,下载安装。

2. 登录App,任课教师指导学生加入个性化课程,并利用App提供的各类功能,开展课前、课中、课后的教学互动,构建智慧课堂。

“智慧职教”使用帮助及常见问题解答请访问 help.icve.com.cn。

前言

汽车产业是我国国民经济支柱产业。我国汽车销量连续多年位居全球第一，汽车产业为我国经济发展提供强劲动力。在以电动化、智能化为主要技术特征的新能源汽车领域，我国已连续9年位列全球新能源汽车销量榜首。

党的二十大报告提出，建设现代化产业体系，坚持把发展经济的着力点放在实体经济上，推进新型工业化。实施科教兴国战略，强化现代化建设人才支撑。发展新能源汽车产业对全面建成社会主义现代化强国具有重要意义。同时，新能源汽车产业对于高素质技术技能人才的需求日益增大。

根据《关于加强新时代高技能人才队伍建设的意见》中的要求和《新能源汽车产业发展规划（2021—2035年）》中"加快建立适应新能源汽车与相关产业融合发展需要的人才培养机制"的愿景，为贯彻落实国家职业教育大会精神，为我国汽车产业提供有力人才和技能支撑，编者团队以相关岗位职业技能为核心，把优化课程结构、加强实践教学、突出能力培养和提高教材质量作为目标，编写了职业教育新能源汽车类专业新形态一体化系列教材，本书为其中之一。

本书融入产业新知识、新技术、新工艺、新方法，融入汽车产业链典型岗位相关工作标准，将新能源汽车理论知识与实践应用有机结合，综合培养理论素养、技术技能、职业道德等职业综合素质和行动能力，具有以下特点：

（1）融入思政，导向正确。本书内容坚持正确的政治方向和价值导向，落实课程思政要求，弘扬劳动光荣、技能宝贵、创造伟大的时代风尚，培育劳模精神、劳动精神、工匠精神。

（2）产教融合，内容前瞻。集合职业院校与先进企业等多方力量，依据最新职业教育专业教学标准，按照生产实际和岗位需求，吸收新技术、新工艺、新规范等内容与典型生产案例，对接职业标准和岗位（群）能力要求。

(3) 理实结合，工学一体。以真实生产项目、典型工作任务等为载体，把握学生认知特点，体现先进职业教育教学理念，将工作过程和学习过程融为一体，培养综合职业能力。

(4) 模式先进，编排合理。采取行动导向教学模式，结构化、模块化、系统化精心编排教材内容，满足项目式学习、案例式学习、模块化学习等不同学习方式的需求。

(5) 形态创新，数字引领。图、文、表并茂，“岗课赛证”融通，配套数字资源形式多样，信息技术应用充分、内容丰富，能够有效激发学习兴趣和创新潜能。

(6) 活页设计，制作精良。为满足理论教学、实训等多种教学场景，采用活页形式设计，方便使用。全书采用双色印刷，版面清晰，主题明确。

本书由中德诺浩（北京）教育科技股份有限公司吕丕华、河南机电职业学院霍苏萍、辽阳职业技术学院吴刚任主编，中德诺浩（北京）教育科技股份有限公司许智达、温江杰任副主编，咸阳职业技术学院张雪妮、重庆电子科技职业大学徐跃进参与编写。此外，本书在编写过程中还得到了来自行业、企业、职业院校的产、学、研各方面的专家、技术骨干的帮助和支持，在此致以诚挚的谢意。

本书可作为职业院校新能源汽车类专业的核心课程教材，也可作为其他汽车类专业的核心课程教材和拓展类教材，还可供从事汽车研究、设计、制造、使用和维修的工程技术人员学习和参考。

新能源汽车是新能源、新材料、大数据、人工智能等多种变革性技术深度融合的新技术产品，整个行业还在不断地创新、探索技术和服务工作的内容和模式，加之编写团队水平有限，本书在一些具体问题的处理上难免有不妥和疏漏之处，敬请广大读者批评指正。

编者

2024 年 3 月

目 录

情境一

整车网络信息管理

新能源汽车的核心系统是“三电”系统，即动力蓄电池管理系统、整车控制系统、驱动电机控制系统。整车控制系统作为新能源汽车核心系统之一，深刻影响着车辆的运行效率和驾乘性能。整车控制系统要想高效运行，离不开基于整车网络信息管理系统的正常运行。本情境针对整车网络信息管理系统进行一系列的认知、诊断、检修，包括整车控制器更换与匹配、整车控制器故障检修、车载网络系统架构搭建与测试、整车监控平台测试与检修4个任务。

本情境主要的学习内容包括整车控制器的定义、安装位置，整车控制器主要性能参数，整车控制器更换、匹配流程、注意事项，整车控制器电路原理、工作条件，整车控制器常见故障分析、检修思路，车载网络系统架构，CAN、LIN、以太网的原理、测试方法，数据采集终端安装位置、结构组成，数据采集终端工作原理，数据采集终端检测方法等。

任务一　整车控制器更换与匹配

1

一、任务导入

场景:某品牌新能源汽车售后维修车间。

人物:维修技师李师傅、学徒小王。

情节:售后维修车间拖来了一辆新能源故障车,故障现象是车辆无法起动。李师傅对车辆进行诊断后判断该车整车控制器损坏,于是安排小王进行整车控制器的更换与匹配工作。小王第一次做这项工作,无法独立完成,只好请教李师傅。下面跟随李师傅学习如何对整车控制器进行更换与匹配。

二、任务目标

◇ 能按照标准流程,使用绝缘工具,规范完成整车控制器的拆装与更换作业。

◇ 能按照标准流程,使用专用设备,正确完成整车控制器的匹配作业。

三、任务实施

(一) 整车控制器拆装与更换

1. 知识学习

1) 新能源汽车整车控制基本理论

新能源汽车整车控制系统是由多个子系统构成的复杂系统,主要包括动力蓄电池系统、驱动电机系统、充电系统、仪表、高压附件等,整车控制系统构成如图 1-1 所示。整车控制系统的各子系统通过自己系统的控制单元来完成各自的功能和目标。为了满足新能源汽车整车的动力性、经济性、安全性、可靠性和舒适性的目标,各子系统需要协同合作、优化匹配,为达到这一目标,由整车控制系统中的整车控制器对各子系统进行管理、协调和监测。

近年来,随着我国大力发展新能源汽车以及新能源汽车市场的不断扩大,对于新能源汽车整车控制系统的开发、测试与产业化的要求更为紧迫和严格。目前我国已具备了整车控制器软件、硬件的开发能力,产品功能较为完备,基本可以满足新能源汽车在整车控制器方面的需求,并且已经应用到量产产品上。国内整车控制器技术方案是通过微处理器的嵌入结构,编写控制软件代码,从而实现高效率驱动车辆的功能。

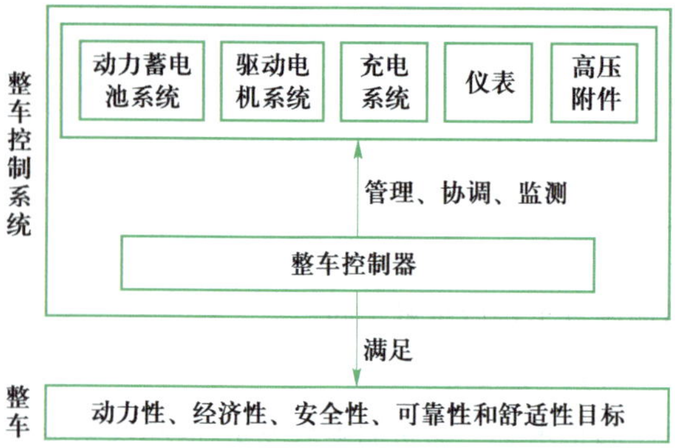

图 1-1　整车控制系统构成

微课
整车控制器

2）整车控制器定义、功能

整车控制器（Vehicle Control Unit，VCU）是新能源汽车的核心控制部件，作为新能源汽车动力系统的总成控制器，其主要功能是解析驾驶人的操作指令，监控汽车行驶状态，协调各控制单元如电池管理系统（Battery Management System，BMS）、电机控制器等的工作，实现整车的上下电控制、驱动控制、制动能量回收、高压安全监测、网络化管理、能量管理和优化、车辆状态监测和显示、故障诊断与充电管理等功能，并且负责车辆驱动模式判断及切换、定速巡航控制、车辆防溜坡控制、车辆蠕行控制、高压附件控制、车辆防盗、续驶里程计算、程序在线升级及在线标定以及其他整车自定义功能等。整车控制器如图 1-2 所示，该控制器为集成了 BMS 功能的 VCU，简称 VBU。

（1）驱动控制功能

图 1-2　整车控制器

整车控制器接收驾驶人的操作信号，如加速踏板位置信号、制动踏板位置信号、制动开关信号、挡位信号等，按照驾驶人的操作指令控制驱动电机输出动力或制动转矩。当驾驶人踩下加速踏板或制动踏板，驱动电机要输出一定的驱动功率或再生制动功率，踏板踩下程度越大，驱动电机的输出功率越大。因此，整车控制器要准确接收驾驶人的操作指令并解析，之后给整车各子系统发送控制指令，以实现车辆的正常行驶，并且接收各子系统的反馈信息，为驾驶人提供决策反馈。新能源汽车驱动控制原理如图 1-3 所示。

整车控制器也会综合车辆信息、动力蓄电池信息和电机控制器信息来计算驱动电机功率的分配，从而在系统允许范围内获得最佳的驾驶性能。

（2）制动能量回收功能

制动能量回收就是车辆在制动时利用电机特性进行电能回收，将回收的能量存储在储能装置(如电机控制器中的电容)中,当满足条件时,再将回收的能量反充给动力蓄电池,同时产生制动转矩的一种能量回收策略。制动能量回收约束条件包括动力蓄电池快速充电能力、单体电池以及动力蓄电池 SOC 值(剩余电量占电池容量的比值)、车辆前后桥制动力平衡,如图 1-4 所示。如果满足条件,整车控制器向电机控制器发出制动能量回收指令,回收部分制动能量。

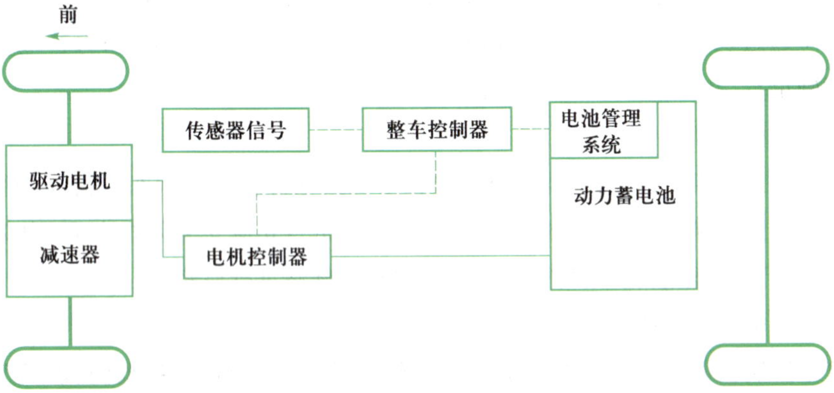

图 1-3　新能源汽车驱动控制原理

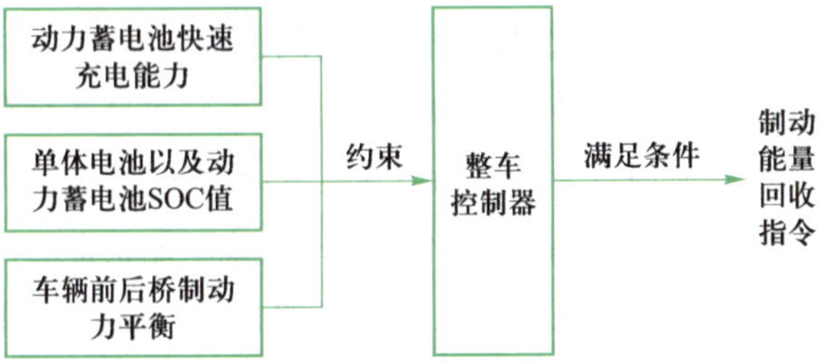

图 1-4　制动能量回收约束条件

(3) 网络化管理功能

新能源汽车各子系统控制单元之间存在数据交换,为保障数据交换能够快捷、有效、无故障传输,需要用到控制器局域网(CAN)。整车控制器是众多控制器中的一个,是 CAN 总线中的一个节点,在整车网络系统中,整车控制器是信息控制的中心,负责信息的组织与传输、网络状态的监控、网络节点的管理以及网络故障的诊断与处理,充当网关的作用。

(4) 能量管理和优化功能

动力蓄电池不仅给驱动电机供电,还要给 DC/DC 变换器、空调 PTC(正温度系数热敏电阻)加热器、空调压缩机等高压附件供电,因此,为了获得最大的续驶里程,整车控制器负责整车的能量管理和协调,以获得最佳的能量利用效率。在动力蓄电池 SOC 值比较低的时候,整车控制器将对某些高压附件发出指令,限制其功率输出,如辅助蓄电池电量充足时，整车控制器限制 DC/DC 变换器的功率输出，或限制开启部分舒适性辅助功能（如空调制冷、空调制热、座椅通风/加热等），使电量优先用于保证车辆的安全行驶。

（5）车辆状态监测和显示

整车控制器通过各传感器及 CAN 总线对车辆的状态进行实时监测，并且将车辆状态信息通过 CAN 总线发送给车载信息显示系统（仪表），将车辆状态信息和故障诊断信息通过仪表显示出来，显示内容包括：驱动电机转速、车速、动力蓄电池 SOC 值或续驶里程、故障信息、安全带提示、功能开启提示等。

（6）故障诊断功能

整车控制器实时监测传感器、执行器和系统其他部件工作状态，进行故障诊断，按照标准格式存储故障码，并根据故障内容，及时进行相应安全保护处理。如发现轻微故障，进行功率限制，提醒驾驶人行驶到附近维修站进行检修。

（7）充电管理功能

整车控制器可实现动力蓄电池电量监测、充电提示、充电连接检测，以及监测充电过程、报告充电状态、进行充电结束控制。

3）整车控制器安装位置

整车控制器需要具有良好的散热环境和条件，因此应尽量安装在通风良好或与其他金属体相接触的地方，以方便散热，并且安装位置应尽量选在车辆行驶时振动小的地方，以防长时间行驶时因过大的振动力导致其内部元器件端子松动或开焊，从而避免由于接触不良而引发整车控制器工作时断时续或不能正常工作的现象发生。

基于整车控制器安装位置要求，新能源汽车的整车控制器一般安装在前机舱后部靠近防火墙的位置，通过螺栓固定在车身上，并且通过可靠的连接器与其他电器相连接。整车控制器安装位置如图 1-5 所示。

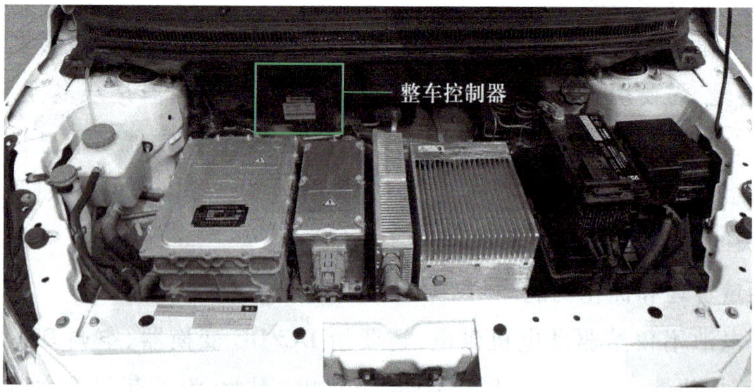

图 1-5　整车控制器安装位置

4）整车控制器拆卸流程及注意事项

微课

整车控制器的更换方法

（1）整车控制器拆卸流程

① 进行整车高压断电。

② 打开前机舱盖并拆卸前机舱罩盖，部分车型的整车控制器被冷却液储液罐等部件遮挡，需要先行拆除或移开。

③ 断开整车控制器连接器的锁止装置，之后拔出整车控制器连接器。

④ 有些车型的整车控制器有支架，需要先行拆卸支架，之后才能取下整车控制器。

（2）整车控制器拆卸注意事项

① 高压断电期间妥善保管智能钥匙，谨防工作过程中其他未经授权人员起动车辆。

② 拔下的高压维修开关需要妥善保管，谨防工作过程中其他未经授权人员误接。

③ 断开辅助蓄电池接线柱和高压连接器后必须对其进行防护，可采用绝缘胶带缠绕、装入防护袋等方式。

④ 切忌用蛮力拔出连接器，应顺着连接器运动方向拔出。

⑤ 切忌用手指触摸整车控制器连接器内部端子，防止静电损坏内部电子元器件。

⑥ 小心拆卸整车控制器，避免磕碰、跌落造成损坏。

⑦ 将整车控制器妥善放置，避免受潮、溅水。

5）整车控制器检查项目

① 检查整车控制器外观是否有划痕、凹坑、变形、缺口、裂纹等损伤，若有，整车控制器内部电子元器件可能存在损坏。

② 检查整车控制器连接器外壳是否有损伤，若有，可能会造成连接器连接、锁止不牢固；检查整车控制器连接器内部各端子是否有断针、弯曲情况，若有，可能会造成整车控制器无法正常工作或发生短路损坏内部电子元器件。

③ 检查整车控制器后盖防水密封圈及紧固螺栓是否正常，若是密封圈老化、破损或紧固螺栓松动，可能会造成整车控制器内部受潮而损坏。

④ 检查整车控制器铭牌、标识是否清晰、牢固，以及信息是否正确，若是各项参数、型号不匹配，会造成整车控制器匹配失败或损坏。

2. 技能操作

1）操作准备

准备技能操作所需的物料，见表 1-1。

表 1-1　物料准备

类别	所需物料
防护用品	车辆防护用品、人身安全防护用品、防护袋(或绝缘胶带)
资料	车辆维修手册
设备、工具	实训车辆、智能钥匙、绝缘工具套装、举升机、万用表、绝缘表

2）整车控制器拆卸

根据车辆维修手册及前文介绍的整车控制器拆卸流程，对实训车辆的整车控制器进行拆卸，并将拆卸过程记录在表 1-2 中。

表 1-2　整车控制器拆卸记录表

序号	工作内容	工具	备注
1	关闭起动开关	车内防护用品、智能钥匙	
2	断开辅助蓄电池负极接线柱	绝缘工具套装、翼子板布、防护袋(或绝缘胶带)	
3	高压断电	人身安全防护用品、举升机、防护袋、绝缘表、万用表	
4			
5			
6			
7			
8			

3）整车控制器检查

根据整车控制器检查内容，对整车控制器进行细致的检查，并将检查结果记录在表 1-3 中。

表 1-3　整车控制器检查记录表

序号	检查项目	检查结果	备注
1	整车控制器外观	正常□　变形□　凹坑□　划痕□　缺口□　裂纹□	
2	连接器外壳	完整□　破损□	
3	连接器端子	完整□　断针□　弯曲□	
4	防水密封圈	完整□　破损□　老化□	
5	紧固螺栓	牢固□　松动□	
6	铭牌、标识状态	牢固□　松动□　清晰□　模糊□	
7	铭牌、标识信息是否正确	是□　否□	

4）整车控制器安装

参照整车控制器拆卸流程，按照相反流程安装整车控制器，并将安装过程记录在表 1-4 中。

表 1-4　整车控制器安装记录表

序号	工作内容	工具	备注
1	将整车控制器放置回原安装位置	—	
2			
3			
4			
5			
6			

（二）整车控制器匹配

1. 知识学习

1）整车控制器组成

整车控制器主要由硬件和软件组成。硬件包括壳体和硬件电路，软件包括应用软件和底层软件。

壳体主要用于硬件电路的保护以及密封，要满足防水、防尘等清洁度要求，也要满足防止跌落、振动等机械要求。

硬件电路主要由主控芯片（16 位处理芯片）及周边的时钟电路、复位电路、电源模块组成，一般还配备数字信号/模拟信号处理电路、频率信号处理电路和通信接口电路等。

应用软件和底层软件一般用 C 语言编写。应用软件主要体现上层控制策略，主要负责根据车辆状态和驾驶人意图实时控制能量流向和分配比例。底层软件主要负责单片机初始化设置、CAN 总线信号的实时收发和输入、输出信号的实时处理与诊断。

2）车辆工作模式

整车控制器作为新能源汽车的核心控制部件，负责控制和监测车辆的每一个动作。车辆的控制过程，就是针对不同的运行模式，对关切的几个参数进行比较，参数属于哪个范围，车辆就执行相应的运行模式。车辆工作模式一般分为起步模式、正常驱动模式、制动模式、失效保护模式、空挡模式及充电模式。

（1）起步模式

起步模式的一个重要特点是进入该模式以后，如果车辆处于水平路面，则车辆会以较小的速度开始行驶；如果车辆处于斜坡，则车辆至少会维持在原地不动的状态。这是起步模式的特殊设计，该模式下，不必踩踏加速踏板或制动踏板，驱动电机自动输出一个基础转矩，防止溜车。

(2) 正常驱动模式

正常驱动模式是指车辆处于正常运行状态，如加速、减速、倒车。在该模式下，整车控制器持续监测各个电气系统电流、电压、温度等参数，以及车辆自身的车速、滑移率等参数。整车控制器识别驾驶人意图，按照加速踏板的踩下程度和踩下程度变化率，计算驱动电机的驱动转矩和动力蓄电池的输出功率。

(3) 制动模式

踩下制动踏板则启动制动模式。整车控制器分析制动踏板的踩下程度与踩下程度变化率以及车速，结合车辆自身参数推算制动转矩，给出最合理的制动转矩分配方案（提供制动转矩的主体包括液压制动系统和驱动电机制动系统），以及是否优先启动防抱死制动系统（ABS）主导制动过程，安全有效地实现驾驶人的制动意图。

(4) 失效保护模式

新能源汽车将高压系统出现的故障分为四个等级。具体故障分级及处理方式见表 1-5。

表 1-5 故障分级及处理方式

故障分级	名称	故障处理方式
一级	致命故障	强制车辆在一个比较短的时间内停车，之后高压断电，如检测出绝缘故障
二级	严重故障	驱动电机无转矩输出，动力蓄电池放电电流受到限制
三级	一般故障	不会强制停车，但会进入跛行模式，对车辆的运行状态进行限制，如动力蓄电池 SOC 值低于 30% 则限速行驶，此时动力蓄电池已经无法输出额定功率，只能以一个较小的功率工作
四级	轻微故障	一般只是提示驾驶人，如提示动力蓄电池温度、驱动电机温度过高等

(5) 空挡模式

空挡模式驱动电机不工作，不会向外输出任何转矩。

(6) 充电模式

充电过程中，电池管理系统、车载充电器任何一方发生故障都会发出报警，如过温、过流等，整车控制器根据故障等级的不同，有的故障直接终止充电，有的故障等待人工处理。

3) 整车控制器开发过程

① 整车控制器的开发先需要确定整车的设计需求、整车控制原理架构及整车基本参数，整车基本参数见表 1-6。

表 1-6　整车基本参数

序号	项目	单位	参数/性能指标
1	整备质量	kg	62300
2	主传动比	—	6.43
3	主传动效率	%	92
4	轮胎滚动半径	m	0.452
5	滚动摩擦系数	—	0.015
6	迎风面积	m^2	7.12
7	风阻系数	—	0.6
8	最高车速	km/h	180
9	经济车速	km/h	80~100
10	百公里加速性能	s	<10
11	续驶里程	km	>400

② 整车电气原理确定后就确定了整车的控制方案，这时就可以确定整车控制器的接口功能，即整车控制器连接器各端子的定义。

③ 整车控制器的接口功能确定后，内部功能也随之确定。此时需要选用合适的单片机（如飞思卡尔 16 位双核单片机 Mc9s12xep100 112 脚）作为主处理器，主处理器只进行与控制策略有关的处理，以提高控制的实时性。

④ 整车硬件部分开发完成后，需要制订相应的控制策略及通信协议。

制订控制策略内容见表 1-7。

表 1-7　制订控制策略内容

序号	项目	内容
1	整车控制架构	—
2	整车控制器基本功能	整车上电控制功能；车辆状态的监测与显示；驱动控制功能；充电管理；制动能量回收控制；故障诊断与处理；整车能量优化管理
3	整车上电控制逻辑	—
4	驱动控制策略	起步模式；空挡模式；正常驱动模式；失效保护模式；制动能量回收模式
5	制动能量回收控制策略	制动模式分类；制动能量回收的边界条件
6	整车能量优化管理策略	—
7	充电策略	—
8	安全保护策略	—
9	故障诊断与处理	—

制订通信协议的内容见表 1-8。

表 1-8　制订通信协议内容

序号	项目	内容
1	整车 CAN 总线通信网络拓扑结构	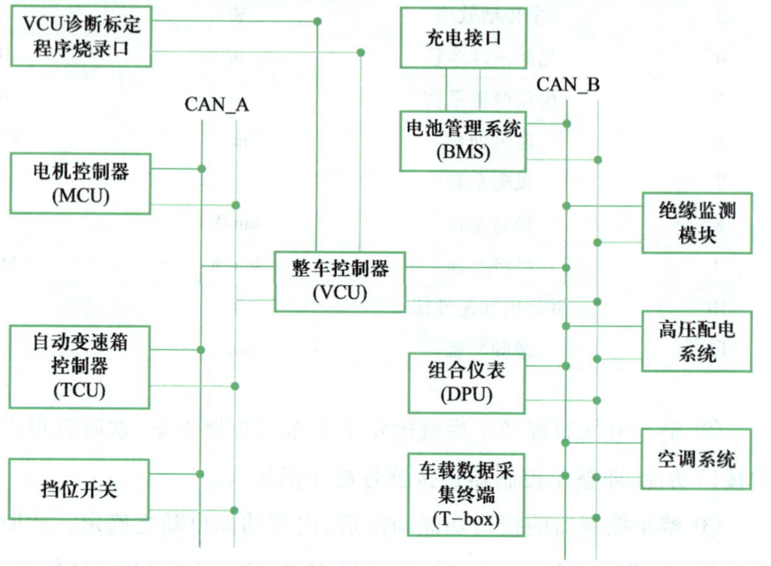
2	整车控制器报文	VCU1-MCU;VCU5-DEBUG;VCU2-DPU
3	报文类型	CAN_A 总线通信网络;CAN_B 总线通信网络
4	电机控制器报文	MCU1-VCU;MCU2-VCU
5	BMS 报文	BMS1-VCU;BMS2-DPU
6	绝缘监测模块报文	IRU-VCU

⑤ 控制策略及通信协议制订完成后接着进行软件的设计,软件设计主要包括:

a. 底层软件编写,主要是配置时钟、SPI、CAN、PIT、ECT、IO、interrupt 等的寄存器。

b. BootLoader 驱动,主要是 CAN 总线模块和 Flash 模块的配置。

c. CCP 标定驱动。

d. 应用程序编写,包括数据采集、故障诊断、工况判断、辅机管理、通信控制。部分应用程序编写如图 1-6 所示。

⑥ 软件设计完成后进行整车控制器的调试匹配及试车验证。整车控制器调试匹配流程如下。

```
/****************************************************************/
/*        CAN总线通信检测                                          */
/****************************************************************/
void CanSelfCheck(void)
{
/*          BMS通信故障检测                                        */
/*          信号为1，则说明有故障；信号为0，则说明无故障             */
            XGSEM=0;
            BmsToVcu1_6=ZuDa3[5];
            XGSEM=1;
            if(BmsToVcu1_6&0x01)
            {
             BatteryCellVoltageHigh=1;
            }
            else
            {
             BatteryCellVoltageHigh=0;
            }
            if(BmsToVcu1_6&0x02)
            {
             BatteryCellVoltageLow=1;
```

(a) CAN总线通信检测

```
/**************************************************************/
/*输入开关量检测
/*信号采集均为默认上拉，默认高电平；当采集到信号时，相应端子被拉低*/
/*实际采集过程中应根据实际信号的有无来做调整*/
/**************************************************************/
void InputSelfCheck(void)
{


            D=PORTB_PB3;
            N=PORTB_PB4;
            R=PORTB_PB5;
            B=PTIH;


            Ch=PORTB_PB6;
            //Hi=
         //   Ab=
        /*  判断是否为D挡                          */
            if(D&0x01)
            {
              DriveForwardGear=0;
              Vcu1_Mcu_By6_1=0x00;
            }
            else
            {
              DriveForwardGear=1;
              Vcu1_Mcu_By6_1=0x01;
            }

        /*  判断是否为N挡                          */
            if(N&0x01)
            {
              NeutralPosition=0;
              NoNeutralPosition=1;
              Vcu1_Mcu_By6_3=0x00;
            }
            else
            {
              NeutralPosition=1;
```

(b) 挡位信息采集

图 1-6　部分应用程序编写示意图

a. 关闭起动开关。

b. 连接车辆诊断仪。

c. 将起动开关置于“ON”挡。

d. 使用诊断仪读取故障码，确认整车无故障码。

e. 使用诊断仪读取数据流，确认辅助蓄电池电压在正常范围内。

f. 进入诊断仪匹配界面，根据提示进行匹配操作。

2. 技能操作

1）操作准备

准备技能操作所需的物料，见表 1-9。

表 1-9　物料准备

类别	所需物料
防护用品	车内防护用品
资料	车辆维修手册
设备、工具	实训车辆、智能钥匙、诊断仪

2）整车控制器匹配

根据车辆维修手册及前文介绍的整车控制器匹配流程，对实训车辆的整车控制器进行匹配，并将匹配过程记录在表 1-10 中。

表 1-10　整车控制器匹配记录表

序号	工作内容	工具	备注
1	关闭起动开关	—	
2	连接车辆诊断仪	诊断仪	
3	将起动开关置于“ON”挡	智能钥匙	
4			
5			
6			
7			
8			
9			
10			

四、检查评估

对本任务的学习情况进行检查，并将相关内容填写在表 1-11 中。

表 1-11　检查表

检查项目	检查结果	结果点评
整车控制器拆装与更换		
整车控制器安装完成后是否进行通电复位	是□　否□	
整车控制器拆卸记录表中拆卸流程填写是否正确	是□　否□	
整车控制器安装是否牢固	是□　否□	
整车控制器匹配		
车辆是否正常起动	是□　否□	
是否存在未清除的故障码	是□　否□	

续表

检查项目	检查结果	结果点评
整理及恢复		
工具、设备是否整理归位	是□　否□	
维修工位是否打扫干净	是□　否□	
产生的垃圾是否分类处理	是□　否□	
工作页是否填写完整	是□　否□	

五、任务小结

本任务小结如图 1-7 所示。

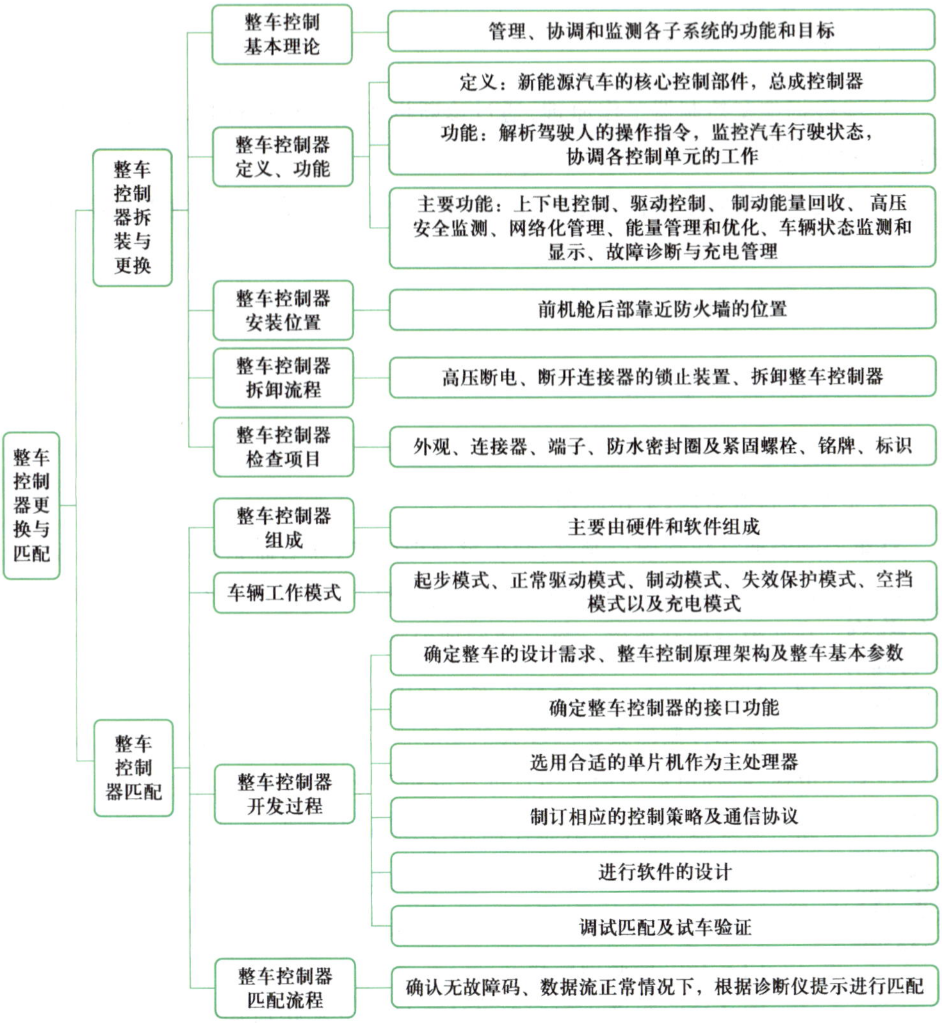

图 1-7　任务一小结

任务二　整车控制器故障检修

一、任务导入

场景：某品牌新能源汽车售后维修车间。

人物：维修技师李师傅、学徒小王。

情节：售后维修车间拖来了一辆新能源故障车，李师傅已经带领小王完成了整车控制器的更换与匹配工作。小王问李师傅："您是怎么知道整车控制器损坏的呢？"李师傅给小王进行了细致的讲解。下面跟随李师傅学习如何检修整车控制器。

二、任务目标

◇ 能根据整车控制器工作原理，通过诊断设备以及维修资料，对整车控制器故障进行正确分析。

◇ 能根据高压安全操作规范，使用专用仪器设备，完成整车控制器故障检修。

三、任务实施

（一）整车控制器故障分析

1. 知识学习

1）整车控制器结构、工作原理

整车控制器通常包括微控制器、开关量调理模块、继电器驱动模块、CAN 总线接口模块（高速/低速 CAN 总线）、电源模块、模拟量输入与输出模块、故障与数据存储模块等。整车控制器对新能源汽车动力链的各环节进行管理、协调和监控，以提高整车能量利用效率，确保车辆安全性与可靠性。

微课
整车控制器的作用

整车控制器采集驾驶人的驾驶信号，通过高速 CAN 总线获取动力蓄电池、驱动电机的相关信息进行分析和运算，再通过高速 CAN 总线给出动力蓄电池、电机控制器控制指令，实现整车驱动控制、能量优化控制、主动能量回收控制。整车控制器通过低速 CAN 总线传输给仪表整车状态信息并进行显示。整车控制器构成与工作原理如图 2-1 所示。

微课
整车控制器的工作条件

（1）开关量调理模块

开关量调理模块用于开关输入量的电平转换和整形，其一端与多个开关量传感器相连，另一端与微控制器相连。

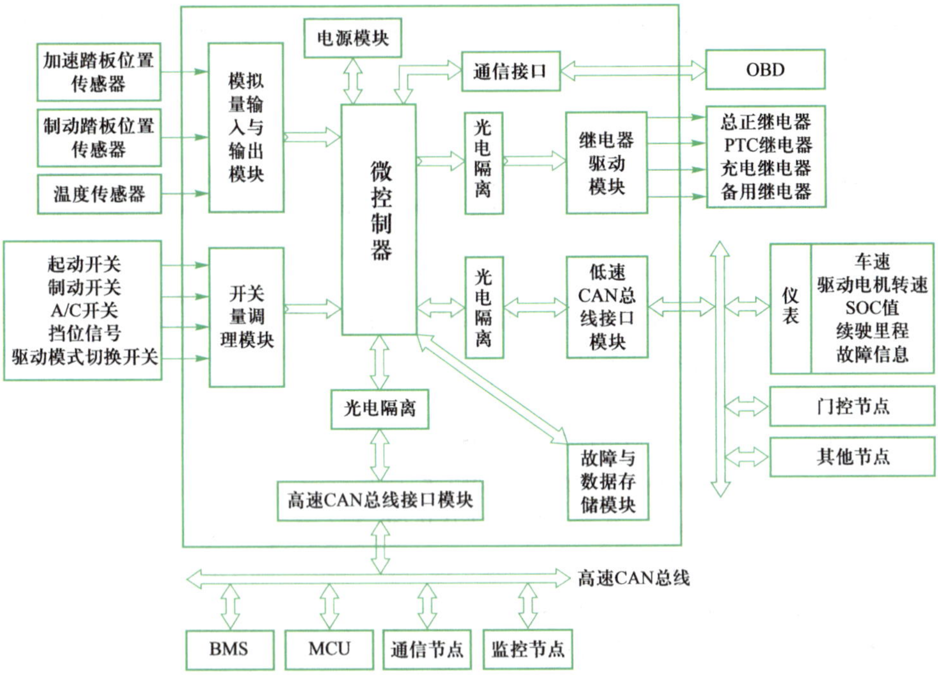

图 2-1　整车控制器构成与工作原理

(2) 继电器驱动模块

继电器驱动模块用于驱动多个继电器,其一端通过光电隔离器与微控制器相连,另一端与多个继电器相连。

(3) 高速/低速 CAN 总线接口模块

高速与低速 CAN 总线接口模块都是用于提供 CAN 总线接口,其一端通过光电隔离器与微控制器相连,另一端分别与高速 CAN 总线、低速 CAN 总线相连。

(4) 电源模块

电源模块可为微控制器和各模拟量输入与输出模块提供隔离电源,并对辅助蓄电池电压进行监控,与微控制器相连。

(5) 模拟量输入与输出模块

模拟量电压信号输入与输出模块可采集 0~5V 或 0~12V 的模拟电压信号,并可输出 0~4.095V 的模拟电压信号。

模拟量脉冲信号输入与输出模块可采集脉冲信号并调理,范围 1Hz~20kHz,幅度 6~50V;脉冲输出信号范围 1Hz~10kHz,幅度 0~14V。

(6) 故障与数据存储模块

故障与数据存储模块可以存储标定的数据与故障码、车辆特征参数等。

2) 整车控制器主要性能参数

由于厂商、车型以及整车控制器型号不同,所以整车控制器的一些性能参数有所不同，下面以国产的 RapidECU-U2 整车控制器为例，介绍整车控制器的主要性能参数，见表 2-1。

表 2-1 RapidECU-U2 整车控制器主要性能参数

基本参数	
供电电压	9~32 V
工作温度	-40~85 ℃
电路保护	所有的输入、输出接口都有相对接地和辅助蓄电池正极的短路保护，电源接口采用主继电器保护
防护等级	防尘、防水等级 IP67； 气候环境防护符合 ISO 16750-4； 化学环境防护符合 ISO 16750-5
机械强度	振动、冲击、跌落试验符合 ISO 16750-3
外壳	材料：铝； 外部尺寸 200mm×180mm×40mm
连接器	121 端子 AMP 连接器
质量	约 500g
处理器	
主处理器	MPC5554，32 位，主频 80MHz，硬件浮点单元
安全处理器	S9S08QD4
存储器	Flash 2MB； SRAM 64KB
CAN 总线	3 路，符合 CAN2.0B，ISO 11898
程序刷写	基于 CAN 总线的 Bootloader
电压量输入	
通道数	15 路
精度	12 位
硬件配置	低通滤波
输入电压	9 路 0~5 V 6 路 0~28 V
电阻量输入	
通道数	6 路
精度	12 位
硬件配置	低通滤波
输入电阻	10 Ω~100 kΩ
开关量输入	
通道数	19 路

续表

开关量输入	
硬件配置	低通滤波； 10 路配置为高有效； 9 路配置为低有效
频率量输入	
通道数	12 路
信号类型	4 路磁电式传感器信号（正弦波信号）； 8 路霍尔式传感器信号（方波信号）
硬件配置	低通滤波
输入频率	0~10 kHz
PWM 输出	
通道数	12 路
硬件配置	4 路高边额定 2 A，兼容开关工作模式与 PWM 工作模式； 8 路低边额定 1.8 A，兼容开关工作模式与 PWM 工作模式
继电器输出	
通道数	最多 17 路
硬件配置	开关工作模式
电源输出	
通道数	4 路
硬件配置	4 路 5 V，电流分别为 50 mA、50 mA、300 mA、300 mA
通信	
通道数	CAN 3 路； LIN 1 路
硬件配置	CAN 3 路，CAN2.0B，ISO11898； LIN 1 路主机

3）整车控制器故障诊断流程

整车控制器故障诊断主要包括故障验证、故障查询、故障分析、维修方案制订、故障检测等步骤，如图 2-2 所示。

微课
整车控制系统故障诊断思路

（1）故障验证

故障验证主要有三项内容，一是查看仪表显示，查看系统故障信号装置是否点亮，查看起动后驱动系统已就绪信号装置（READY 指示灯）是否点亮，是否有其他异常信号装置点亮或出现文字和语音提示；二是使用诊断仪读取故障码，首先验证诊断仪是否能进入整车控制器，若是能进入则证明整车控制器电源以及一类 CAN 总线通信正常，之后通过读取到的故障码缩小故障范围，若是无法进入则读取其他控制单元（如 BMS、MCU）内储存的故障码；三是使用诊断仪读取数据流，通过数据流验证故障码是否正确。

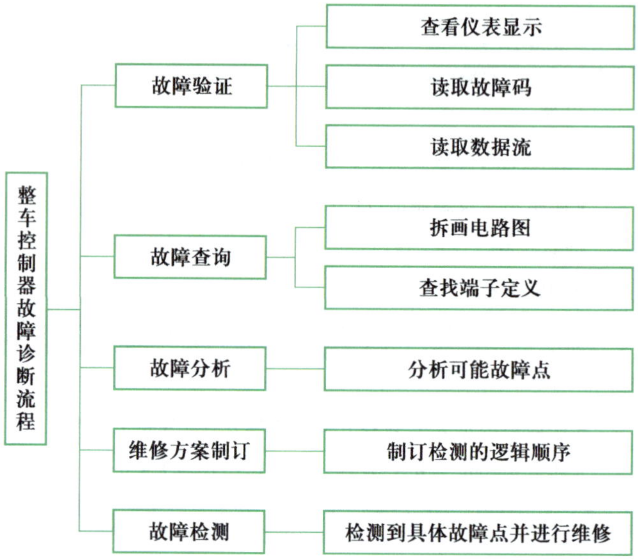

图 2-2　整车控制器故障诊断流程

（2）故障查询

故障查询主要有两项内容，一是拆画故障所涉及范围的电路图，包括各控制单元、传感器、执行器、线路等；二是查找该电路图中所有端子定义，区分出供电、搭铁、CAN 总线、信号等端子。

微课
故障点分析

（3）故障分析

根据拆画的电路图进行初步分析，分析可能出现的故障点，如线路故障、熔断器故障、控制单元自身故障、传感器自身故障等。

（4）维修方案制订

维修方案内容主要是检测的逻辑顺序，如整车控制器无法通信，首先检测整车控制器的供电和搭铁，之后检测 CAN 总线。

（5）故障检测

根据制订的维修方案，使用万用表、绝缘表等工具依次进行检测，找到具体故障点并进行维修。

2. 技能操作

1）操作准备

准备技能操作所需的物料，见表 2-2。

表 2-2　物料准备

类别	所需物料
防护用品	车辆防护用品、人身安全防护用品、防护袋(或绝缘胶带)
资料	车辆维修手册
设备、工具	实训车辆、智能钥匙、诊断仪

2）故障验证

(1) 查看仪表显示

起动车辆,观察车辆仪表显示,将相关内容记录在表 2-3 中。

表 2-3　仪表显示记录表

序号	项目	仪表显示	正常情况	是否正常
1	驱动系统已就绪信号装置(READY 指示灯)		点亮	是□　否□
2	系统故障信号装置		熄灭	是□　否□
3	异常信号装置			
4	文字提示			
5	语音提示			

(2) 读取故障码

使用诊断仪读取故障码,将相关内容填写在表 2-4 中。

表 2-4　故障码信息记录表

序号	故障码	故障码描述	状态
例	U011087	与整车控制器 VCU 通信丢失	当前的
1			
2			

(3) 读取数据流

使用诊断仪读取数据流,将相关内容填写在表 2-5 中。

表 2-5　数据流信息记录表

序号	控制单元	名称	当前值/状态	标准值/状态	是否正常
例	VCU	制动踏板信号	释放	踩踏	是□　否□
1					是□　否□
2					是□　否□
3					是□　否□

续表

序号	控制单元	名称	当前值/状态	标准值/状态	是否正常
4					是□ 否□
5					是□ 否□

3）故障查询

（1）拆画电路图

参考车辆维修手册，将整车控制器的电路图绘制在图 2-3 的框中。

图 2-3 绘制整车控制器电路图

（2）查找端子定义

查询车辆维修手册，将整车控制器连接器端子定义填写在表 2-6 中。

表 2-6 整车控制器连接器端子定义记录表

序号	端子号	定义	序号	端子号	定义
例	FB86/1	VCU 常电	例	FB86/3	VCU 搭铁
1			11		
2			12		
3			13		
4			14		
5			15		
6			16		
7			17		
8			18		
9			19		
10			20		

4）维修方案制订

根据读取到的故障信息，对故障进行初步分析，并制订维修方案，完成表 2-7 的填写。

表 2-7　故障分析及维修方案制订

故障分析：可能的故障原因或故障点		
1		
2		
3		
4		
5		
维修方案/检测流程		
示例	外观检查	检查动力蓄电池模块表面、接线柱、焊点、端子极性等
1		
2		
3		
4		
5		
6		
7		
8		
9		
10		

（二）整车控制器故障检修

1. 知识学习

微课　整车控制系统的控制策略

1）整车控制器控制策略

整车控制器采用分层控制的控制逻辑。整车控制器为第一层，电机控制器、电池管理系统、空调控制器等各控制单元为第二层，各控制单元之间通过 CAN 总线通信网络进行信息交互，并分别控制各自的执行器，共同实现整车的功能控制，如图 2-4 所示。

2）整车控制器检测内容

整车控制器检测内容包括电源、唤醒信号、CAN 总线通信、高低压互锁信号、制动开关信号、继电器控制输出、充电控制等项目。

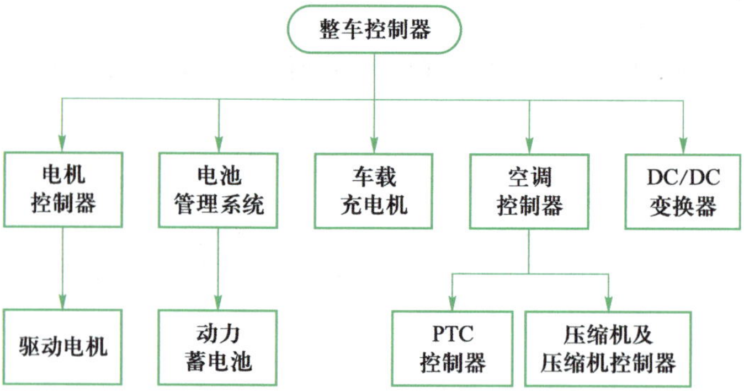

图 2-4　整车控制器控制策略

① 整车控制器电源包括常电、IG 供电以及搭铁。常电由辅助蓄电池经熔断器直接为整车控制器供电，一般为多路供电，分别给整车控制器内不同模块供电；当起动开关位于 ON 挡时 IG 继电器闭合，经熔断器为整车控制器供电，一些车型为多路供电；整车控制器搭铁一般为多路，需要逐一进行检测。

② 整车控制器唤醒信号分为输入与输出信号。唤醒信号输入用来唤醒整车控制器，又分为两种方式，一种是直接由 IG 供电进行唤醒，另一种是由单独的唤醒线进行唤醒，一般起动车辆时由 IG 供电进行唤醒，而充电时则由唤醒线进行唤醒。唤醒信号输出用来唤醒其他控制单元，如 BMS、MCU、仪表等。

③ 整车控制器 CAN 总线一般分为动力 CAN、诊断 CAN、刷写 CAN、高速或低速 CAN 等，需要根据车辆电路图进行确认。

④ 整车控制器发送高低压互锁信号并负责接收，需要对高低压互锁的发送信号以及接收信号进行检测。

⑤ 整车控制器检测需要检测整车控制器是否接收到制动开关信号，制动开关信号一般分为常闭信号以及常开信号，在未踩下制动踏板情况下，常闭信号为蓄电池电压，踩下制动踏板情况下，常闭信号变为 0 V；常开信号情况与常闭信号相反。

⑥ 整车控制器负责多个继电器的工作控制，需要对继电器控制输出进行检测。

⑦ 进行充电时，整车控制器需要协调、监控各子系统工作。需要检测充电时整车控制器是否被唤醒，并给各子系统发送指令。

2. 技能操作

1）操作准备

准备技能操作所需的物料，见表 2-8。

2）故障检测

参考整车控制器电路图及车辆维修手册，对整车控制器各部分依次进行检测，并将结果填写在表 2-9 中。

表 2-8　物料准备

类别	所需物料
防护用品	车辆防护用品、人身安全防护用品、防护袋（或绝缘胶带）
资料	车辆维修手册
设备、工具	实训车辆、智能钥匙、绝缘工具套装、举升机、万用表、绝缘表、诊断仪

表 2-9　整车控制器检测记录表

序号	检测项目	检测点		检测条件	检测类型	标准值	检测值	分析
例	电源	T81/37	搭铁	打开起动开关	电压	蓄电池电压	12.45 V	正常
1	供电							
2	搭铁							
3	唤醒信号输入							
4	唤醒信号输出							
5	CAN 总线通信							
6	高压互锁信号							

续表

序号	检测项目	检测点		检测条件	检测类型	标准值	检测值	分析
6	高压互锁信号							
7	制动开关信号							
8	继电器控制输出							
9	充电控制							

3）维修结果检验

打开起动开关，起动车辆，通过观察车辆仪表显示，并使用诊断仪读取故障码及数据流，判断车辆故障是否排除。对维修结果进行检验，并将结果填写在表 2-10 中。

表 2-10 维修结果检验记录表

序号	检验项目	检验结果
1	车辆是否能够正常起动	是□ 否□
2	车辆仪表显示是否全部正常	是□ 否□
3	故障码是否完全清除	是□ 否□
4	相关数据流是否全部正常	是□ 否□

四、检查评估

对本任务的学习情况进行检查，并将相关内容填写在表 2-11 中。

表 2-11　检查表

检查项目	检查结果	结果点评
整车控制器故障分析		
电路图拆画、端子标注是否正确	是□　否□	
可能故障原因或故障点分析是否正确	是□　否□	
整车控制器故障检修		
检测前是否进行高压断电	是□　否□	
车辆是否正常起动	是□　否□	
是否存在故障码或未清除故障码	是□　否□	
整理及恢复		
工具、设备是否整理归位	是□　否□	
维修工位是否打扫干净	是□　否□	
产生的垃圾是否分类处理	是□　否□	
工作页是否填写完整	是□　否□	

五、任务小结

本任务小结如图 2-5 所示。

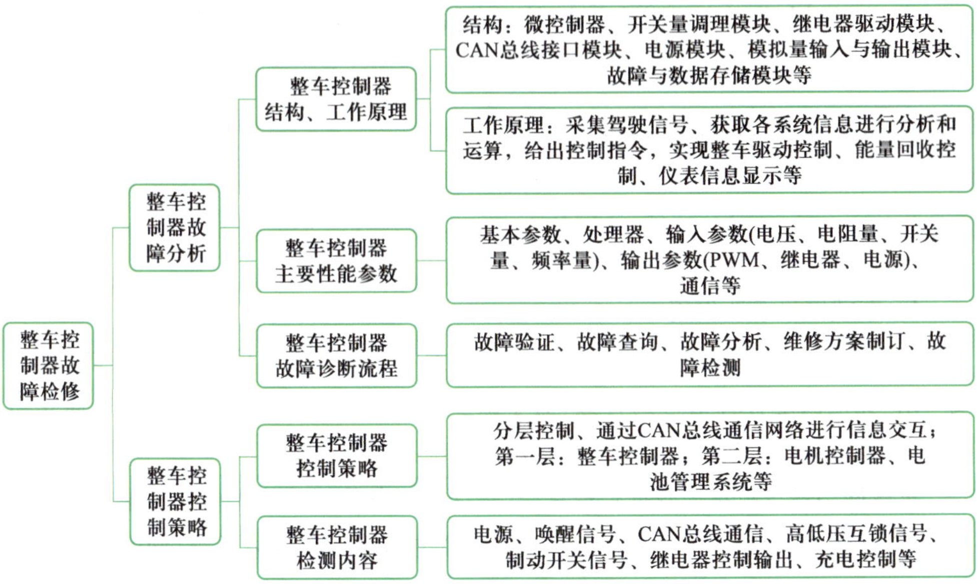

图 2-5　任务二小结

任务三　车载网络系统架构搭建与测试

一、任务导入

场景：某品牌新能源汽车售后维修车间。

人物：维修技师李师傅、学徒小王、车主张先生。

情节：售后维修车间接待了一辆新能源故障车，车主张先生说仪表不显示了。李师傅检查后发现仪表能点亮，但 SOC 值、续驶里程、挡位等信息为空白，李师傅初步判断为车载网络系统出现故障，需要进行检测。下面跟随李师傅一起对车载网络系统进行检测。

二、任务目标

◇ 能根据车载网络系统架构示意图，查验汽车电路图以及实车，正确搭建出实训车辆的车载网络系统架构。

◇ 能根据 CAN 总线特点及测试方法，使用专用仪器设备，正确完成 CAN 总线电压、波形、终端电阻测试。

◇ 能根据车载以太网测试方法，使用专用仪器设备，正确完成车载以太网测试。

三、任务实施

（一）车载网络系统架构搭建

1. 知识学习

1）车载网络系统作用

车辆上诸多的控制模块、执行器、控制装置之间需要进行信息交换，传统的“一线一用”无法满足各种信号的传递，为了减少电气节点的数量和导线用量，简化布线，提高通信速度，实现信息共享，车载网络系统技术应运而生。

车载网络系统也称为数据传输总线，是指在一条数据总线上传递的信号可以被多个系统（控制模块）共享，各系统可以将信号传递至车载网络系统，同时也可以从车载网络系统获取所需的信号，实现了信息的双向交换。车载网络系统将传统的一根导线只能传递一种信号，几种信号就需要几根导线，改变为一根或两根导线便能传递多种信号，从而最大限度提高系统整体信号传递效率。传统和总线信号传递方式如图 3-1 所示。

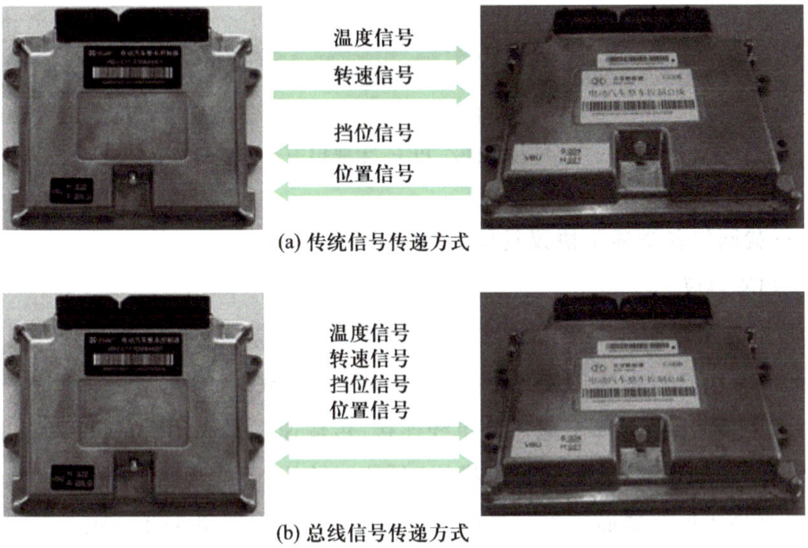

图 3-1　传统和总线信号传递方式

2）车载网络系统通信协议分类

通信协议是指通信双方控制信号交换的标准、约定的集合，既指数据在总线上的传输规则，简单理解为“说同样的语言”，也指按照既定的控制规则进行交流、配合。

按照系统的复杂程度、通信速率、工作可靠性等因素，将车载网络系统标准划分为 A、B、C、D、E 五类，另外，有些车型配置有以太网。各类型车载网络系统标准的功能与包含的通信协议种类见表 3-1。

表 3-1　各类型车载网络系统标准

序号	类型	通信协议	功能
1	A 类	LIN 协议	面向传感器/执行器控制的低速网络，数据传输速率通常小于 20 kbit/s，主要用于后视镜调整、电动车窗、刮水器等车身低速控制
		TTP/A 协议	
2	B 类	J1850 协议	面向独立模块间数据共享的中低速网络，数据传输速率在 10～125 kbit/s，主要用于车身电子舒适性模块、仪表显示等
		低速 CAN 协议	
		VAN 协议	
3	C 类	TTP/C 协议	面向实时控制的中高速多路传输网络，数据传输速率在 125 kbit/s～1Mbit/s，主要用于牵引控制、发动机控制、变速箱控制、ABS 控制、驱动电机控制、动力蓄电池控制等
		FlexRay 协议	
		高速 CAN 协议	
4	D 类	低速：IDB-C 协议	面向媒体信息的高速传输网络，数据传输速率一般在 1 Mbit/s 以上，主要用于车载视频、车载音响、车载电话、导航等信息娱乐系统
		高速：D2B 协议、MOST 协议	
		无线蓝牙协议	

续表

序号	类型	通信协议	功能
5	E 类	安全 byte flight 协议	面向乘员安全系统的高速、实时网络，数据传输速率在 10 Mbit/s 以上，主要用于车辆被动性安全领域，如安全气囊

3）车载网络各类通信协议具体功能

（1）LIN 协议

目前 A 类网络标准中常用的是 LIN 总线，LIN 总线是用于车辆分布式电控系统的一种低成本串行数据通信总线，主要用于执行器的数据通信。

LIN 总线采用基于 12 V 电压的单线连接，传输速率最高为 20 kbit/s，应用单主/多从（单个主控制模块/多个从控制模块）的控制结构，不需要进行仲裁，在从控制模块中不需要晶体振荡器而能进行自同步。LIN 总线结构如图 3-2 所示。

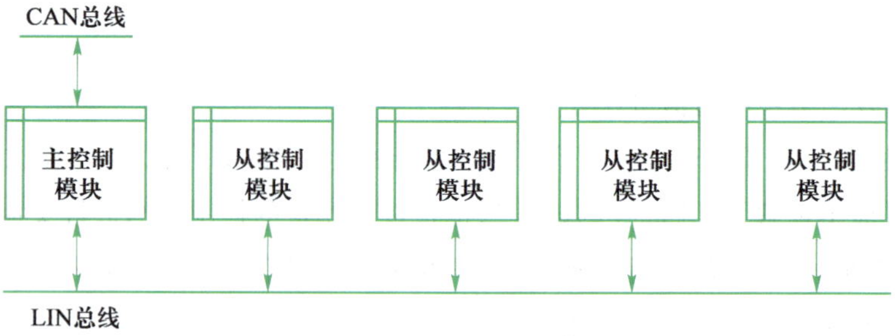

图 3-2　LIN 总线结构

（2）CAN 协议

CAN 总线是一种串行数据通信协议，可以多个控制模块（作为网络节点）任意时间主动与网络进行通信，且网络上的各控制模块不区分主/从，而按照信息的重要程度分配优先权，并且有信息冲突时的仲裁机制。

CAN 总线主要采用双绞线进行数据传输，以防止电磁波干扰和向外辐射，两条数据线同时传递相同信号，但数值相反。CAN 总线分为 CAN 高电平数据线和 CAN 低电平数据线，即 CAN_H 线和 CAN_L 线。CAN 总线又按照数据传输速率划分为高速 CAN 总线和低速 CAN 总线，高速 CAN 总线数据传输速率可达 500 kbit/s，主要用于动力、驱动类控制模块组成网络；低速 CAN 总线数据传输速率可达 125 kbit/s，主要用于舒适、娱乐类控制模块组成网络，且可以单线工作。CAN 总线结构如图 3-3 所示。

（3）MOST 协议

MOST 总线是一种用于多媒体数据传输的网络系统，可以连接车辆音响系统、视频导航系统、车载电视、车载电话等影音娱乐系统，数据传输速率最高可达 22.5 Mbit/s，足以保证音质清晰、画面流畅，而且没有电磁干扰。

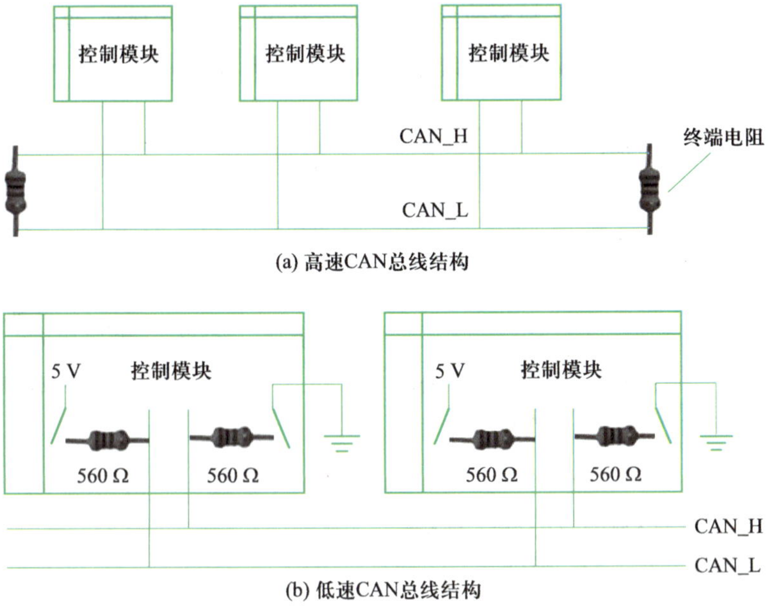

图 3-3　CAN 总线结构

MOST 总线采用环形拓扑结构，控制模块通过光纤沿环形方向进行连接，最终成为一条封闭的环路，如图 3-4 所示。

（4）车载以太网协议

车载以太网是一项使用电缆连接的网络技术，是一种连接车内电子单元的新型局域网技术，采用的是 CSMA/CD 访问控制法，符合 IEEE802.3 标准。车载以太网包括标准的以太网（10 Mbit/s）、快速以太网（100 Mbit/s）、10G 以太网（10 Gbit/s）等，在单对非屏蔽双绞线上可实现 100 Mbit/s 甚至 1 Gbit/s 的数据传输速率。车载网络系统以快速以太网作为骨干网络，将各域控制器［动力域控制器、ADAS（高级驾驶辅助系统）域控制器、车身域控制器等］连接在一起，各域控制器在实现各自功能的同时还提供网关功能，而各域之间通过域控制器及以太网传递数据信息。车载以太网结构如图 3-5 所示。

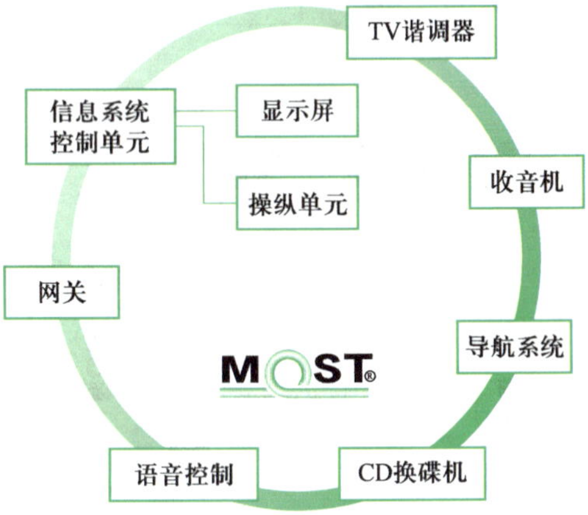

图 3-4　MOST 总线结构

4）车载网络系统架构

传统车载网络系统架构以 CAN 总线为主、LIN 总线为辅，部分车型影音娱乐系统选用了 MOST 总线。随着技术的发展，车辆朝着智能化、网联化发展，意味着需要极大提高数据传输速率来传输大数据，同时设备和线束的大量增加，也需要一套更合理的网络架构来承载。车载网络系统架构如图 3-6 所示。

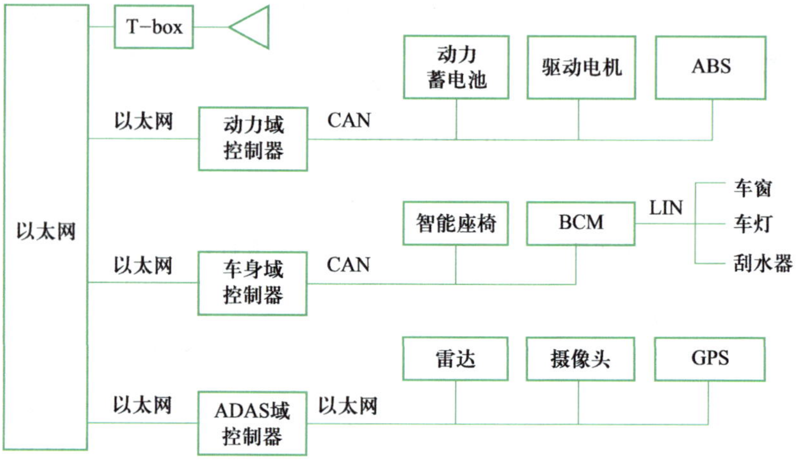

图 3-5　车载以太网结构

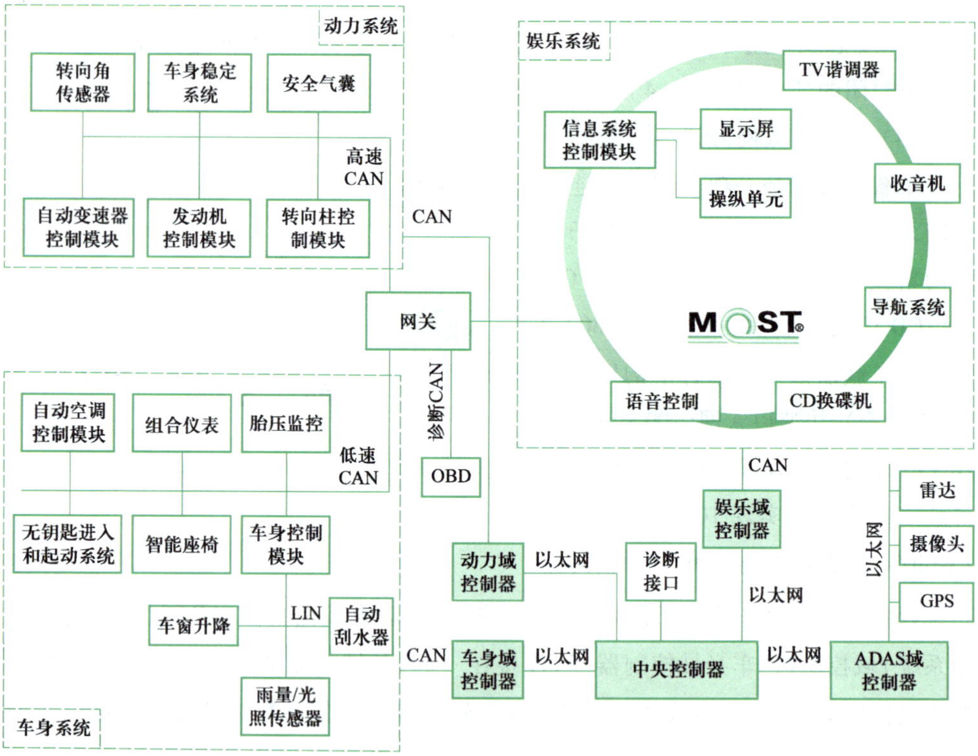

图 3-6　车载网络系统架构

注：绿色部分为带有以太网的车载网络系统架构。

2. 技能操作

1）操作准备

准备技能操作所需的物料，见表 3-2。

表 3-2　物料准备

类别	所需物料
防护用品	车辆防护用品、人身安全防护用品、操作场地安全防护用品、防护袋（或绝缘胶带）
资料	车辆维修手册
设备、工具	实训车辆、智能钥匙、诊断仪、万用表、示波器

2）查找车载网络系统总线

查找实训车辆配置的车载网络系统总线种类，并填写在表 3-3 中。

表 3-3　车载网络系统总线种类记录表

序号	总线种类	是否配置
1	LIN	是□　否□
2	TTP/A	是□　否□
3	J1850	是□　否□
4	低速 CAN	是□　否□
5	高速 CAN	是□　否□
6	VAN	是□　否□
7	TTP/C	是□　否□
8	FlexRay	是□　否□
9	IDB-C	是□　否□
10	D2B	是□　否□
11	MOST	是□　否□
12	无线蓝牙	是□　否□
13	安全 byte flight	是□　否□
14	以太网	是□　否□

3）搭建车载网络系统架构

查阅车辆维修手册以及进行实车检查，将车辆配置的各类总线构建为车载网络系统架构，并绘制在图 3-7 的框中。

图 3-7 绘制车载网络系统架构

（二）CAN 总线测试

1. 知识学习

1）CAN 总线定义及组成

CAN 是 Controller Area Network（控制器局域网）的缩写，是国际上标准化的串行通信协议。CAN 总线是车载网络系统中应用最多、最为普遍的一种总线技术，主要由若干个节点、两条数据传输线（CAN_H 和 CAN_L）及终端电阻组成。CAN 总线上的每个节点独立完成网络数据交换任务，每个 CAN 总线系统中最多可以连接 110 个节点。CAN 总线传输示意如图 3-8 所示。

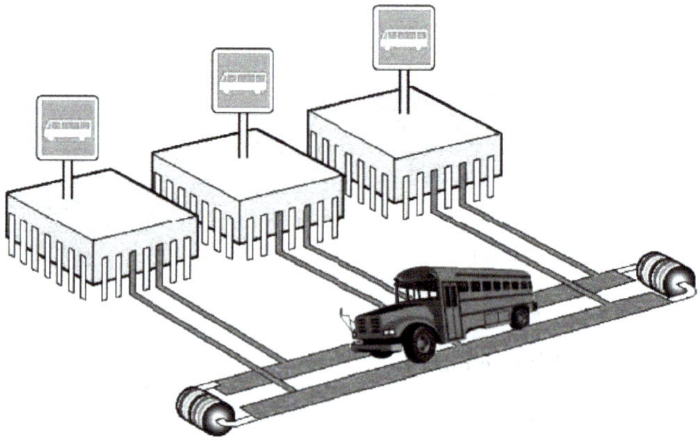

图 3-8 CAN 总线传输示意图

2）CAN 总线电压测试

（1）CAN 总线电压特点

CAN 总线在没有信息传递时，称为“隐性”状态，有信息传递时称为“显性”状态，相应的信号电压，称为“隐性电压”和“显性电压”。高速 CAN 总线信号电压的 CAN_H 的高电平为 3.5 V，低电平为 2.5 V，CAN_L 的高电平为 2.5 V，低电平为 1.5 V。在实际测量中，用万用表对 CAN 总线电压进行测量，会测得一个平均电压。CAN_H 一根线的电压大约为 2.8 V，CAN_L 一根线的电压大约为 2.2V，根据 CAN 总线通信量的不同，这个数值会略微的变化。高速 CAN 总线信号电压示意如图 3-9 所示。

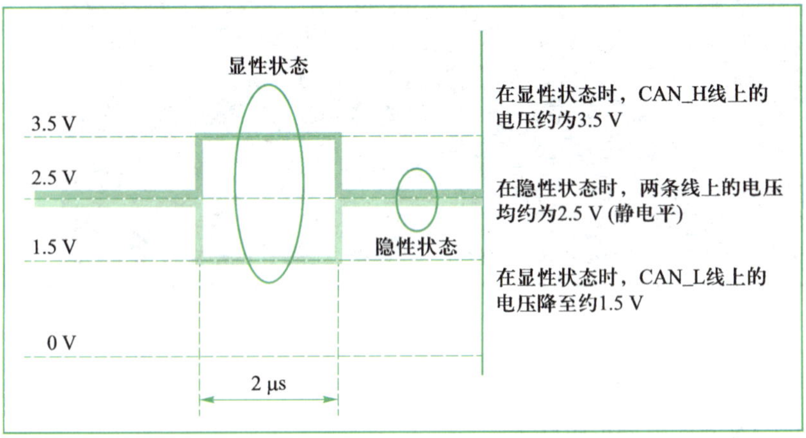

图 3-9　高速 CAN 总线信号电压示意图

(2) CAN 总线电压测试方法

① 查找车辆维修手册，在车上找到 CAN 总线的传输导线。

② 关闭起动开关，等待 2~5 min，测量 CAN 总线 CAN_H、CAN_L 电压。

③ 打开起动开关，开关车门，测量 CAN 总线 CAN_H、CAN_L 电压。

④ 关闭起动开关，整理工具设备。

3) CAN 总线波形测试

(1) CAN 总线波形特点

CAN 总线波形图可以将 CAN_H 和 CAN_L 两根线束上电压信号随时间变化的规律用图形显示出来。CAN 总线波形图清晰、直观，更容易理解数据传输过程，也可以通过波形来判断 CAN 总线是否正常工作。高速 CAN 总线正常波形如图 3-10 所示。

(2) CAN 总线波形测试方法

① 打开示波器电源开关。

② 在车辆上找到 CAN 总线的双绞线，将 CH1、CH2 测试线连接到 CAN_H 和 CAN_L 数据传输线上，负极线连接到蓄电池负极上。

③ 选择通用示波器功能，进入示波器检测界面。

④ 打开起动开关，检测高速或低速 CAN 总线的波形是否符合标准，进行波形分析。

⑤ 示波器退出检测，关闭起动开关，整理仪器及设备。

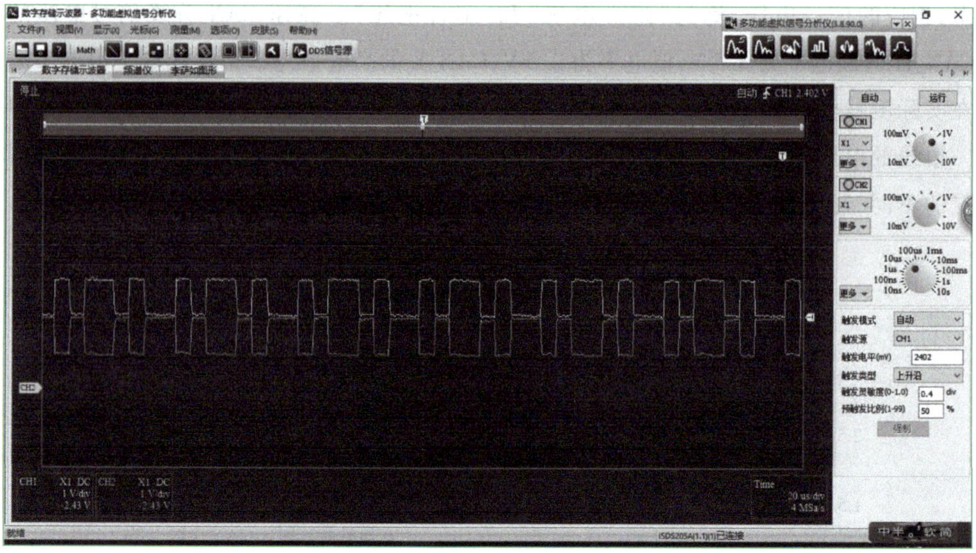

图 3-10　高速 CAN 总线正常波形

4）CAN 总线终端电阻测试

（1）CAN 总线终端电阻特点

终端电阻是一种电子信息在传输过程中遇到的阻碍。高频信号传输时，信号波长相对传输线较短，信号在传输线终端会形成反射波，干扰原信号，所以需要在传输线末端加终端电阻，使信号到达传输线末端后不反射。CAN 总线的终端电阻作用有两个：一是提高抗干扰能力，确保总线快速进入隐性状态；二是提高信号质量。CAN 总线上的终端电阻一般并联在 CAN 双绞线的两端，均为 120 Ω，所以 CAN_H、CAN_L 两线间的电阻应为 60 Ω。CAN 总线终端电阻示意如图 3-11 所示。

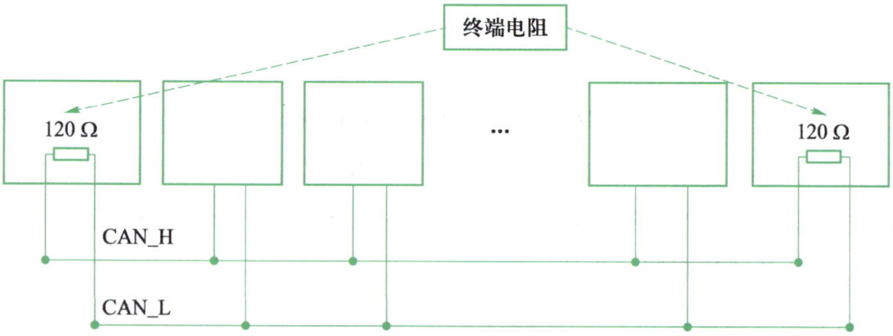

图 3-11　CAN 总线终端电阻

（2）CAN 总线终端电阻测试方法

进行测试前，先将蓄电池正、负极断开，并使用放电计进行残余电量放电。使用万用表测得 CAN 总线电阻值应为 60 Ω；如拔下一个带有终端电阻的控制模块后，测得的 CAN 总线电阻值应为 120 Ω；如拔下不带终端电阻的控制模块，检测 CAN 总线电阻值应为 60 Ω。通过此方法可判断出终端电阻安装在哪个控制模块内。CAN 总线终端电阻测试示意如图 3-12 所示。

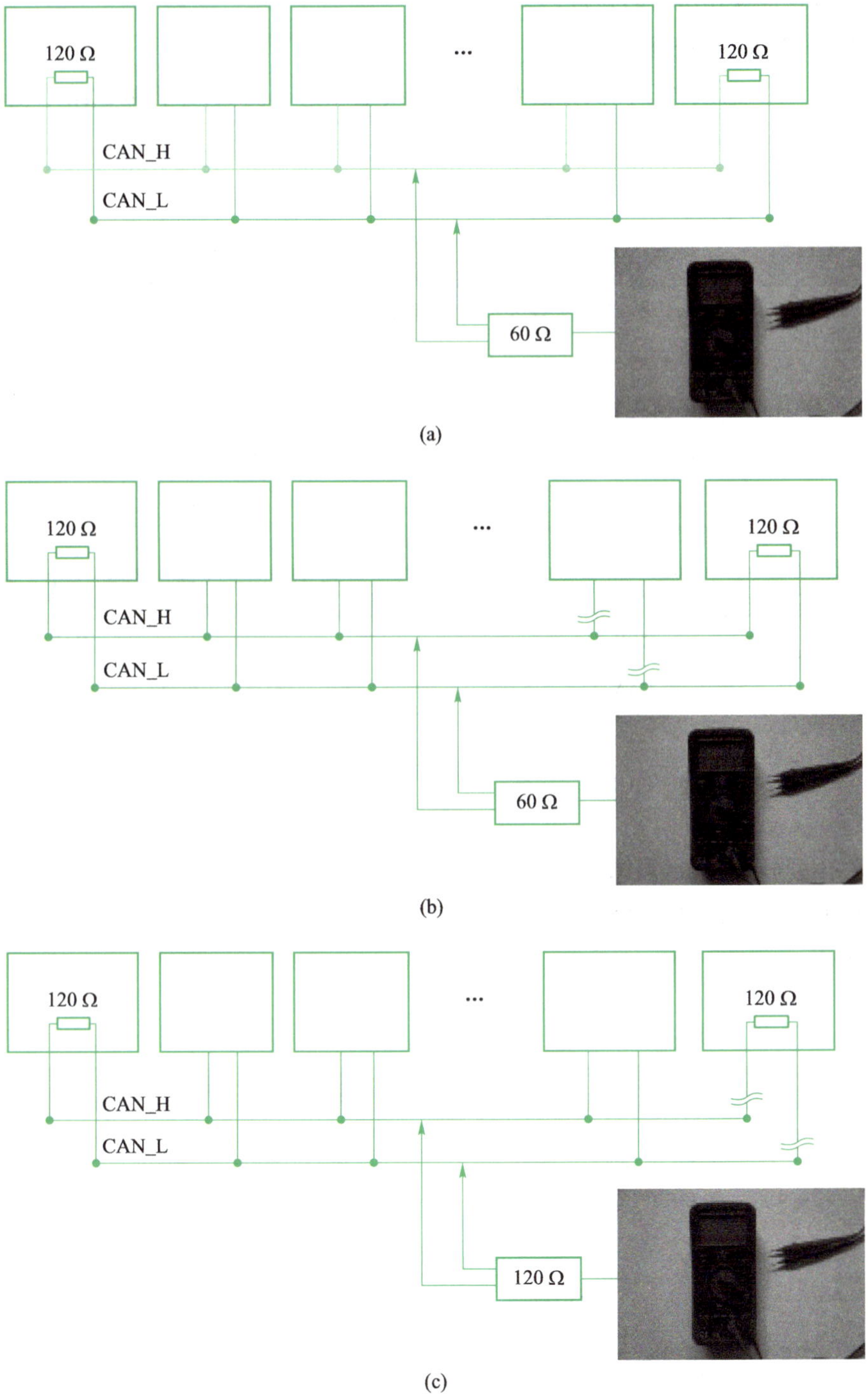

图 3-12　CAN 总线终端电阻测试示意图

2. 技能操作

1）操作准备

准备技能操作所需的物料，见表 3-4。

2）CAN 总线电压测试

根据 CAN 总线电压测试方法对 CAN 总线电压进行测试，并将测试结果填写在表 3-5 中。

表 3-4　物料准备

类别	所需物料
防护用品	车辆防护用品、人身安全防护用品、操作场地安全防护用品、防护袋（或绝缘胶带）
资料	车辆维修手册
设备、工具	实训车辆、智能钥匙、万用表、示波器、检测工具套装

表 3-5　CAN 总线电压测试记录表

序号	测试项目	测试内容	测试工具	测试结果	标准值	是否正常
1	检测 1	CAN_H				是□　否□
2		CAN_L				是□　否□
3	检测 2	CAN_H				是□　否□
4		CAN_L				是□　否□

3）CAN 总线波形测试

根据 CAN 总线波形测试方法对 CAN 总线波形进行测试，并将测试结果填写在表 3-6 中。

表 3-6　CAN 总线波形测试记录表

序号	测试项目	测试内容	测试工具	测试结果	是否正常
1	电压波形	CAN_H	示波器		是□ 否□
2		CAN_L			是□ 否□

4）CAN 总线终端电阻测试

根据 CAN 总线终端电阻测试方法对 CAN 总线电阻进行测试，并将测试结果填写在表 3-7 中。

表 3-7　CAN 总线终端电阻测试记录表

序号	测试项目	测试内容	测试工具	测试结果	标准值	是否正常
1	终端电阻	______控制模块	万用表			是□　否□
2		______控制模块				是□　否□
3		______控制模块				是□　否□
4		______控制模块				是□　否□
5		______________				是□　否□
6		______________				是□　否□
7		______________				是□　否□
8		______________				是□　否□

（三）车载以太网测试

1. 知识学习

1）车载以太网作用

车载以太网是在车辆中连接电子元器件的一种有线网络。其设计初衷是希望满足汽车行业对带宽、延迟、同步、干扰（如电磁干扰）、安全性和网络管理等方面的要求。随着车辆电子架构变得越来越复杂，传感器、控制器和接口越来越多，需要更高的带宽、更多的计算机和通信链路。目前，汽车制造商使用各种专有标准来提供通信功能，大多数组件使用专用线路或电缆，车载以太网是支持所有通信的统一标准，它可以使用一对电缆将每个电子元件连接到中央网络交换机。车载以太网示意图如图 3-13 所示。

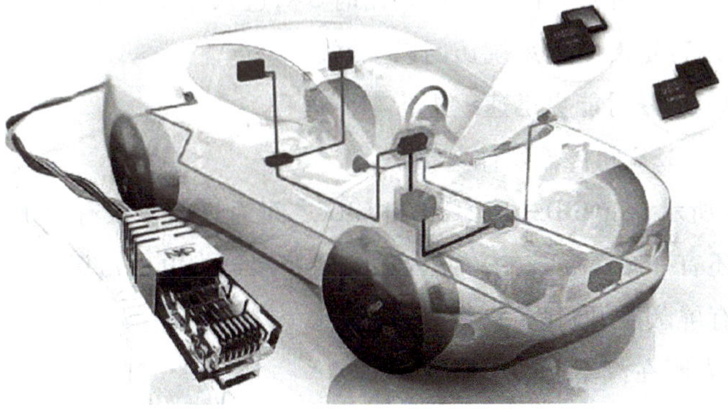

图 3-13　车载以太网示意图

随着汽车智能化、网联化的到来，ADAS 技术、汽车娱乐音频和视频的应用，以及

OTA 远程升级、V2X、大数据、云计算等技术的应用，车载网络容量需求明显超过了传统车载网络（如 CAN 或 FlexRay）的承载能力，在车辆运行环境中，车载以太网能够满足更普遍的时间敏感网络需求，使得在单一网络中同时处理信息娱乐、车身控制、辅助驾驶，甚至安全相关的功能成为可能。

车载以太网要支持的有线通信方式包括 CAN 总线、双绞线、USB 接口等，要支持的无线通信方式包括 5G、GSM/GPRS、CDMA2000/WCDMA/TD - SCDMA、LTE、WiMAX、Wi-Fi、DSRC、UWB、蓝牙、IR、卫星通信等。

2）车载以太网拓扑结构

车载以太网常见的拓扑结构有星型、菊花链型和树型，这些结构在交换式以太网中支持 IEEE 802.3 和 IEEE 802.1Q 标准。

星型拓扑结构特点是管理方便、极易扩展、安装维护成本低，但由于需要专用的网络设备（如交换机）作为其核心节点，对核心设备的负担较重、可靠性要求高、各站点的分布处理能力较低。

菊花链型拓扑结构特点是其由星型结构的基础网络构成，通过菊花链或串行的方式增加下一个节点。菊花链型拓扑结构容易扩展，各站点可以分布处理，网络设备的负担相对较轻，但节点之间的通信相对较复杂，安装维护成本较高。

树型拓扑结构是分级的集中控制式网络，与星型拓扑结构相比，树型拓扑结构的通信线路总长度短、成本较低、节点易于扩充、寻找路径比较方便，但除了叶子节点及其相连的线路外，任一节点或其相连的线路出现故障都会使系统受到影响。车载以太网常见的拓扑结构如图 3-14 所示。

3）车载以太网特点

车载以太网特点如下。

① 数据传输速率很高，可达 100 Mbit/s。

② 建立连接和分配地址时系统起动用时 3 s，进入休眠模式用时 1 s。

③ 只能通过特定的编程系统访问以太网。

④ 进行汽车维修时能更迅速地进行车辆编程。

⑤ 在 CIC 与 RSE 间传输媒体数据。

如图 3-15 所示，在 OBD-Ⅱ、ZGM 和 CIC 之间通过两个没有附加屏蔽层的双绞线连接。此外还有一个为各控制单元内以太网控制器供电的启用导线。CIC 与 RSE 之间的导线带有屏蔽层，取代了启用导线。

4）车载以太网在汽车上的应用

车载以太网作为车载网络系统骨干，集成动力总成、底盘、车身、多媒体、辅助驾驶，真正形成一个域级别的汽车网络已经成为趋势。到目前为止，它主要用于诊断、车载信息娱乐系统和连接远程传感器。由于数据量大，这些系统需要更大的带宽来

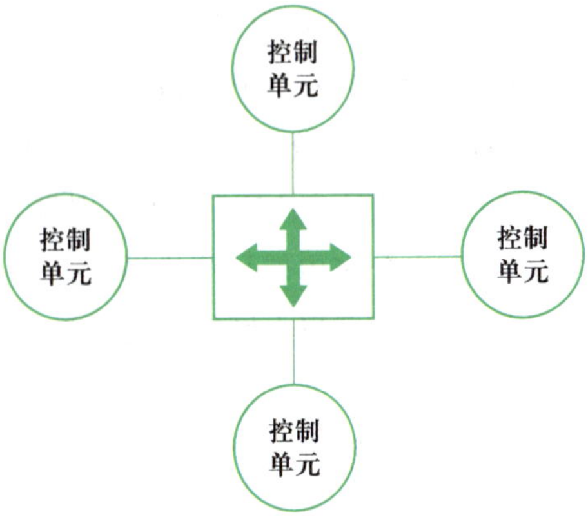

(a) 星型

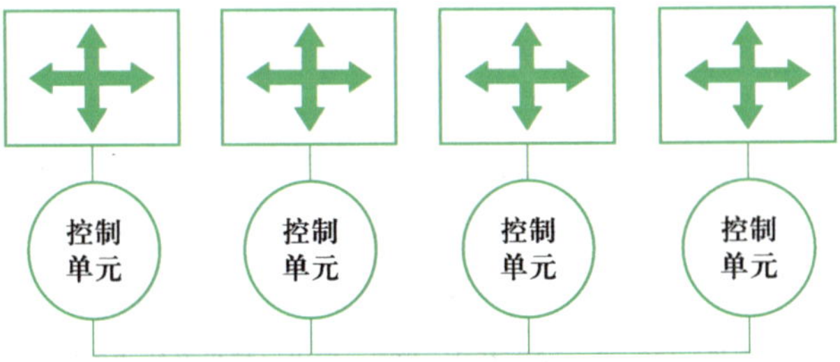

(b) 菊花链型

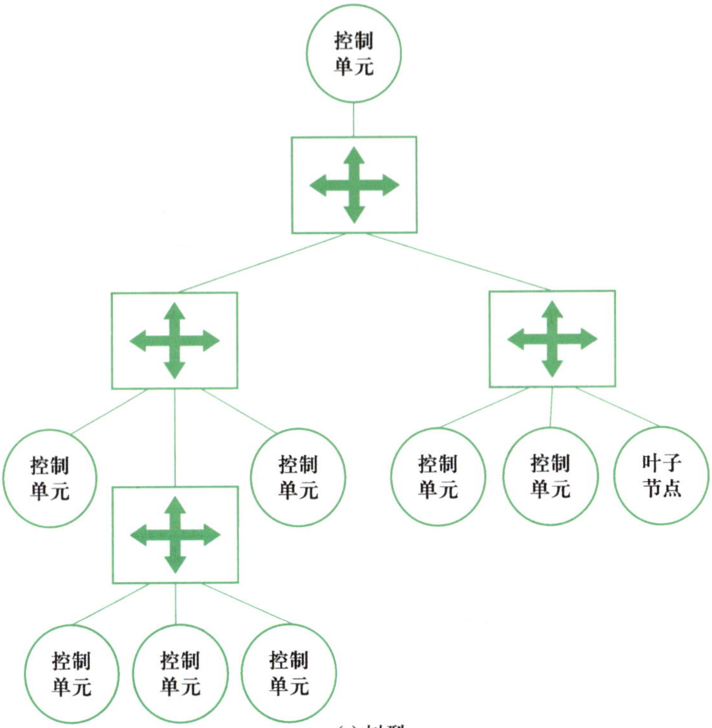

(c) 树型

图 3-14　车载以太网常见的拓扑结构

保证以维护驱动程序安全所需的速度传输数据。一辆自动驾驶汽车最终可能需要100 Gbit/s 的车载以太网来传输图像传感器的所有数据。

车载以太网上的所有设备都有单独分配的识别号，即 MAC（媒体访问控制）地址。建立连接时，编程系统通过该地址和 VIN（车辆识别号）识别车辆，以此避免第三方更改数据记录和存储值。与办公室内的计算机网络一样，车载以太网网络内的所有设备都应拥有唯一的识别号。车载以太网的应用如图 3-16 所示。

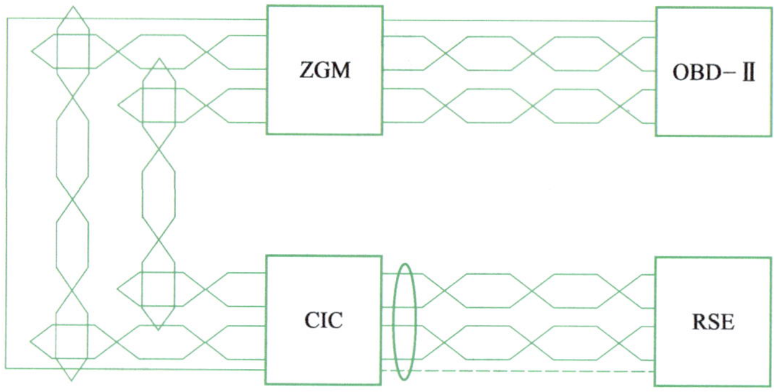

图 3-15　车载以太网的导线连接示意图

CIC—车辆信息计算机；OBD-Ⅱ—诊断插座；RSE—后座区娱乐系统；ZGM—中央网关模块

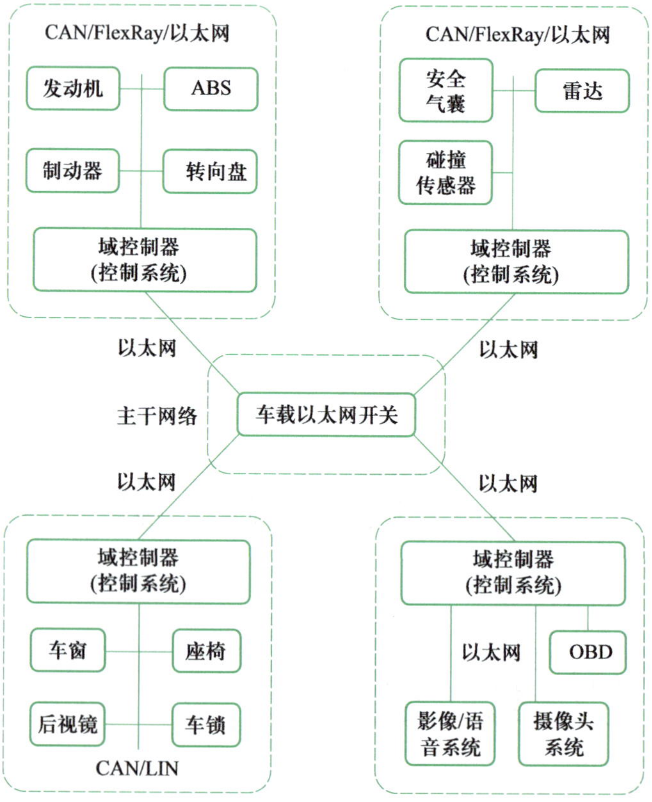

图 3-16　车载以太网的应用

5）车载以太网传输介质

车载以太网应用到的传输介质（介质是指连接网络节点的信息传输载体）分为有线和无线两种类型。有线传输常用的传输介质有双绞线、同轴电缆及光纤等，无线传输常用的传输介质有微波、电磁波、卫星信号等。

（1）同轴电缆

同轴电缆以单根铜导线为内芯，外裹一层绝缘材料，外覆密集网状导体，最外面是一层保护性塑料。金属屏蔽层能将磁场反射回中心导体，同时也使中心导体免受外界干扰，故同轴电缆比双绞线具有更高的带宽和更好的噪声抑制特性。同轴电缆如图 3-17 所示。

（2）光纤

光纤是软而细的、利用内部全反射原理来传导光束的传输介质。光纤为圆柱状，由 3 个同心部分组成：纤芯、包层及护套。与同轴电缆比较，光纤可提供极宽的频带且功率损耗小、传输距离长（2 km 以上）、传输率高（可达数千 Mbit/s）、抗干扰性强（不会受到电子监听），是构建安全性网络的理想选择。光纤如图 3-18 所示。

图 3-17　同轴电缆

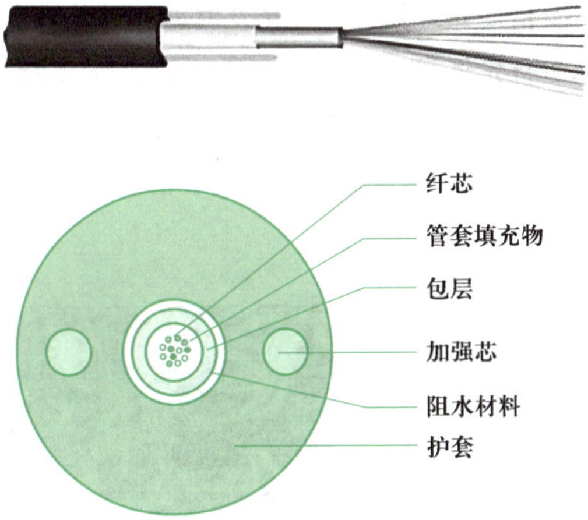

图 3-18　光纤

6）车载以太网测试内容、方法

以光纤为传输介质的车载以太网主要测试内容有光纤通断测试及光衰值测试；以同轴电缆为传输介质的车载以太网主要测试内容为同轴电缆特性阻抗。

（1）光纤通断测试方法

光纤的通断测试需要借助光纤测试仪。首先将需要测试的光纤两端的连接断开，之后选择测试仪上与光纤相匹配的 SC、ST 或 FC 接口，将光纤一端与测试仪连接，打开测试仪电源并起动红光笔功能，最后观察光纤另一端是否有红光出现，这样可以判断短距离光纤中间是否有断开的地方。利用光纤测试仪进行光纤通断测试如

图 3-19 所示。

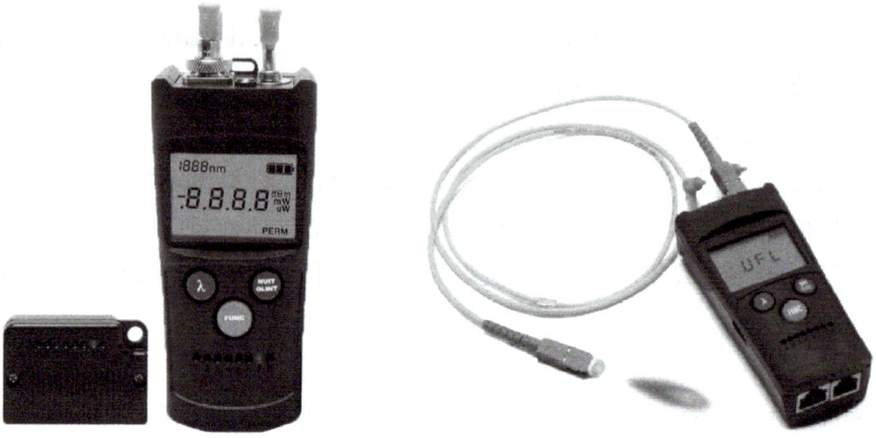

图 3-19　光纤通断测试示意图

(2) 光纤光衰值测试方法

造成光纤光源衰减的原因有本征(光纤的固有损耗)、长度、弯曲、挤压、对接等,需要借助光纤测试仪对光衰值进行测试。按照相关规定,光衰值不能超过-28 db。

首先将需要测试的光纤两端的连接断开,之后选择测试仪上与光纤相匹配的 SC、ST 或 FC 接口,将光纤两端与测试仪连接,打开测试仪电源并起动光功率计功能,最后查看测试仪显示的光衰值。利用光纤测试仪进行光纤光衰值测试如图 3-20 所示。

图 3-20　光纤光衰值测试示意图

(3) 同轴电缆特性阻抗测试方法

同轴电缆的特性阻抗是指入射电压与入射电流之比或反射电压与反射电流之比

（即波阻抗），最常用的特性阻抗是 50 Ω，其测试方法一般采用时域反射测量技术（Time Domain Reflection，TDR）。TDR 测试时，使用一台跃阶信号发生器和一台宽带示波器，把跃阶信号发生器产生的激励信号送进同轴电缆，然后用宽带示波器观察同轴电缆上某处入射电压波形和反射电压波形，通过测量入射电压和反射电压之比，即反射系数 $\rho=\frac{V_{入射}}{V_{反射}}=\frac{Z-Z_0}{Z+Z_0}$，$Z$ 为待测阻抗值，Z_0 为参考阻抗值，便能通过公式 $Z=Z_0\frac{1+\rho}{1-\rho}$计算出同轴电缆的特性阻抗值。特性阻抗与跃阶信号的变化关系如图 3-21 所示。

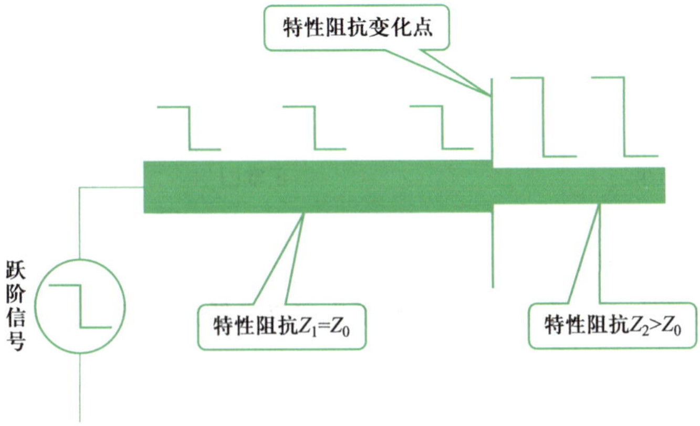

图 3-21　特性阻抗与跃阶信号的变化关系

2. 技能操作

1）操作准备

准备技能操作所需的物料，见表 3-8。

表 3-8　物料准备

类别	所需物料
防护用品	车辆防护用品、人身安全防护用品、操作场地安全防护用品、防护袋（或绝缘胶带）
资料	车辆维修手册
设备、工具	实训车辆、智能钥匙、光纤检测仪、跃阶信号发生器、宽带示波器

2）光纤通断测试

使用专用工具，参照车辆维修手册，正确完成光纤通断测试，并将测试结果填写在表 3-9 中。

表 3-9　光纤通断测试记录表

序号	测试步骤	工具
1		
2		
3		
4		
5		
6		
7		
8		
9		
10		
测试结果	正常□　　断路□	

3）光纤光衰值测试

使用专用工具，参照车辆维修手册，正确完成光纤光衰值测试，并将测试结果填写在表 3-10 中。

表 3-10　光纤光衰值测试记录表

序号	测试步骤	工具
1		
2		
3		
4		
5		
6		
7		
8		
9		
10		
测试结果	______ dB	

4）同轴电缆特性阻抗测试

使用专用工具，参照车辆维修手册，正确完成同轴电缆特性阻抗测试，并将测试结果填写在表 3-11 中。

表 3-11　同轴电缆特性阻抗测试记录表

序号	参数	数值
1	$V_{入射}$	
2	$V_{反射}$	
3	Z_0	
4	ρ	
5	Z	
测试结果	正常□　损坏□	

四、检查评估

对本任务的学习情况进行检查,并将相关内容填写在表 3-12 中。

表 3-12　检查表

检查项目	检查结果	结果点评
车载网络系统架构搭建		
车载网络系统总线种类查找是否齐全	是□　否□	
车载网络系统架构搭建是否正确	是□　否□	
CAN 总线测试		
CAN 总线电压测试是否正确	是□　否□	
CAN 总线波形测试是否正确	是□　否□	
CAN 总线终端电阻所在控制模块查找是否正确	是□　否□	
车载以太网测试		
光纤通断测试结果是否正确	是□　否□	
光纤光衰值测试结果是否正确	是□　否□	
同轴电缆特性阻抗测试结果是否正确	是□　否□	
整理及恢复		
工具、设备是否整理归位	是□　否□	
维修工位是否打扫干净	是□　否□	
产生的垃圾是否分类处理	是□　否□	
工作页是否填写完整	是□　否□	

五、任务小结

本任务小结如图 3-22 所示。

- 车载网络系统架构搭建与测试
  - 车载网络系统架构搭建
    - 车载网络系统作用
      - 一线一用
      - 信息共享；减少电气节点的数量和导线用量，简化布线，提高通信速度，实现信息的双向交换
    - 常用车载网络系统分类及具体功能
      - A类：LIN协议；低成本串行数据通信总线，主要用于执行器的数据通信，单主/多从模式，传输速率最高为20 kbit/s
      - B类：低速CAN协议；串行数据通信协议，多个控制模块任意时间主动与网络进行通信，不区分主/从模块，拥有分配优先权及仲裁机制，采用双绞线，分CAN_H线和CAN_L线，传输速率可达125 kbit/s
      - C类：高速CAN协议：传输速率可达500 kbit/s；FlexRay协议
      - D类：MOST协议：用于多媒体数据传输，采用环形拓扑结构，传输速率最高可达22.5 Mbit/s；无线蓝牙协议
      - E类：安全byte flight协议(以太网)；使用电缆将各域控制器连接，分为标准以太网(10 Mbit/s)、快速以太网(100 Mbit/s)、10 G以太网(10 Gbit/s)等
    - 车载网络系统架构
      - 以CAN总线为主、LIN总线为辅，部分车型还选用了MOST总线及以太网
  - CAN总线测试
    - CAN总线定义及组成
      - 国际上标准化的串行通信协议，由若干个节点、两条数据传输线及终端电阻组成
    - CAN总线电压测试
      - 特点：CAN_H：高电平3.5 V，低电平2.5 V；CAN_L：高电平2.5 V，低电平1.5 V
      - 方法：查找CAN总线的传输导线；关闭起动开关，测量CAN_H、CAN_L电压；打开起动开关，开关车门，测量CAN_H、CAN_L电压；关闭起动开关
    - CAN总线波形测试
      - 方法：查找CAN总线的传输导线；将CH1、CH2线连接到CAN_H、CAN_L线上，负极线搭铁；调整示波器；打开起动开关，检测CAN总线波形；示波器退出检测，关闭起动开关
      - 特点：将CAN_H、CAN_L电压随时间变化的规律，清晰、直观的用图形显示出来
    - CAN总线终端电阻测试
      - 特点：使信号到达传输线末端后不反射，提高抗干扰能力、提高信号质量
      - 方法：将蓄电池正、负极断开，并进行放电；测得CAN总线电阻值应为60 Ω；拔下一个带有终端电阻的控制模块后测得电阻值为120 Ω；拔下不带终端电阻的控制模块后测得电阻值为60 Ω
  - 车载以太网测试
    - 车载以太网作用
      - 以太网是支持所有通信的统一标准，它可以使用一对电缆将每个电子元件连接到中央网络交换机
    - 车载以太网拓扑结构
      - 星型：管理方便、极易扩展、安装维护成本低、可靠性要求高、各站点分布处理能力较低
      - 菊花链型：容易扩展、通信相对较复杂、安装维护成本较高、各站点可以分布处理
      - 树型：通信线路总长度短、成本较低、节点易于扩充、寻找路径比较方便
    - 车载以太网特点
      - 数据传输速率达100 Mb/s；系统启动、进入休眠模式响应快；只能通过BMW编程系统访问；能迅速地进行车辆编程；在CIC与RSE间传输媒体数据
    - 车载以太网应用
      - 主要用于诊断、车载信息娱乐系统和连接远程传感器；形成一个域级别的汽车网络
    - 车载以太网测试内容
      - 光纤通断测试：红光笔功能
      - 光纤光衰值测试：光功率计功能
      - 同轴电缆特性阻抗测试：时域反射测量技术(TDR)

图 3-22　任务三小结

任务四　整车监控平台测试与检修

一、任务导入

场景:某品牌新能源汽车售后维修车间。

人物:维修技师李师傅、学徒小王、车主张先生。

情节:售后维修车间来了一辆新能源故障车,据车主张先生所说,无法通过手机App远程控制解锁车门、打开空调等。小王验证后确认车辆与手机App无法通信,不仅无法通过手机App远程控制车辆,也无法远程查询车辆状态。小王请来李师傅对该车故障进行检修。

二、任务目标

◇ 能按照标准流程,通过手机App,正确完成车辆远程状态查询以及车辆控制。

◇ 能按照标准流程,使用专用工具,正确完成T-BOX的故障检测与维修。

三、任务实施

(一) 车辆远程状态查询与控制试验

1. 知识学习

1) 整车监控平台介绍

(1) 整车监控平台概述

整车监控平台是用来和车载数据采集终端(Telematics BOX,简称T-BOX)及手机App配合工作,实现车辆远程状态查询和远程车辆控制等功能的系统。

(2) 整车监控平台组成

整车监控平台主要由T-BOX、车辆智慧平台及手机App三部分组成。

为了使接入整车监控平台的车辆能在车辆智慧平台中管理,在两个平台间增加了数据转发接口,车辆相当于是直接接入了车辆智慧平台。整车监控平台运营流程如图4-1所示。

2) 车辆智慧平台

车辆智慧平台核心功能有:用户初始登录密码生成、高低配车型配置、用户反馈处理、用户激活与自定义设置、近期轨迹查询等。

车辆智慧平台包括后台管理界面和前台用户界面。车辆智慧平台后台主要提供给维护人员、客服人员使用，在其中进行相关信息的管理和维护。做完初始化维护工作之后车主才能按照流程使用云服务，在车主使用过程中，可能需要相关人员在后台根据客户需求进行相关信息的修改、手机绑定的解除、用户意见反馈的查看及回复等。

车辆智慧平台前台主要提供给车主使用，车主在完善个人信息并激活后，进行功能设置、下载手机 App，再使用自己设置的账号和密码进行登录。使用过程中如果有信息变更也可以在前台进行修改，并可查询车辆轨迹、个人操作日志等信息。

通过车辆智慧平台前台与后台相结合，能够基于车辆大数据的进一步分析，用于车辆的定位、驾驶行为分析、能耗（燃油消耗、电能消耗）分析、车辆状态显示、故障诊断与提示等。各汽车厂商陆续推出了各自的车辆智慧平台，以比亚迪宋 PLUS DM-i 新能源汽车智慧平台为例，其手机 App 信息显示界面如图 4-2 所示。

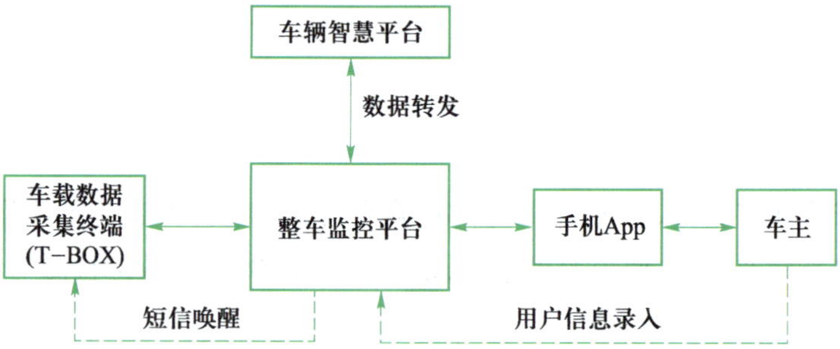

图 4-1　整车监控平台运营流程

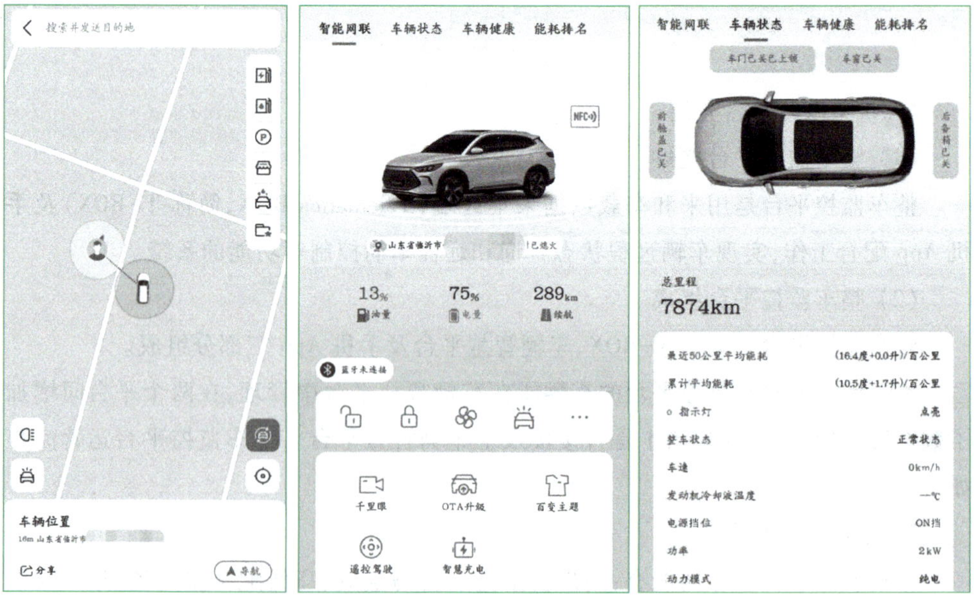

(a) 位置信息　　(b) 车辆状态显示

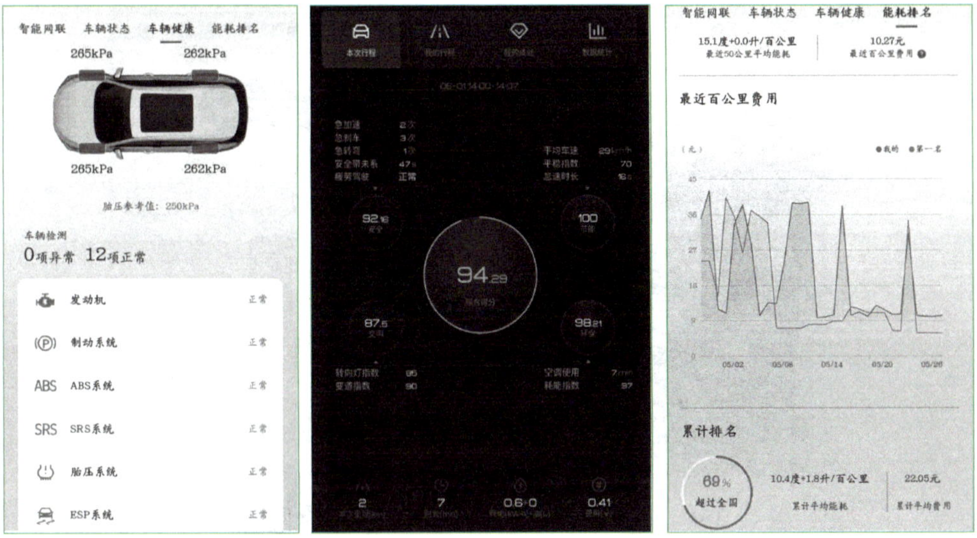

(c) 故障诊断与提示　　(d) 驾驶行为分析　　(e) 能耗分析

图 4-2　手机 App 信息显示界面

3）手机 App

车主通过手机 App 可以进行车辆状态、充电状态查询，以及进行远程控制、车辆体检、车辆位置查询、意见反馈等。车辆实时状态包括当前行驶里程、SOC 值、续驶里程，以及是否正在充电、空调状态等。远程控制包括空调控制、充电控制、车辆起动控制及车门、车窗控制等。通过手机 App 进行的远程控制功能如图 4-3 所示。

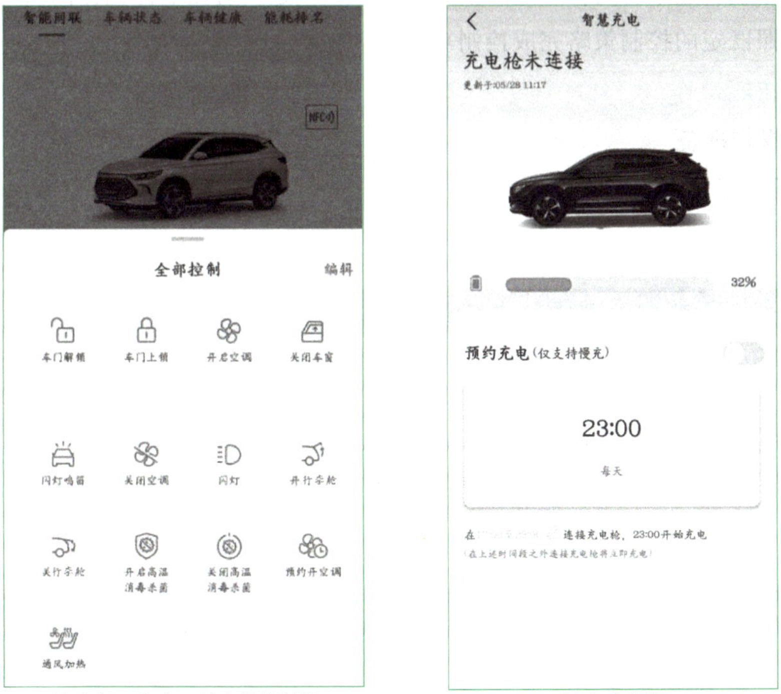

(a) 车门、车窗、行李舱控制等　　(b) 充电控制

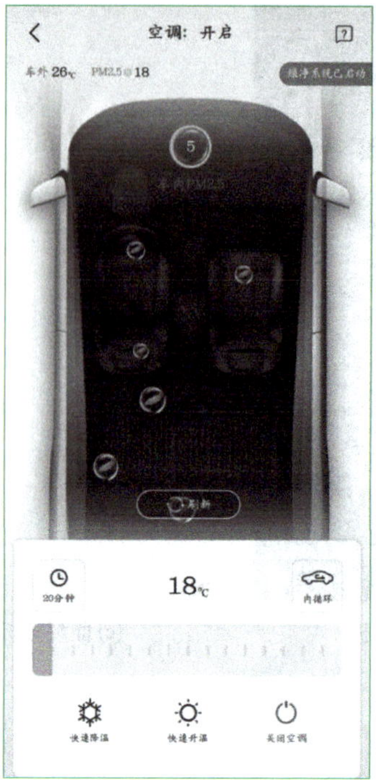

(c) 空调控制

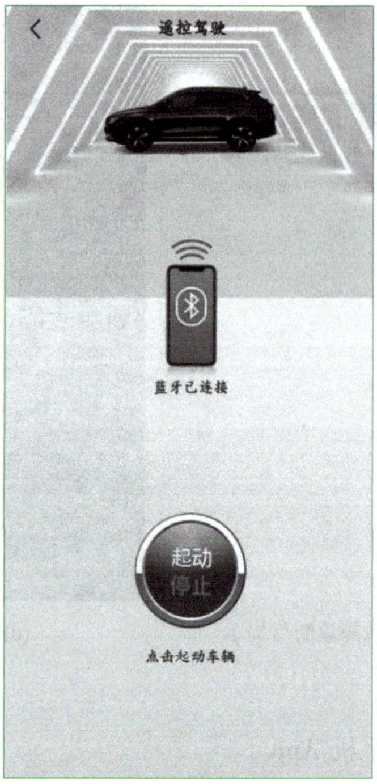

(d) 起动控制

图 4-3　通过手机 App 进行的远程控制功能示意图

当车辆未起动，即车辆远程监控平台处于休眠状态时，手机 App 发送控制指令后，首先车辆智慧平台后台通过短信方式唤醒车辆远程监控平台，继而唤醒整车控制器，再按照既定的控制策略完成控制功能。

2. 技能操作

1）操作准备

准备技能操作所需的物料，见表 4-1。

表 4-1　物料准备

类别	所需物料
设备	实训车辆、手机

2）车辆远程状态信息查询

打开手机 App，查询车辆状态信息，并填写在表 4-2 中。

表 4-2　车辆远程状态信息查询记录表

序号	状态信息	查询结果	序号	状态信息	查询结果
1	起动状态		3	起动开关挡位	
2	充电状态		4	动力模式	

续表

序号	状态信息	查询结果	序号	状态信息	查询结果
5	蓝牙连接状态		13	前机舱盖	
6	位置		14	行李舱盖	
7	SOC 值		15	百公里平均能耗	
8	燃油量		16	累计平均能耗	
9	行驶里程		17	车速	
10	续驶里程		18	冷却液温度	
11	车门		19	胎压	
12	车窗		20	故障诊断与提示	

3）车辆远程控制试验

打开手机 App，进行车辆远程控制试验，并将远程控制结果填写在表 4-3 中。

表 4-3　车辆远程控制记录表

序号	远程控制项目	远程控制结果	序号	远程控制项目	远程控制结果
1	起动车辆	正常□　故障□	8	车窗关闭	正常□　故障□
2	预约充电	正常□　故障□	9	行李舱开启	正常□　故障□
3	空调开启	正常□　故障□	10	行李舱关闭	正常□　故障□
4	空调关闭	正常□　故障□	11	闪灯	正常□　故障□
5	车门解锁	正常□　故障□	12	鸣笛	正常□　故障□
6	车门闭锁	正常□　故障□	13	座椅通风	正常□　故障□
7	车窗开启	正常□　故障□	14	座椅加热	正常□　故障□

（二）T-BOX 故障检修

1. 知识学习

1）T-BOX 作用、发展历程

随着全球汽车产业的飞速发展，能源和交通等问题日益突出，大力发展节能环保的新能源汽车，通过新技术提升传统汽车产业成为一种趋势。新能源汽车的机械结构相对传统内燃机汽车简单，但其动力蓄电池、驱动电机及电气结构更加复杂。为此，新能源汽车加强行车安全，提高车辆的运行效率，对车辆运行状况进行监控、管理成为一种必然。

当前 T-BOX 多为实时转发车辆控制器局域网络（Controller Area Network，CAN）接口中的数据，没有进行本地化保存，一旦信号较差时容易造成数据丢失，无法进行数据再现。

较为新型的多功能通用型 T-BOX 能将获得的实时数据用于车辆监控，给技术研发人员、售后人员及车主等提供针对性服务，并且在车辆发生事故时进行自动求助或手动紧急求助，为驾乘人员提供及时的救援。

2）T-BOX 功能

T-BOX 主要用于和车辆智慧平台、手机 App 互联通信，实现车辆智慧平台、手机 App 的车辆信息显示与控制，T-BOX 如图 4-4 所示。

T-BOX 具体功能如下。

图 4-4　T-BOX

① T-BOX 能够与整车控制器进行通信，服从整车控制器的控制命令，获取车辆实时数据。T-BOX 采用“行程长度编码”压缩机制，对 CAN 数据进行数据压缩，以减少存储空间的占用，同时节约网络带宽资源与流量，加快数据传输速度。

② T-BOX 通过车载全球卫星定位系统（GPS）获取车辆实时位置信息。

③ T-BOX 能够将大量数据存储到本地移动存储设备（SD 卡）中，存储的数据可由分析处理软件读取和分析。

④ T-BOX 能够将信息按照规定的时间和数据量，以无线通信（GPRS）的方式发送到服务平台。在此信息传输的过程中，要保证信息的正确性，并且不能将信息丢失，还需要做到信息的保密，使无线通信的信息不被他人窃取。

⑤ T-BOX 将在本地保存车辆最近一段时间的运行数据，作为“黑匣子”，提供车辆故障或事故发生前的数据信息。

⑥ 盲区补传：T-BOX 支持在通信网络不通畅的情况下，自动将数据保存至采集终端 flash 存储区内，待网络正常后，自动/人工将数据上传至服务平台。

⑦ 自检功能：当检测到 GPS 模块、主电源等出现故障，T-BOX 会主动上报情况到监控中心，辅助设备进行检修。

⑧ 远程升级：T-BOX 支持远程自动升级功能，自动接收来自服务平台的升级指令完成软件升级，极大节省了维护成本。必要情况下，借助 T-BOX 通过 CAN 协议，可以对车辆进行软件升级。

3）紧急救援服务

车辆智慧平台的紧急救援服务包含车辆碰撞自动求助或手动紧急求助。

（1）自动求助

带有自动求助功能的 T-BOX，若车辆发生意外碰撞事故、安全气囊弹开，T-BOX 将启动车辆碰撞自动求救功能，将求助信号发送至车辆智慧平台后台，与后台工作人员进行通信求救，并且自动呼叫或短信提示车辆智慧平台中绑定的紧急联系人。碰撞短信提示示例如图 4-5 所示。

(2) 手动紧急求助

若是 T-BOX 不带有自动求助功能,可以手动按下紧急联系按键,启动手动紧急求助功能,进而呼叫紧急联系人或车辆智慧平台后台工作人员,从而获得救助。紧急联系按键一般设置在顶棚,与天窗组合按键集成在一起,长按 3s 启动手动紧急求助功能。紧急联系按键如图 4-6 所示。

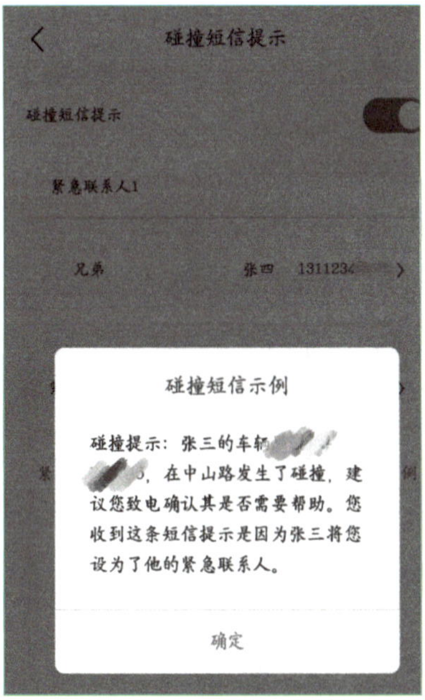

图 4-5　碰撞短信提示示例

图 4-6　紧急联系按键

4) T-BOX 工作原理

T-BOX 与整车监控平台通过 CAN 总线通信,从而获取到包括车辆状态、按键状态等信息,以及传递唤醒、控制指令等;也通过音频连接,实现双方共用麦克风与扬声器输出。T-BOX 与手机 App 是通过整车监控平台以数据链路的形式进行间接通信(双向)。T-BOX 与车辆智慧平台通信还包括语音和短信两种形式,短信形式主要用来实现一键导航及远程控制功能。

T-BOX 可以深度读取汽车 CAN 总线数据和私有协议,T-BOX 通过 OBD-Ⅱ模块采集汽车的总线数据和实现对私有协议的反向控制;T-BOX 同时可以通过 GPS 模块对车辆位置进行定位,使用网络模块通过网络将数据传到云服务器。车主可以在手机 App 端通过网络从云服务器中获取车况报告、行车报告、能耗统计、故障提醒、违章查询、位置轨迹、驾驶行为、安全防盗、预约服务、远程找车等信息,还可以在手机 App 端通过网络与服务器的连接,间接与网络模块交互,提供控制车辆门、窗、灯、锁、喇叭、双闪、反光镜、天窗等的功能以及监测中控警告和安全气囊状态等服务。

5）T-BOX 组成及安装位置

T-BOX 由天线、数据记录仪、麦克风、扬声器、紧急联系按键等组成，数据记录仪内有用来存储数据的 SD 卡以及提供通信的 SIM 卡。T-BOX 一般安装在仪表台下方内侧，由于仪表台下方控制单元较多，可以通过查阅车辆电路图手册确定 T-BOX 连接器数量和样式，通过连接器分辨 T-BOX。某车型 T-BOX 连接器及安装位置如图 4-7 所示。

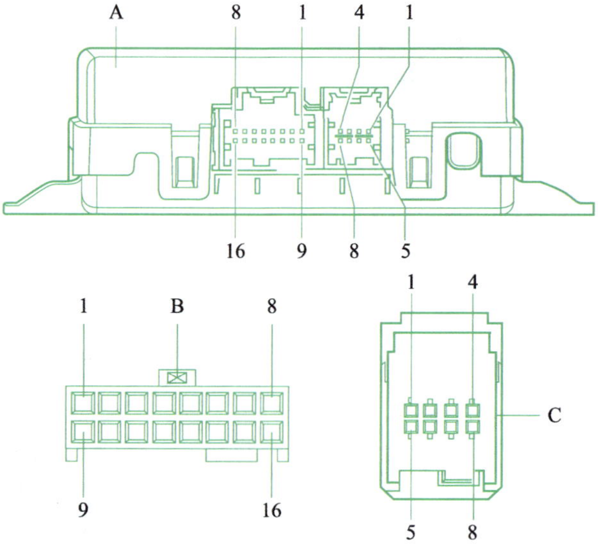

A—T-BOX；B—连接器1；C—连接器2；1~16—端子

(a) 连接器

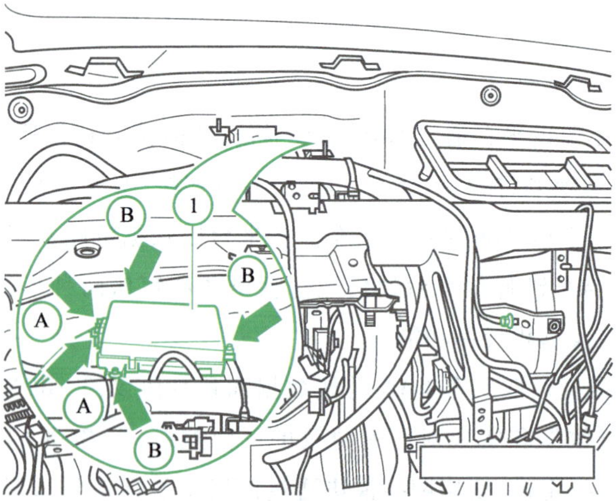

(b) 安装位置

图 4-7 T-BOX 连接器及安装位置

①—T-BOX 总成；Ⓐ—连接器；Ⓑ—固定螺栓

6）T-BOX 检测内容及模块更换流程

若是诊断仪无法与 T-BOX 进行通信，应首先对 T-BOX 的供电、搭铁以及 CAN 总线进行检测，若是相关线路或熔断器存在故障应进行维修或更换，若是相关线路及熔断器正常，可能是 T-BOX 自身损坏，需更换 T-BOX 模块。T-BOX 模块拆卸流程见表 4-4。

表 4-4　T-BOX 拆卸流程

序号	工作内容	注意事项
1	关闭起动开关	① 拆装 T-BOX 时务必小心、谨慎，避免磕碰，防止受潮； ② 在拆装过程中严禁手指触摸低压连接器内的端子，或强行拆开外壳，避免损坏内部电子元器件
2	拆卸辅助蓄电池负极接线柱	
3	拆卸相应的饰板或仪表板	
4	断开 T-BOX 的低压连接器	
5	拆卸 T-BOX 的固定螺栓	
6	取出 T-BOX	

2. 技能操作

1）操作准备

准备技能操作所需的物料，见表 4-5。

表 4-5　物料准备

类别	所需物料
防护用品	车辆防护用品、人身安全防护用品、防护袋（或绝缘胶带）
资料	车辆维修手册
设备、工具	实训车辆、智能钥匙、绝缘工具套装、举升机、万用表、绝缘表、诊断仪、手机

2）故障验证

（1）仪表显示

起动车辆，观察车辆仪表显示，将相关内容记录在表 4-6 中。

表 4-6　仪表显示记录表

序号	项目	仪表显示	正常情况	是否正常
1	系统故障信号装置		熄灭	是□　否□
2	异常信号装置		—	—
3	文字提示		—	—
4	语音提示		—	—

(2) 读取故障码

使用诊断仪读取故障码，将相关内容填写在表 4-7 中。

表 4-7　故障码信息记录表

序号	故障码	故障码描述	状态
例	F011066	与车载数据采集终端 T-BOX 通信丢失	当前的
1			
2			

(3) 读取数据流

使用诊断仪读取数据流，将相关内容填写在表 4-8 中。

表 4-8　数据流信息记录表

序号	控制单元	名称	当前值/状态	标准值/状态	是否正常
1					是□　否□
2					是□　否□
3					是□　否□
4					是□　否□
5					是□　否□

3）故障查询

(1) 拆画电路图

参考车辆维修手册，将 T-BOX 相关电路图绘制在图 4-8 的框中。

图 4-8　绘制 T-BOX 电路图

（2）查找端子定义

查询车辆维修手册，将 T-BOX 的连接器端子定义填写在表 4-9 中。

表 4-9　T-BOX 连接器端子定义记录表

序号	端子号	定义	序号	端子号	定义
例	IP23/8	T-BOX 常电	例	IP23/7	T-BOX IG 供电
1			9		
2			10		
3			11		
4			12		
5			13		
6			14		
7			15		
8			16		

4）维修方案制订

根据读取到的故障信息，对故障进行初步分析，并制订维修方案，完成表 4-10 的填写。

表 4-10　故障分析及维修方案制订

故障分析：可能的故障原因或故障点		
1		
2		
3		
4		
5		
维修方案/检测流程		
示例	外观检查	检查高压线束是否破损
1		
2		
3		
4		
5		
6		
7		
8		
9		
10		

5）故障检测

参考 T-BOX 电路图及车辆维修手册，对 T-BOX 各部分依次进行检测，并将结果填写在表 4-11 中。

表 4-11　T-BOX 检测记录表

序号	检测项目	检测点		检测条件	检测类型	标准值	检测值	分析
例	供电	T81/37	搭铁	打开起动开关	电压	蓄电池电压	12.45 V	正常
1	供电							
2	搭铁							
3	CAN 总线							

6）T-BOX 更换

参考车辆维修手册及 T-BOX 拆卸流程，拆卸 T-BOX 并将拆卸流程记录在表 4-12 中。

表 4-12　T-BOX 拆卸流程记录表

序号	工作内容	工具	备注
1	关闭起动开关	—	
2			
3			
4			
5			
6			
7			
8			

拆卸完成后，按照与拆卸相反的流程安装新的 T-BOX。

7）维修结果检验

打开起动开关，起动车辆，通过观察车辆仪表显示，并使用诊断仪读取故障码及数据流，判断车辆故障是否排除，并将结果填写在表 4-13 中。

表 4-13 维修结果检验记录表

序号	检验项目	检验结果
1	车辆是否能够正常起动	是□ 否□
2	车辆仪表显示是否全部正常	是□ 否□
3	故障码是否被完全清除	是□ 否□
4	相关数据流是否全部正常	是□ 否□

四、检查评估

对本任务的学习情况进行检查，并将相关内容填写在表 4-14 中。

表 4-14 检查表

检查项目	检查结果	结果点评
车辆远程状态查询与控制试验		
是否能通过手机 App 完成车辆远程状态查询	是□ 否□	
是否能通过手机 App 完成车辆远程控制	是□ 否□	
T-BOX 故障检修		
是否准确检测到故障点	是□ 否□	
故障码是否清除	是□ 否□	
电路图拆画是否正确	是□ 否□	
整理及恢复		
工具、设备是否整理归位	是□ 否□	
维修工位是否打扫干净	是□ 否□	
产生的垃圾是否分类处理	是□ 否□	
工作页是否填写完整	是□ 否□	

五、任务小结

本任务小结如图 4-9 所示。

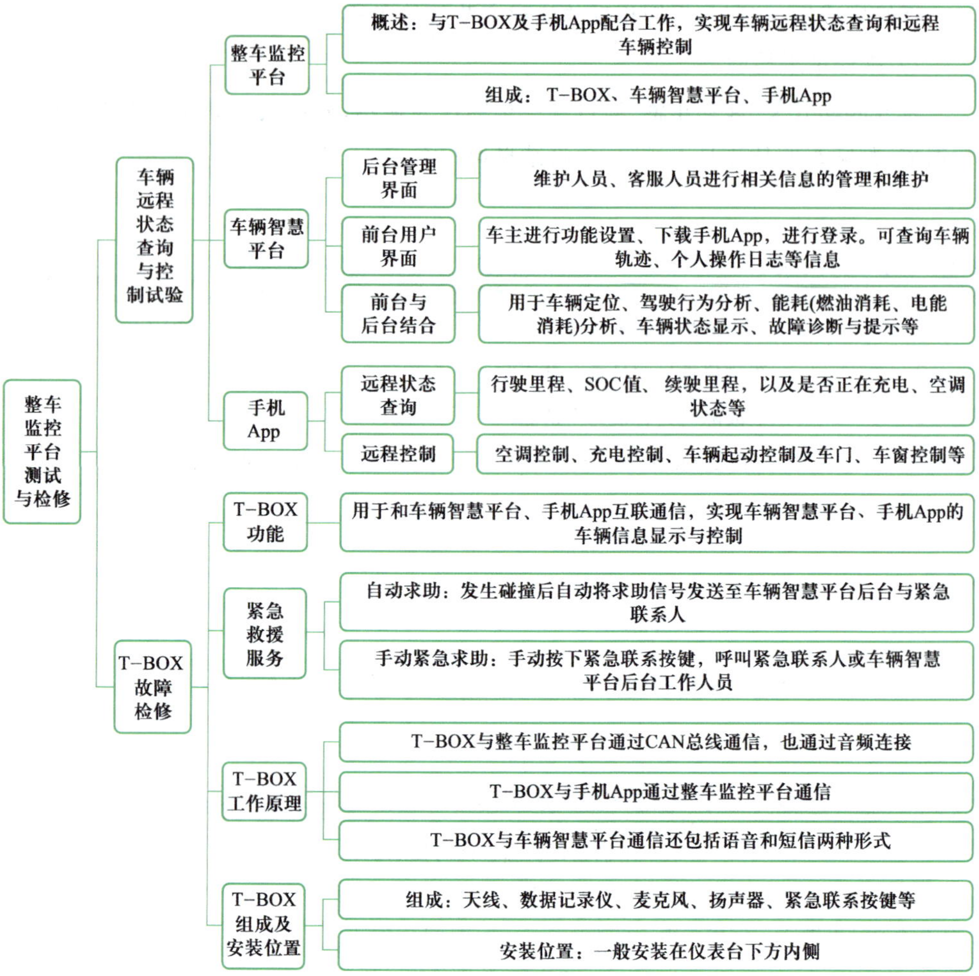
整车监控平台测试与检修
车辆远程状态查询与控制试验
整车监控平台
概述：与T-BOX及手机App配合工作，实现车辆远程状态查询和远程车辆控制
组成：T-BOX、车辆智慧平台、手机App
车辆智慧平台
后台管理界面
维护人员、客服人员进行相关信息的管理和维护
前台用户界面
车主进行功能设置、下载手机App，进行登录。可查询车辆轨迹、个人操作日志等信息
前台与后台结合
用于车辆定位、驾驶行为分析、能耗(燃油消耗、电能消耗)分析、车辆状态显示、故障诊断与提示等
手机App
远程状态查询
行驶里程、SOC值、续驶里程，以及是否正在充电、空调状态等
远程控制
空调控制、充电控制、车辆起动控制及车门、车窗控制等
T-BOX故障检修
T-BOX功能
用于和车辆智慧平台、手机App互联通信，实现车辆智慧平台、手机App的车辆信息显示与控制
紧急救援服务
自动求助：发生碰撞后自动将求助信号发送至车辆智慧平台后台与紧急联系人
手动紧急求助：手动按下紧急联系按键，呼叫紧急联系人或车辆智慧平台后台工作人员
T-BOX工作原理
T-BOX与整车监控平台通过CAN总线通信，也通过音频连接
T-BOX与手机App通过整车监控平台通信
T-BOX与车辆智慧平台通信还包括语音和短信两种形式
T-BOX组成及安装位置
组成：天线、数据记录仪、麦克风、扬声器、紧急联系按键等
安装位置：一般安装在仪表台下方内侧

图 4-9　任务四小结

情境二
整车高压控制

整车高压控制是新能源汽车特有的控制系统。整车高压控制与车辆的能量分配、能量回收、充放电、电能转换等紧密相关，整车高压控制水平的高低直接影响到车辆的能耗和动力性能。本情境针对整车高压控制进行一系列的认知、诊断、检修，包括高压上电实验与检修、整车驱动系统检修、制动能量回收系统调节与检修、直流充电控制与检修、交流充电控制与检修、DC/DC变换器更换与检修、高压配电盒故障检修7个任务。

本情境主要的学习内容包括高压上电流程、控制逻辑，高压上电异常原因分析，高压上电检测内容、方法、标准、注意事项，纯电动汽车驱动控制原理，驱动电机系统检测内容、方法、标准、注意事项，再生制动定义、作用，能量回收系统结构、工作原理，能量回收数据读取、测试，直流充电控制原理，直流充电检测内容、方法、标准、注意事项，交流充电控制原理，车载充电机工作原理，交流充电检测内容、方法、标准、注意事项，DC/DC变换器电路结构、工作原理，DC/DC变换器控制逻辑，DC/DC变换器常见故障、检测方法，DC/DC变换器拆装流程、注意事项，高压配电系统作用、结构组成，高压配电系统工作原理，高压配电系统各部件检查内容、更换方法等。

2

任务五　高压上电实验与检修

一、任务导入

场景:某品牌新能源汽车售后维修车间。

人物:维修技师李师傅、学徒小王、车主张先生。

情节:售后维修车间拖来了一辆新能源故障车,据车主张先生所说,车辆起动后仪表没有显示 READY,切换挡位后车辆无法行驶。小王查看过故障现象后确定该车无法完成高压上电,于是请来李师傅对该车进行故障检测。

二、任务目标

◇ 能按照标准流程,使用高压上电实验卡,正确完成高压继电器接通顺序、系统电压测量等实验。

◇ 能根据高压上电故障分析与诊断思路,使用诊断仪、万用表等工具设备,规范完成高压上电故障检测作业。

三、任务实施

微课　整车高压电路的组成

(一) 高压上电实验

1. 知识学习

1) 高压上电定义、主要部件

新能源汽车高压上电可以简单理解为:接通高压电路,使动力蓄电池中存储的电能可以正常供给高压用电设备,如驱动电机、电机控制器、空调 PTC、DC/DC 变换器等。高压上电的主体是动力蓄电池,最终目的是让动力蓄电池按照需求安全且正常输出电能;VCU 负责接收驾驶人指令、监测整车状态、判断是否满足高压上电条件、下达高压上电指令等,高压互锁回路、绝缘监测等系统是为了保障高压系统用电安全。

高压上电过程涉及的主要部件有动力蓄电池、VCU、BMS、总正继电器、预充继电器、预充电阻、总负继电器以及车辆高压用电设备。

2) 高压上电流程

微课　上下电控制流程图

新能源汽车高压上电流程,一般指自驾驶人按下一键起动开关起,到动力蓄电池将电能输送到各高压用电设备,直至 VCU 监测到高压系统供电正常,仪表点亮"READY"指示灯的完整通信及控制过程,高压上电流程示意如图 5-1 所示。

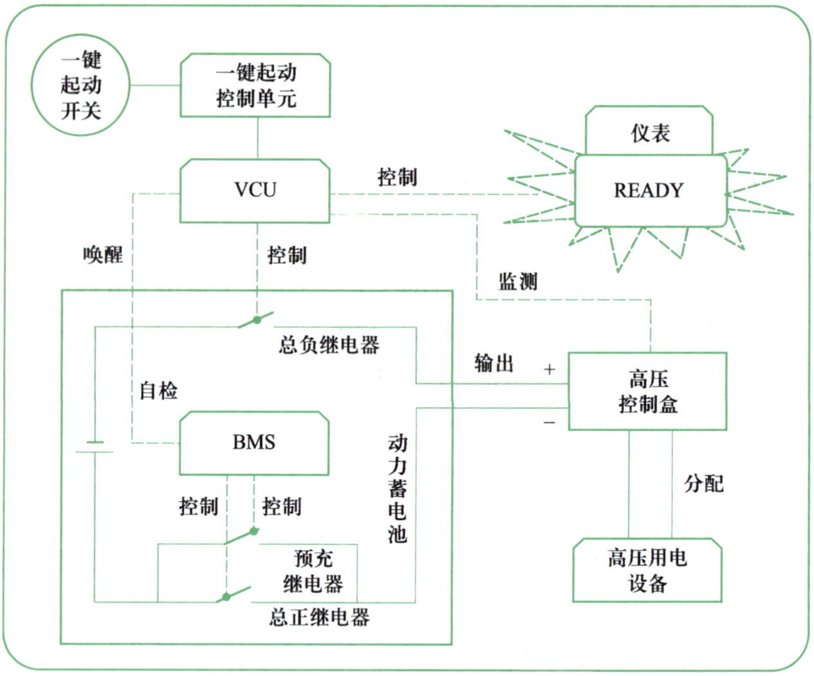

图 5-1　高压上电流程示意图

新能源汽车高压上电具体流程如下。

(1) 低压上电

① 将一键起动开关置于 ON 挡。

② 无钥匙进入/起动系统接收到起动开关 ON 挡信号后，检测智能钥匙是否在有效范围内，验证智能钥匙是否合法。

③ 智能钥匙认证通过，无钥匙进入/起动系统进行全车电源管理，控制 IG 继电器吸合，从而（直接或间接）唤醒 VCU、MCU、BMS、仪表等控制单元，此时高压系统处于 Init（初始化）模式；

④ MCU、BMS 等控制单元进行自检，BMS 检测总负继电器和总正继电器触点是否粘连，并将自检结果通过 CAN 总线通信网络反馈至 VCU，如果系统没有故障将进入 Ready（预准备状态）模式。

(2) 等待高压上电

等待高压上电指令，此时由 init 模式切换至 Standby（待命）模式。

(3) 高压上电指令

① 踩下制动踏板，按下一键起动开关（驾驶人起动指令）至 Start 挡位。

② 无钥匙进入/起动系统接收到驾驶人起动指令，检测各起动条件（P/N 挡位信号、车速信号等）是否满足。

③ 若起动条件满足，无钥匙进入/起动系统将起动信号发送给 VCU，请求高压上电，VCU 判断整车是否允许起动。

（4）高压上电

① VCU 控制总负继电器闭合，再由 BMS 控制预充继电器闭合，进行预充电。

② 预充电达到标准后，BMS 控制总正继电器吸合，延时 100 ms 后预充继电器断开，预充时间不大于 600 ms。

③ VCU 接收到 BMS 的电压值检测信号，判断动力蓄电池电能输出是否正常。

④ VCU 通过 CAN 总线向仪表传输高压上电信号，仪表驱动系统已就绪信号装置（READY 指示灯）点亮，整车高压上电成功。

（5）高压上电验证

MCU 通过内部的电压传感器实时监测高压系统电压值，并将检测到的电压值通过 CAN 总线上报给 VCU，若是电压值与动力蓄电池输出电压值不一致，VCU 将自动进行高压下电，仪表驱动系统已就绪信号装置（READY 指示灯）熄灭，整车高压上电失败。

2. 技能操作

1）操作准备

准备技能操作所需的物料，见表 5-1。

表 5-1　物料准备

类别	所需物料
设备	高压上电实验卡

2）高压上电实验内容

进行高压上电实验，观察高压继电器的闭合顺序，检测预充电路与供电电路的系统电压，并分别描绘出预充电路与供电电路的电流通路。

3）高压上电实验步骤

（1）接通顺序实验

打开 LABSOFTX 软件，打开汽车技术→新能源汽车高压电池断电系统→电池断电系统→接通顺序。

按照动画所示，连接高压上电实验卡，如图 5-2 所示，将起动开关 S_1 及故障开关 S_2 拨至关闭位置。

根据实验结果填写下方内容。

打开起动开关 S_1，当高压上电时，________继电器首先接通，________继电器也同时接通，之后________继电器接通。所有继电器闭合之后，________继电器断开。

（2）系统电压测量实验

打开 LABSOFTX 软件，打开汽车技术→新能源汽车高压电池断电系统→电池断电系统→测量系统电压。

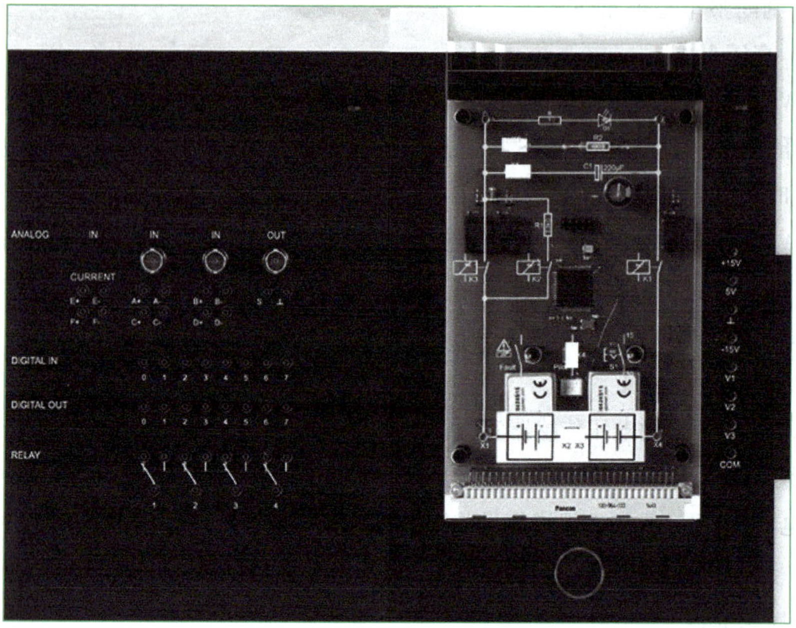

图 5-2　高压上电实验卡连接 1

按照动画所示，连接高压上电实验卡，如图 5-3 所示，将起动开关 S_1 及故障开关 S_2 拨至关闭位置。

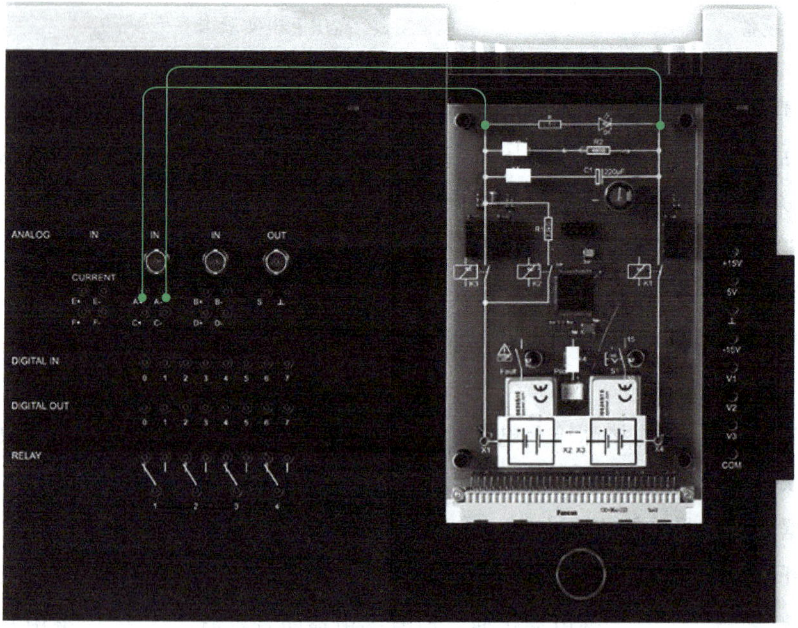

图 5-3　高压上电实验卡连接 2

打开 LABSOFTX 软件，打开仪器→测量设备→虚拟电压表 A，按表 5-2 进行设定，并将测得的系统电压填写在表中。

表 5-2　系统电压测量记录表

虚拟电压表设定				
仪器	DC/AC	RANGE	MODE	图示
虚拟电压表 A	DC	50V	RMS	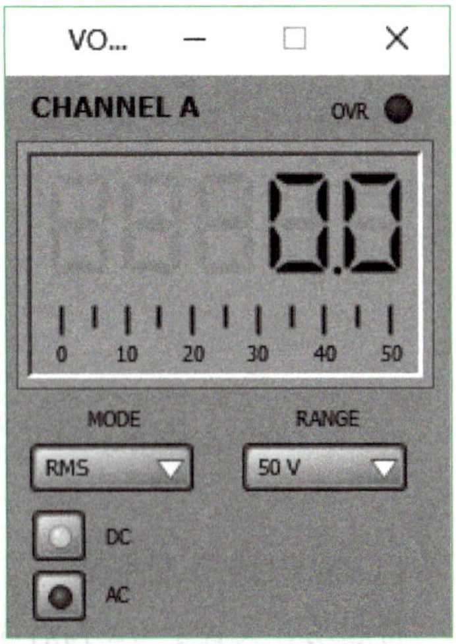
系统电压测量（打开起动开关 S_1）				
序号	检测条件	检测电压		
1	K_1 和 K_2 接通			
2	K_3 接通			

（3）预充继电器实验

打开 LABSOFTX 软件，打开汽车技术→新能源汽车高压电池断电系统→电池断电系统→预充电继电器的用途。

在图 5-4 及图 5-5 中分别描绘出预充电路与供电电路的电流流向。

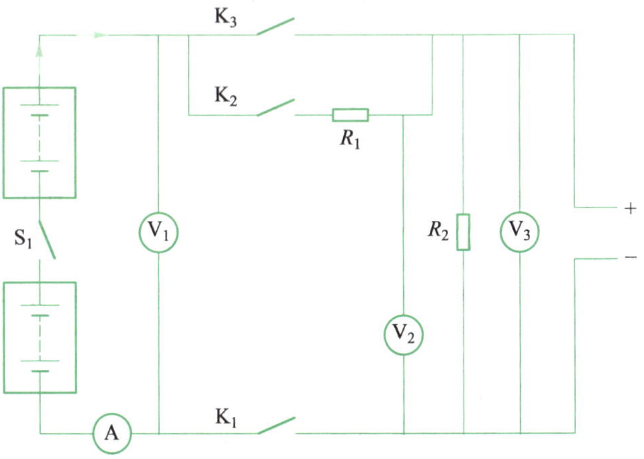

图 5-4　描绘预充电路电流流向

微课 继电器的定义

微课 继电器的分类

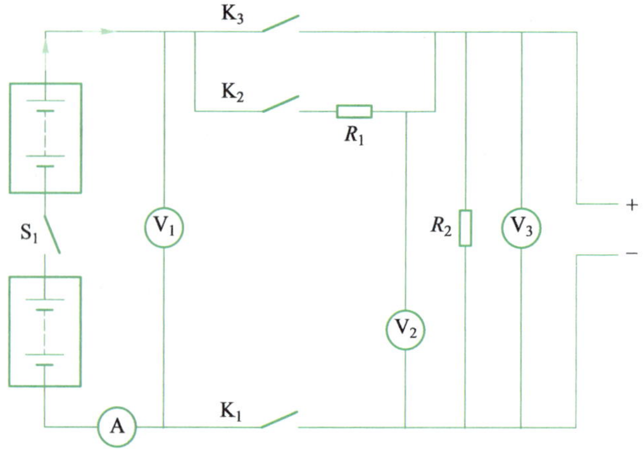

图 5-5　描绘供电电路电流流向

（二）高压上电故障检修

1. 知识学习

1）高压上电控制策略

将起动开关置于 ON 挡后 VCU 被唤醒，VCU 自检完成后向 CAN 总线通信网络发送第 1 帧报文请求，闭合高压互锁回路，同时唤醒 MCU 以及 BMS，BMS 自检正常后监测高压互锁回路信号、检测系统绝缘状况、检查动力蓄电池 SOC 状态、内部单体电池电压、单体电池温度以及动力蓄电池电压等，判断动力蓄电池符合高压上电条件后反馈给 VCU，之后等待上电指令。VCU 实时监测驾驶人的上/下电指令，当关闭起动开关后，进行低压电/高压电的下电流程。图 5-6 为某品牌新能源汽车行驶模式下的上/下电控制策略示意图。

微课
上电控制原理

2）高压上电监控原理

图 5-7 为某品牌新能源汽车高压上电原理示意图，下面以该车型为例，介绍 VCU、BMS 等控制单元对高压上电过程的监控原理。

高压上电时，首先 VCU 控制总负继电器闭合，再由 BMS 控制预充继电器闭合，在检测到预充电压达到目标电压值后（$V_2=V_3\geqslant 90\%V_1$），判断预充电成功，BMS 控制总正继电器闭合，预充继电器断开，完成高压上电过程。

图 5-7 中“V_1”监测高压维修开关的连接状况及动力蓄电池电压值，“V_2”监测预充电阻后电压值，“V_3”监测动力蓄电池输出电压值，采集高压上电过程中“V_1”“V_2”“V_3”的电压值 v_1、v_2、v_3，绘制得到图 5-8 的曲线，通过比较“V_1”“V_2”“V_3”的电压值来判断各高压继电器的连接状态。

通过对图 5-8 分析可知：

① t_1 时刻，动力蓄电池高压维修开关连接正常，动力蓄电池模块之间串联连接良好，“V_1”电压值为动力蓄电池的额定电压。

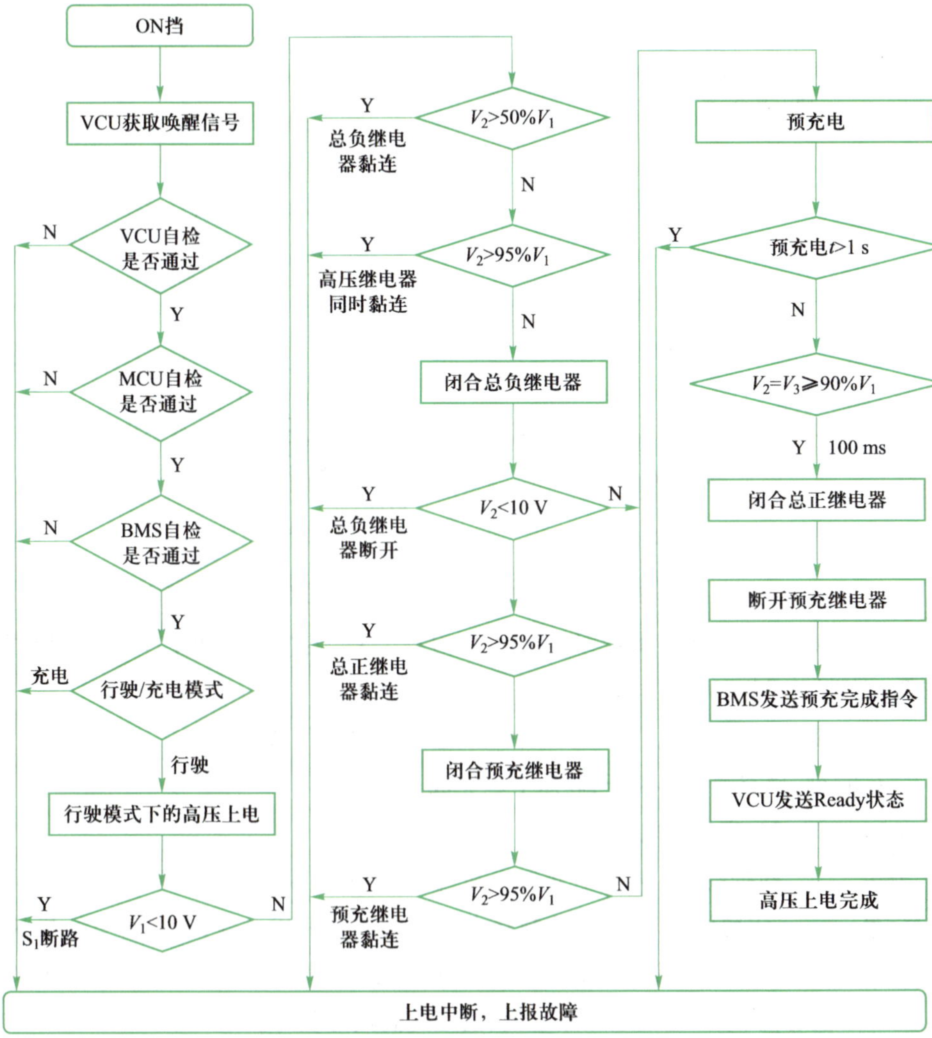

图 5-6　上/下电控制策略示意图

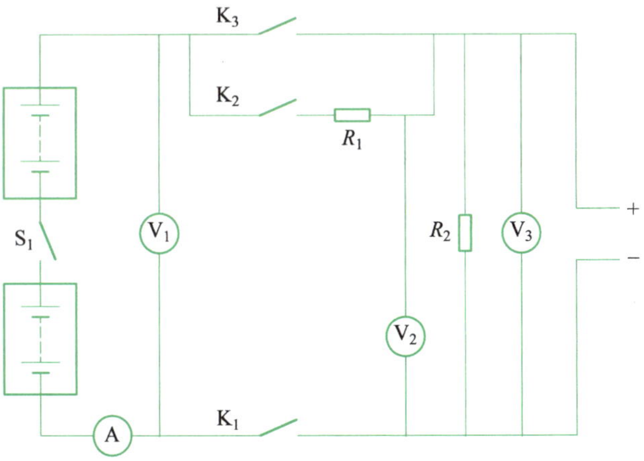

图 5-7　高压上电原理示意图

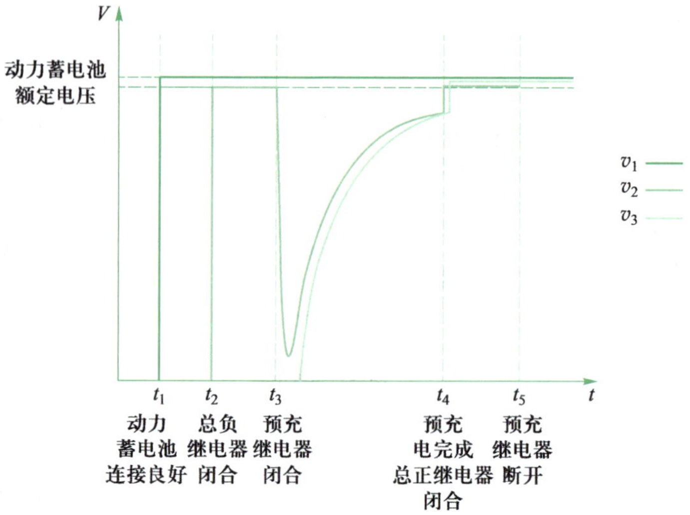

图 5-8　高压上电过程中电压值曲线

② t_2 时刻，总负继电器闭合，此时“V_2”与预充电阻串联，“V_2”电压值低于“V_1”。

③ t_3 时刻，预充继电器闭合，开始预充电过程，“V_2”与“V_3”并联，“V_2”的电压值被拉低，之后“V_2”与“V_3”的电压值同时升高。

④ t_4 时刻，预充电完成，$V_2=V_3\geqslant 90\% V_1$，总正继电器闭合。

⑤ t_5 时刻，预充继电器断开，高压上电完成。

微课
总负继电器控制电路图分析

3）高压上电故障分析

根据高压上电流程进行分析，高压上电失败主要有以下几种原因。

① 初始化阶段，各控制器未被唤醒或未完成自检；动力蓄电池模块之间未正确连接或是高压维修开关断开；动力蓄电池自身故障，如 SOC 值过低、单体电池电压差过大、温度过高或过低等。

② 绝缘故障、高低压互锁故障也会导致不能正常高压上电，这类原因会另外上报相应故障。

③ 执行高压上电阶段，高压继电器的非正常通断、预充电失败或超时导致高压上电失败。

微课
故障诊断思路

4）高压上电故障诊断思路

高压上电故障诊断思路如图 5-9 所示。

2. 技能操作

1）操作准备

准备技能操作所需的物料，见表 5-3。

2）故障验证

（1）仪表显示

起动车辆，观察车辆仪表显示，将相关内容记录在表 5-4 中。

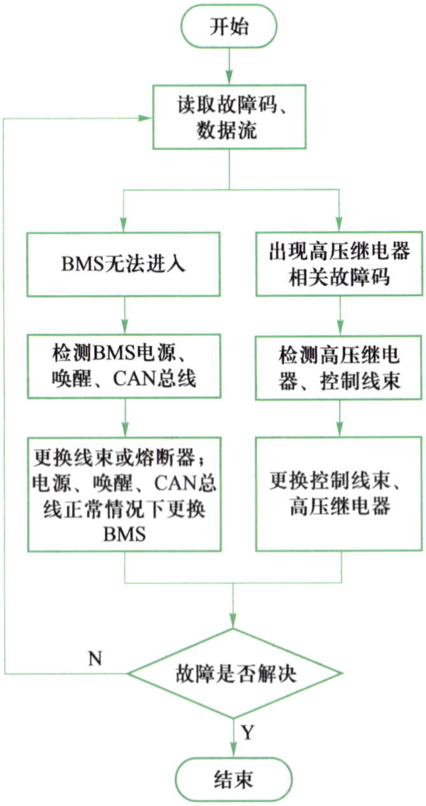

图 5-9　高压上电故障诊断思路

表 5-3　物料准备

类别	所需物料
防护用品	车辆防护用品、人身安全防护用品、防护袋(或绝缘胶带)
资料	车辆维修手册
设备、工具	实训车辆、智能钥匙、绝缘工具套装、举升机、万用表、绝缘表、诊断仪

表 5-4　仪表显示记录表

序号	项目	仪表显示	正常情况	是否正常
1	驱动系统已就绪信号装置(READY 指示灯)		点亮	是□　否□
2	系统故障信号装置		熄灭	是□　否□
3	动力蓄电池故障信号装置		熄灭	是□　否□
4	动力蓄电池切断信号装置		熄灭	是□　否□
5	SOC 值(%)		—	是□　否□
6	续驶里程		—	是□　否□
7	异常信号装置		—	—

续表

序号	项目	仪表显示	正常情况	是否正常
8	文字提示		—	—
9	语音提示		—	—

（2）读取故障码

使用诊断仪读取故障码，并将相关内容填写在表 5-5 中。

表 5-5　故障码信息记录表

序号	故障码	故障码描述	状态
例	U011187	与 BMS 通信丢失	当前的
1			
2			

（3）读取数据流

使用诊断仪读取数据流，并将相关内容填写在表 5-6 中。

表 5-6　数据流信息记录表

序号	控制单元	数据流名称	当前值/状态	标准值/状态	是否正常
例	BMS	高压母线电压	0 V	414 V	是□　否☑
1					是□　否□
2					是□　否□
3					是□　否□
4					是□　否□
5					是□　否□

3）故障查询

（1）拆画电路图

参考车辆维修手册，将整车高压上电电路图绘制在图 5-10 的框中。

图 5-10　绘制整车高压上电电路图

(2) 查找端子定义

查询车辆维修手册,将整车高压上电涉及的连接器端子定义填写在表 5-7 中。

表 5-7 整车高压上电连接器端子定义记录表

序号	端子号	定义	序号	端子号	定义
例	FB95/1	BMS 常电	例	FB95/8	总正继电器线圈控制(BMS 端)
1			9		
2			10		
3			11		
4			12		
5			13		
6			14		
7			15		
8			16		

4) 维修方案制订

根据读取到的故障信息,对故障进行初步分析,并制订维修方案,完成表 5-8 的填写。

表 5-8 故障分析及维修方案制订

故障分析:可能的故障原因或故障点		
1		
2		
3		
4		
5		
维修方案/检测流程		
示例	外观检查	检查高压线束是否破损
1		
2		
3		
4		
5		
6		
7		

续表

维修方案/检测流程		
示例	外观检查	检查高压线束是否破损
8		
9		
10		

5）故障检测

参考整车高压上电电路图及车辆维修手册，对整车高压上电涉及的各部分依次进行检测，并将结果填写在表5-9中。

表5-9　整车高压上电检测记录表

序号	检测项目	检测点		检测条件	检测类型	标准值	检测值	分析
例	电源	T81/37	搭铁	打开起动开关	电压	蓄电池电压	12.45V	正常
1	BMS唤醒							
2	BMS电源							
3	总负继电器线圈控制							
4	预充继电器线圈控制							
5	总正继电器线圈控制							

6）维修结果检验

打开起动开关，起动车辆，通过观察车辆仪表显示，并使用诊断仪读取故障码及数据流，判断车辆故障是否排除，并将结果填写在表 5-10 中。

表 5-10 维修结果检验记录表

序号	检验项目	检验结果
1	车辆是否能够正常起动	是☐ 否☐
2	车辆仪表显示是否全部正常	是☐ 否☐
3	故障码是否被完全清除	是☐ 否☐
4	相关数据流是否全部正常	是☐ 否☐

四、检查评估

对本任务的学习情况进行检查，并将相关内容填写在表 5-11 中。

表 5-11 检查表

检查项目	检查结果	结果点评
高压上电实验		
高压继电器接通顺序填写是否正确	是☐ 否☐	
系统电压测量值是否正确	是☐ 否☐	
预充及供电电路电流流向绘制是否正确	是☐ 否☐	
高压上电故障检修		
是否准确检测到故障点	是☐ 否☐	
故障码是否清除	是☐ 否☐	
电路图拆画是否正确	是☐ 否☐	
整理及恢复		
工具、设备是否整理归位	是☐ 否☐	
维修工位是否打扫干净	是☐ 否☐	
产生的垃圾是否分类处理	是☐ 否☐	
工作页是否填写完整	是☐ 否☐	

五、任务小结

本任务小结如图 5-11 所示。

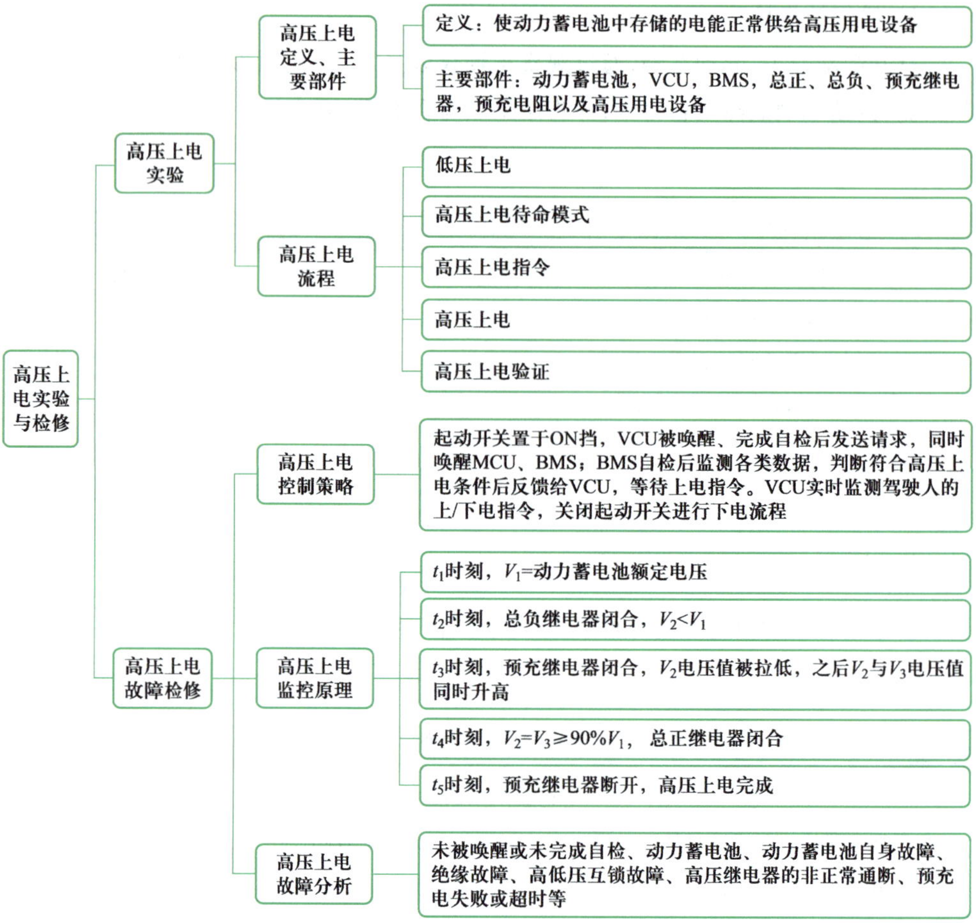
高压上电实验与检修
高压上电实验
高压上电定义、主要部件
定义：使动力蓄电池中存储的电能正常供给高压用电设备
主要部件：动力蓄电池，VCU，BMS，总正、总负、预充继电器，预充电阻以及高压用电设备
高压上电流程
低压上电
高压上电待命模式
高压上电指令
高压上电
高压上电验证
高压上电故障检修
高压上电控制策略
起动开关置于ON挡，VCU被唤醒、完成自检后发送请求，同时唤醒MCU、BMS；BMS自检后监测各类数据，判断符合高压上电条件后反馈给VCU，等待上电指令。VCU实时监测驾驶人的上/下电指令，关闭起动开关进行下电流程
高压上电监控原理
t_1时刻，V_1=动力蓄电池额定电压
t_2时刻，总负继电器闭合，$V_2<V_1$
t_3时刻，预充继电器闭合，V_2电压值被拉低，之后V_2与V_3电压值同时升高
t_4时刻，$V_2=V_3\geqslant 90\%V_1$，总正继电器闭合
t_5时刻，预充继电器断开，高压上电完成
高压上电故障分析
未被唤醒或未完成自检、动力蓄电池、动力蓄电池自身故障、绝缘故障、高低压互锁故障、高压继电器的非正常通断、预充电失败或超时等

图 5-11　任务五小结

任务六　整车驱动系统检修

一、任务导入

场景:某品牌新能源汽车售后维修车间。

人物:维修技师李师傅、学徒小王、车主张先生。

情节:售后维修车间拖来了一辆新能源故障车,据车主张先生所说,车辆起动后切换挡位至 D 挡,踩下加速踏板,车辆却无法行驶。小王检查了故障现象后确定该车驱动控制系统出现故障,于是请来李师傅对该车进行故障检修。

二、任务目标

◇ 能按照加速踏板位置传感器、换挡操纵机构工作原理,使用诊断仪、万用表等工具,规范完成整车驱动控制系统故障检测与维修作业。

◇ 能按照整车驱动控制过程,使用专用工具,正确完成驱动电机、电机控制器的故障检测与维修作业。

三、任务实施

微课　纯电动汽车驱动结构

(一) 驱动控制系统故障检修

1. 知识学习

1) 加速踏板位置传感器作用、位置

车辆行驶过程中,驾驶人的速度控制意图大多是通过操作加速踏板来实现,加速踏板信号的及时、准确响应是满足驾驶人对操控性能要求的重要环节。

加速踏板位置传感器本质上是一种输出模拟量信号的传感器,用来测量加速踏板的位置,并且作为 VCU 控制其他控制单元的重要参考信号。在车辆行驶过程中,通过内置的加速踏板位置传感器输出与加速踏板行程相关的模拟量信号,从而将驾驶人的转矩需求传递给 VCU。

加速踏板位置传感器安装在加速踏板底部,如图 6-1 所示。

2) 加速踏板位置传感器工作过程

加速踏板位置传感器电路原理如图 6-2 所示,其工作过程如下。

① 驾驶人踩下加速踏板;

② VCU 为加速踏板位置提供 5V 基准电压,两个电位计式传感器在同一基准电

压下工作。

③ 随着加速踏板位置的改变，电位计式传感器阻值发生线性变化。

④ 加速踏板位置传感器 T6/4 与 T6/6 处的信号电压随之改变。

⑤ 加速踏板位置传感器将 T6/4 与 T6/6 的信号电压传递给 VCU。

⑥ VCU 根据接收到的加速踏板位置信号判断驾驶人速度需求，并给 MCU 发出指令。

⑦ VCU 进行整车驱动控制，使整车达到最佳行驶状态。

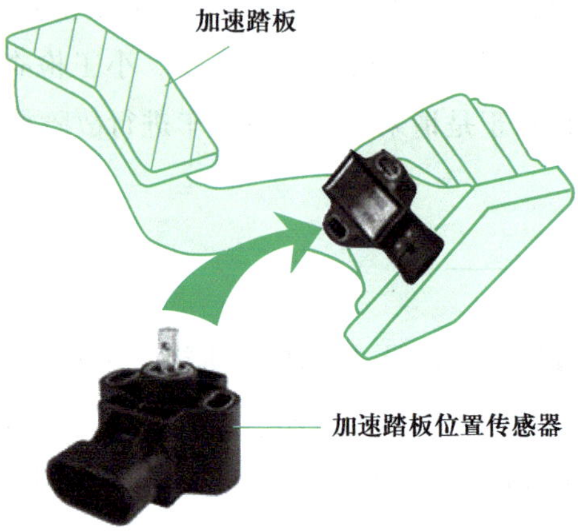

图 6-1　加速踏板位置传感器安装位置

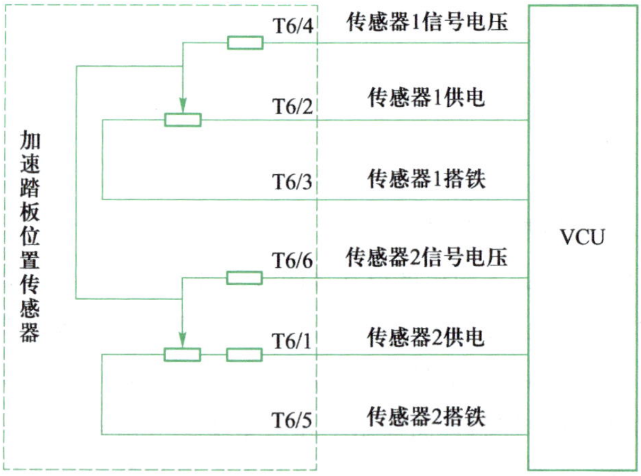

图 6-2　加速踏板位置传感器电路原理

3）加速踏板位置传感器类型及检测方法

（1）加速踏板位置传感器类型

加速踏板位置传感器主要有三种类型：电位计式、感应式、霍尔效应式，其中第一种为接触式，后两种为非接触式。相较于接触式加速踏板位置传感器，非接触式加速踏板位置传感器除具有较长的循环使用寿命外，还具有较高的可靠性、准确性，在当前的车辆中得到广泛使用。

（2）加速踏板位置传感器检测方法

加速踏板位置传感器依靠电压来传递位置信息，电压检测一般应在工作状态下进行。

系统正常工作时，在 T6/1 和 T6/2 处应能检测到由 VCU 提供的 5V 电压；在 T6/4 处检测到的信号电压应能随加速踏板的动作而做出相应变化，变化范围为 4.45 V±0.2 V；在 T6/6 处检测到的信号电压也应能随加速踏板的动作而做出相应变化，变化范围为 2.225 V±0.1 V。

通过诊断仪读取数据流，能直观、简洁地查看到加速踏板位置、开度、信号电压，加速踏板位置数据流如图 6-3 所示。

北汽新能源>>车辆选择 >> LITE-基础版 >> 系统选择 >> 驱动电机系统(MCU) >> 数据流

名称	当前值	单位
电机温度采样电压值	1.80	V
直流母线电压采样电压值	8.08	V
直流母线电流采样电压值	0.00	V
电机当前转矩（估算值）	*****	N·m
电机高压暴露信号1	2.50	V
电机高压暴露信号2	2.50	V
旋变故障码	3	
三相电流传感器供电电源电压	5.00	V
旋变供电电源电压	14.92	V
驱动板电源模块电压	14.90	V
加速踏板信号1电压	4.38	V
加速踏板信号2电压	2.08	V
加速踏板供电电源电压	5.08	V
制动踏板供电电源电压	5.08	V

提示

图 6-3　加速踏板位置数据流

4）加速踏板位置传感器拆卸流程

加速踏板位置传感器拆卸流程见表 6-1。

表 6-1　加速踏板位置传感器拆卸流程

序号	工作内容	注意事项
1	关闭起动开关	妥善保管智能钥匙
2	断开辅助蓄电池负极接线柱	做好负极接线柱防护
3	断开加速踏板位置传感器连接器	—

续表

序号	工作内容	注意事项
4	拆卸加速踏板位置传感器固定螺栓	若有阻碍，需先行拆除
5	取下加速踏板位置传感器	—

5）换挡操纵机构定义及类型

换挡操纵机构是通过驾驶人操作来选择汽车行驶方向（前进或后退）或挡位的专用装置，如操作杆或旋钮开关。

新能源汽车装备的换挡操纵机构有怀挡、拨片、旋钮、按键、直排式换挡杆、阶梯式换挡杆等，如图 6-4 所示。

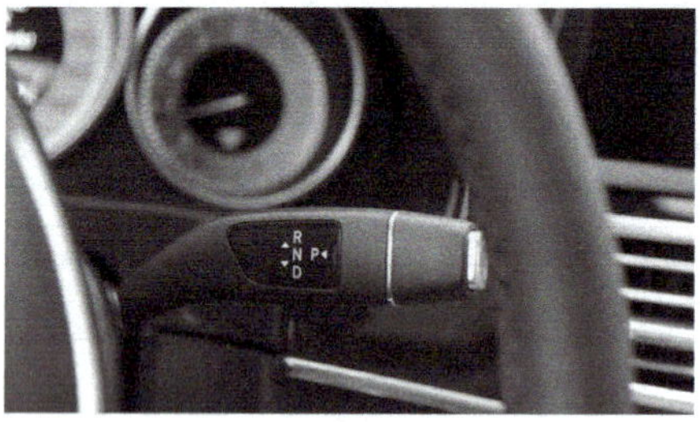

(a) 怀挡

(b) 拨片

(c) 旋钮

(d) 按键

(e) 直排式换挡杆

(f) 阶梯式换挡杆

图 6-4　换挡操纵机构类型

新能源汽车装备的换挡操纵机构挡位一般有 P、R、N、D，各挡位具体功能如下。

① P：驻车挡，处于该挡位时驱动电机锁止，车辆无法行驶，供长时间驻车使用。

② R：倒车挡，处于该挡位时车辆只能向后行驶，在准备旋入 R 挡或由 R 挡旋出前，必须先将车辆停止。

③ N：空挡，驾驶人在不离座、短时间停车时应切换至该挡位，如等红灯时。

④ D：前进挡，正常前进行驶时使用此挡位，驾驶人可根据自己意图调节踩下加速踏板的力度，从而控制行驶速度。

6）换挡操纵机构工作原理

以旋钮式电子换挡操纵机构为例，共有 4 条挡位信号线传输到 VCU，当要切换至某一挡位时，必须满足一组信号电压标准值，才能切换至相应的挡位，若任一处信号电压值出现错误，换挡操纵机构则无法进行挡位切换。以某款新能源汽车的旋钮式电子换挡操纵机构为例，其电路原理如图 6-5 所示，其信号电压标准值见表 6-2。当切换至 D 挡时，B2 与 B4 信号电压必须为 4.45 V、B3 与 B5 信号电压必须为 0.35 V，才能成功切换；当切换至 R 挡时，B2 与 B3 信号电压必须为 0.35 V、B4 与 B5 信号电压必须为 4.45 V，才能成功切换。

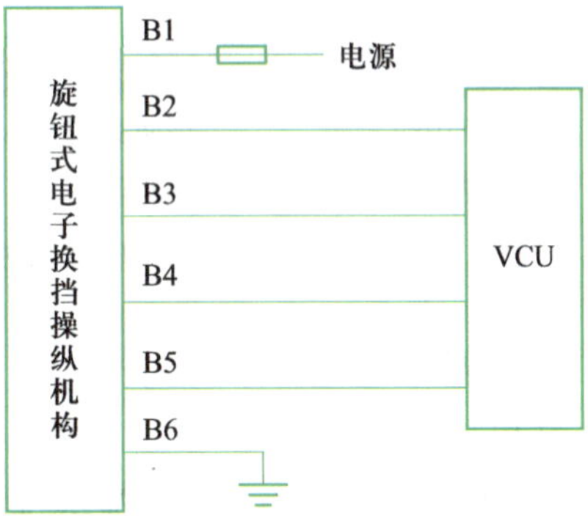

图 6-5　旋钮式电子换挡操纵机构电路原理

表 6-2　各挡位对应的信号电压标准值

接口	信号电压/V			
	N	R	D	E
B2	4.45	0.35	4.45	0.35
B3	0.35	0.35	0.35	4.45
B4	0.35	4.45	4.45	4.45
B5	4.45	4.45	0.35	0.35

7）换挡操纵机构拆卸流程

换挡操纵机构拆卸流程见表 6-3。

表 6-3　换挡操纵机构拆卸步骤

序号	工作内容	注意事项
1	关闭起动开关	妥善保管智能钥匙
2	断开辅助蓄电池负极接线栓	做好负极接线栓防护

续表

序号	工作内容	注意事项
3	使用撬板将换挡操纵机构面板撬起	—
4	断开换挡操纵机构连接线束插接器	—
5	取出换挡操纵机构	—

2. 技能操作

1）操作准备

准备技能操作所需的物料，见表 6-4。

表 6-4　物料准备

类别	所需物料
防护用品	车辆防护用品、人身安全防护用品、防护袋（或绝缘胶带）
资料	车辆维修手册
设备、工具	实训车辆、智能钥匙、绝缘工具套装、举升机、万用表、绝缘表、诊断仪

2）故障验证

（1）仪表显示

起动车辆，观察车辆仪表显示，将相关内容记录在表 6-5 中。

表 6-5　仪表显示记录表

序号	项目	仪表显示	正常情况	是否正常
1	驱动系统已就绪信号装置（READY 指示灯）		点亮	是□　否□
2	系统故障信号装置		熄灭	是□　否□
3	异常信号装置		—	—
4	文字提示		—	—
5	语音提示		—	—
6	挡位显示		—	—

（2）读取故障码

使用诊断仪读取故障码，将相关内容填写在表 6-6 中。

表 6-6　故障码信息记录表

序号	故障码	故障码描述	状态
例	P060D1C	加速踏板信号错误	当前的
1			
2			

（3）读取数据流

使用诊断仪读取数据流，将相关内容填写在表 6-7 中。

表 6-7　数据流信息记录表

序号	控制单元	数据流名称	当前值/状态	标准值/状态	是否正常
例	VCU	挡位信号	N	D	是□　否☑
1					是□　否□
2					是□　否□
3					是□　否□
4					是□　否□
5					是□　否□

3）故障查询

（1）拆画电路图

参考车辆维修手册，将加速踏板位置传感器及换挡操纵机构电路图绘制在图 6-6 的框中。

图 6-6　绘制加速踏板位置传感器及换挡操纵机构电路图

（2）查找端子定义

查询车辆维修手册，将加速踏板位置传感器及换挡操纵机构涉及的连接器端子定义填写在表 6-8 中。

表 6-8　加速踏板位置传感器及换挡操纵机构连接器端子定义记录表

序号	端子号	定义	序号	端子号	定义
例	BD83/7	换挡操纵机构常电	例	FB41/4	加速踏板位置传感器 1 信号输出
加速踏板位置传感器					
1			4		
2			5		
3			6		

续表

序号	端子号	定义	序号	端子号	定义
换挡操纵机构					
1			5		
2			6		
3			7		
4			8		

4）维修方案制订

根据读取到的故障信息，对故障进行初步分析，并制订维修方案，完成表 6-9 的填写。

表 6-9　故障分析及维修方案制订

故障分析：可能的故障原因或故障点		
1		
2		
3		
4		
5		
维修方案/检测流程		
示例	外观检查	检查高压线束是否破损
1		
2		
3		
4		
5		
6		
7		
8		
9		
10		

5）加速踏板位置传感器故障检修

（1）加速踏板位置传感器故障检测

参考加速踏板位置传感器电路图及车辆维修手册，对加速踏板位置传感器进行检测，并将结果填写在表 6-10 中。

表 6-10　加速踏板位置传感器检测记录表

序号	检测项目	检测点		检测条件	检测类型	标准值	检测值	分析
例	电源	T81/37	搭铁	打开起动开关	电压	蓄电池电压	12.45V	正常
1	传感器 1 信号							
2	传感器 1 供电							
3	传感器 1 搭铁							
4	传感器 2 信号							
5	传感器 2 供电							
6	传感器 2 搭铁							

（2）加速踏板位置传感器拆装

参照车辆维修手册，对加速踏板位置传感器进行拆装，并将拆卸过程记录在表 6-11 中。

表 6-11　加速踏板位置传感器拆卸记录表

序号	工作内容	工具	备注
1	关闭起动开关	—	
2			
3			
4			
5			
6			
7			
8			

参照车辆维修手册，按照与拆卸相反的流程安装加速踏板位置传感器。

6）换挡操纵机构故障检修

（1）换挡操纵机构故障检测

参照换挡操纵机构电路图及车辆维修手册，对换挡操纵机构进行检测，并将结果填写在表 6-12 中。

表 6-12 换挡操纵机构检测记录表

序号	检测项目	检测点		检测条件	检测类型	标准值	检测值	分析
例	N 挡	B2	搭铁	位于 N 挡	电压	4.45V	4.45V	正常
1	供电							
2	搭铁							
3	N 挡							
4	R 挡							
5	D 挡							
6	P 挡							

（2）换挡操纵机构拆装

参照车辆维修手册，对换挡操纵机构进行拆装，并将拆卸过程记录在表 6-13 中。

表 6-13　换挡操纵机构拆卸记录表

序号	工作内容	工具	备注
1	关闭起动开关	—	
2			
3			
4			
5			
6			
7			
8			

参照车辆维修手册，按照与拆卸相反的流程安装换挡操纵机构。

（二）驱动电机系统故障检修

1. 知识学习

1）驱动电机系统连接

驱动电机系统由驱动电机、电机控制器（MCU）及辅助装置组成，通过高/低压线束与整车其他系统进行电气连接。驱动电机系统连接如图 6-7 所示。

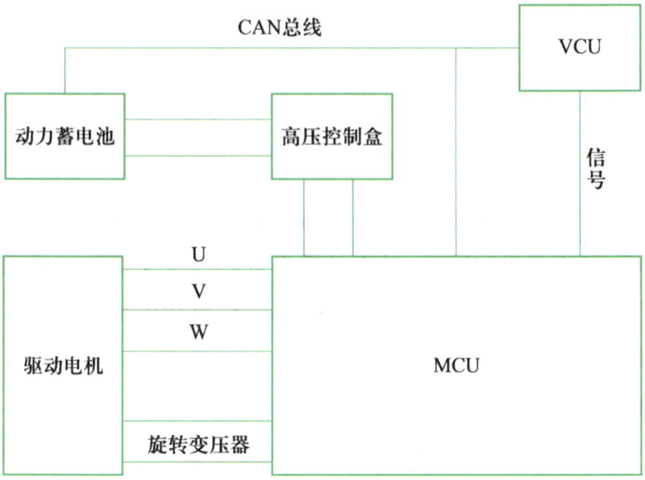

图 6-7　驱动电机系统连接示意图

VCU 根据驾驶人的加速、减速、制动等意图发出相应指令，MCU 响应并反馈，实时调整驱动电机转矩输出，以实现整车的怠速、前进、倒车、制动、能量回收及驻车等功能。MCU 另一个重要功能是通信和保护，实时进行状态和故障检测，保护驱动电机系统和整车安全可靠运行。

微课
纯电动汽车驱动控制

2）整车驱动控制内容

整车驱动控制，即转矩控制，它是 VCU 的主要功能之一。整车驱动控制过程可分为工况判断、转矩需求计算、转矩限制、转矩输出四个核心部分。整车驱动控制过程如图 6-8 所示。

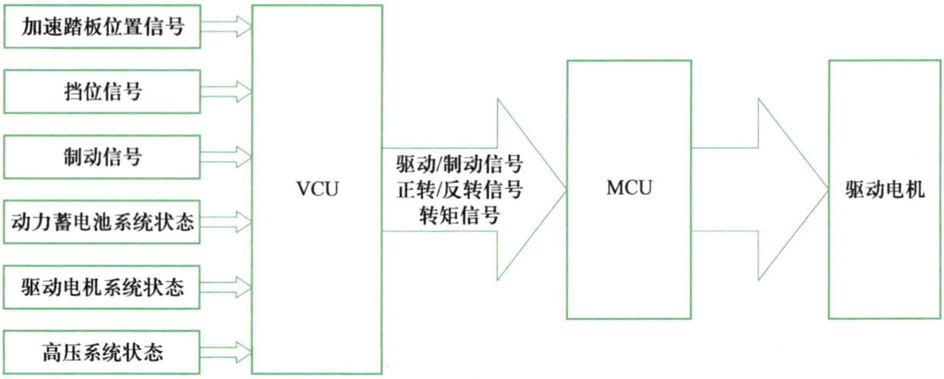

图 6-8　整车驱动控制过程

(1) 工况判断

通过整车状态信息(加速踏板位置信号、挡位信号、制动信号、车速信号和整车是否有故障信息等)来判断出当前的整车驾驶需求。

工况划分为紧急故障工况、加速工况、能量回收工况、零转矩工况、跛行工况。

(2) 转矩需求计算

根据判断得出的整车工况、动力蓄电池系统和驱动电机系统状态计算出当前车辆需要的转矩。

(3) 转矩限制

根据整车当前的参数与状态及前一段时间的参数与状态,计算出当前车辆的转矩能力,根据当前车辆需要的转矩,最终计算出合理的需要实现的转矩。

转矩限制因素有:动力蓄电池的允许放电功率、驱动电机的驱动转矩/制动转矩、高压系统工作情况、最大车速限制等。

(4) 转矩输出

整车控制器将最终需要实现的转矩信号发送给 MCU,控制驱动电机的输出转矩。

微课
纯电动汽车驱动控制故障排查

3) 驱动电机系统检测内容

驱动电机系统检测内容主要分为两部分,一是 MCU,二是驱动电机转子位置信号。

MCU 的检测包括常电或 IG 供电、搭铁、CAN 总线、唤醒信号等。驱动电机转子位置信号即旋转变压器信号。MCU 需要根据驱动电机转子的不同位置输出对应方向、大小的电流,用以控制驱动电机的转速及方向。旋转变压器信号有三组，即励磁绕组信号、正弦绕组信号、余弦绕组信号，需要一一对各绕组的电阻、波形进行检测。旋转变压器三组信号波形如图 6-9 所示。

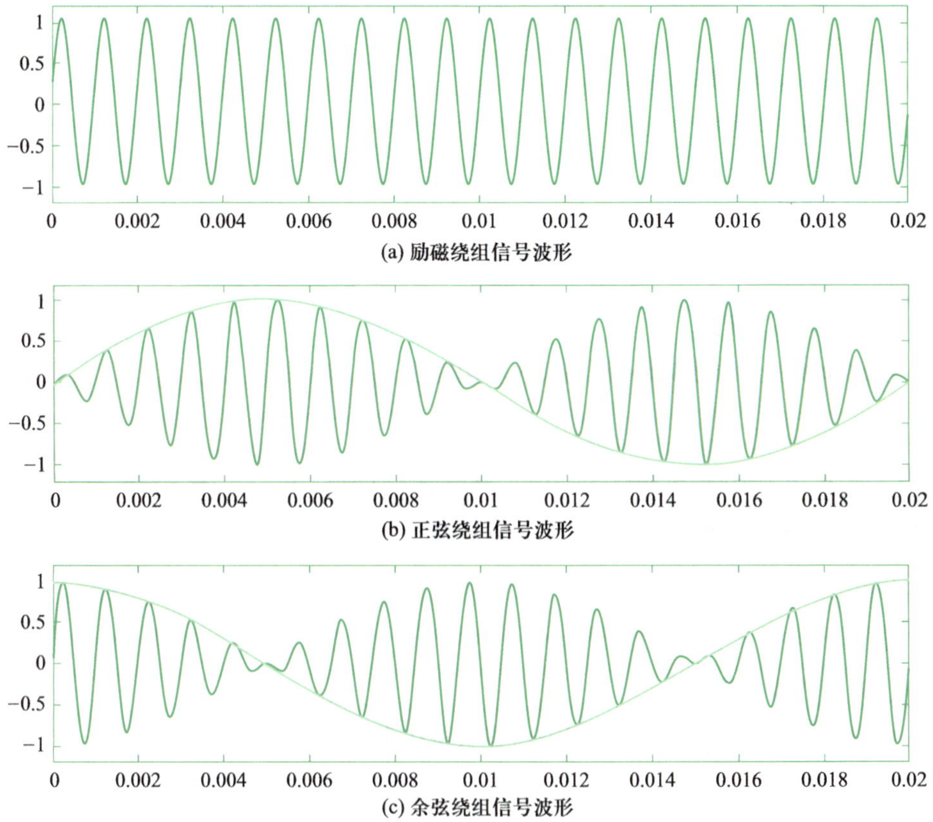

图 6-9　旋转变压器绕组信号波形

2. 技能操作

1）操作准备

准备技能操作所需的物料，见表 6-14。

表 6-14　物料准备

类别	所需物料
防护用品	车辆防护用品、人身安全防护用品、防护袋（或绝缘胶带）
资料	车辆维修手册
设备、工具	实训车辆、智能钥匙、绝缘工具套装、举升机、万用表、绝缘表、诊断仪

2）故障验证

(1) 仪表显示

起动车辆，观察车辆仪表显示，将相关内容记录在表 6-15 中。

表 6-15　仪表显示记录表

序号	项目	仪表显示	正常情况	是否正常
1	驱动系统已就绪信号装置（READY 指示灯）		点亮	是□　否□
2	系统故障信号装置		熄灭	是□　否□
3	异常信号装置		—	—
4	文字提示		—	—
5	语音提示		—	—
6	挡位显示		—	—

（2）读取故障码

使用诊断仪读取故障码，将相关内容填写在表 6-16 中。

表 6-16　故障码信息记录表

序号	故障码	故障码描述	状态
例	P0A3F00	MCU 位置信号检测故障	当前的
1			
2			

（3）读取数据流

使用诊断仪读取数据流，将相关内容填写在表 6-17 中。

表 6-17　数据流信息记录表

序号	控制单元	名称	当前值/状态	标准值/状态	是否正常
例	MCU	转子位置初始角度	—	0°～360°	是□　否☑
1					是□　否□
2					是□　否□
3					是□　否□
4					是□　否□
5					是□　否□

3）故障查询

（1）拆画电路图

参考车辆维修手册，将驱动电机系统电路图绘制在图 6-10 的框中。

（2）端子定义

查询车辆维修手册，将驱动电机系统涉及的连接器端子定义填写在表 6-18 中。

4）维修方案制订

根据读取到的故障信息，对故障进行初步分析，并制订维修方案，完成表 6-19

的填写。

图 6-10　绘制驱动电机系统电路图

表 6-18　驱动电机系统连接器端子定义记录表

序号	端子号	定义	序号	端子号	定义
例	FB78/34	MCU IG 供电	例	FB78/8	励磁信号+(MCU 端)
电机控制器					
1			5		
2			6		
3			7		
4			8		
驱动电机					
1			5		
2			6		
3			7		
4			8		

表 6-19　故障分析及维修方案制订

故障分析：可能的故障原因或故障点		
1		
2		
3		
4		
5		
维修方案/检测流程		
示例	外观检查	检查高压线束是否破损
1		
2		
3		

续表

维修方案/检测流程		
示例	外观检查	检查高压线束是否破损
4		
5		
6		
7		
8		
9		
10		

5）驱动电机系统故障检修

（1）MCU 故障检测

参考驱动电机系统电路图及车辆维修手册，对 MCU 进行检测，并将结果填写在表 6-20 中。

表 6-20　电机控制器检测记录表

序号	检测项目	检测点		检测条件	检测类型	标准值	检测值	分析
例	电源	T81/37	搭铁	打开起动开关	电压	蓄电池电压	12.45V	正常
1	供电							
2	搭铁							
3	CAN 总线							
4	唤醒							

（2）旋转变压器故障检测

参考驱动电机系统电路图及车辆维修手册，对旋转变压器进行检测，并将结果填写在表 6-21 中。

表 6-21　旋转变压器检测记录表

绕组电阻							
序号	检测项目	检测点		检测条件	标准值	检测值	分析
例	励磁绕组	T19b/A	T19b/B	打开起动开关	33±10%Ω	34Ω	正常
1	励磁绕组						
2	正弦绕组						
3	余弦绕组						
绕组波形							
序号	检测项目	波形					分析
1	励磁绕组						
2	正弦绕组						
3	余弦绕组						

6）维修结果检验

打开起动开关，起动车辆，通过观察车辆仪表显示，并使用诊断仪读取故障码及数据流，判断车辆故障是否排除，并将结果填写在表 6-22 中。

表 6-22　维修结果检验记录表

序号	检验项目	检验结果
1	车辆是否能够正常起动	是□　否□
2	车辆仪表显示是否全部正常	是□　否□
3	故障码是否完全清除	是□　否□
4	相关数据流是否全部正常	是□　否□

四、检查评估

对本任务的学习情况进行检查，并将相关内容填写在表 6-23 中。

表 6-23　检查表

检查项目	检查结果	结果点评
驱动控制系统故障检修		
加速踏板位置传感器故障点判断是否正确	是□　否□	
车辆加速功能是否正常	是□　否□	
车辆挡位切换是否正常	是□　否□	
驱动电机系统故障检修		
车辆是否能正常起动	是□　否□	
车辆仪表显示是否正常	是□　否□	
车辆是否能正常行驶	是□　否□	
整理及恢复		
工具、设备是否整理归位	是□　否□	
维修工位是否打扫干净	是□　否□	
产生的垃圾是否分类处理	是□　否□	
工作页是否填写完整	是□　否□	

五、任务小结

本任务小结如图 6-11 所示。

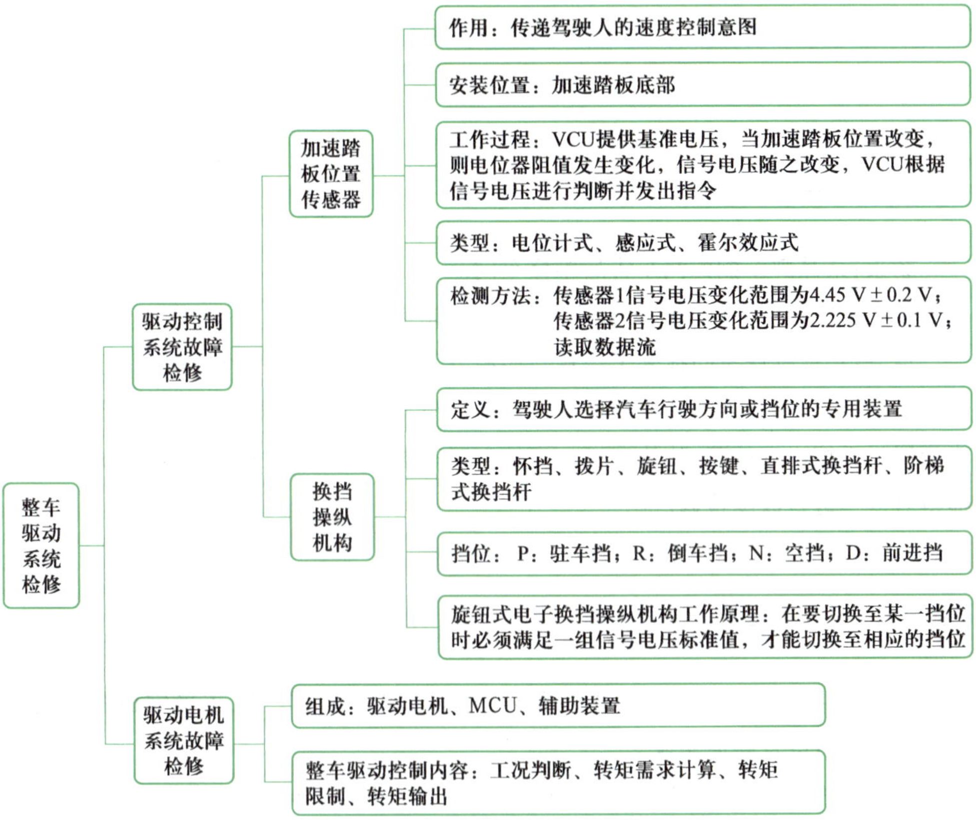
整车驱动系统检修
驱动控制系统故障检修
加速踏板位置传感器
作用：传递驾驶人的速度控制意图
安装位置：加速踏板底部
工作过程：VCU提供基准电压，当加速踏板位置改变，则电位器阻值发生变化，信号电压随之改变，VCU根据信号电压进行判断并发出指令
类型：电位计式、感应式、霍尔效应式
检测方法：传感器1信号电压变化范围为4.45 V ± 0.2 V；传感器2信号电压变化范围为2.225 V ± 0.1 V；读取数据流
换挡操纵机构
定义：驾驶人选择汽车行驶方向或挡位的专用装置
类型：怀挡、拨片、旋钮、按键、直排式换挡杆、阶梯式换挡杆
挡位：P：驻车挡；R：倒车挡；N：空挡；D：前进挡
旋钮式电子换挡操纵机构工作原理：在要切换至某一挡位时必须满足一组信号电压标准值，才能切换至相应的挡位
驱动电机系统故障检修
组成：驱动电机、MCU、辅助装置
整车驱动控制内容：工况判断、转矩需求计算、转矩限制、转矩输出

图 6-11　任务六小结

任务七　制动能量回收系统调节与检修

一、任务导入

场景:某品牌新能源汽车售后维修车间。

人物:维修技师李师傅、学徒小王、车主张先生。

情节:售后维修车间拖来了一辆新能源故障车。据张先生所说,在正常行驶时松开加速踏板,车辆会骤然减速致使身体前倾。小王验证过故障现象后,确定该车制动能量回收系统出现故障,致使车辆一直处在制动能量回收最大强度状态,于是请来李师傅对该车进行故障检修。

二、任务目标

◇ 能根据制动能量回收系统强度调节方式,安全驾驶车辆,正确完成制动能量回收强度调节以及验证作业。

◇ 能按照制动能量回收系统控制原理,使用诊断仪、万用表等专用工具,正确完成制动能量回收系统故障检修作业。

三、任务实施

(一) 制动能量回收强度调节

1. 知识学习

1) 制动能量回收系统作用、组成

当燃油汽车减速或制动时,车辆的运动能量通过制动系统转变为热能,并向大气中释放。而在电动汽车上,这种被浪费掉的运动能量可通过制动能量回收技术转变为电能并储存到动力蓄电池或超级电容器中,并进一步转化为驱动能量。制动能量回收系统就是回收车辆在制动或惯性滑行中释放出的多余能量的装置。纯电动汽车制动能量回收时驱动电机转变为发电机,将驱动电机的惯性转动能量转化为电能。混联式混合动力汽车通过发电机将发动机的惯性转动能量转化为电能,转化的电能再储存到动力蓄电池或超级电容器中。

制动能量回收系统包括制动能量回收强度调节机构、驱动电机系统、动力蓄电池系统,如图 7-1 所示。

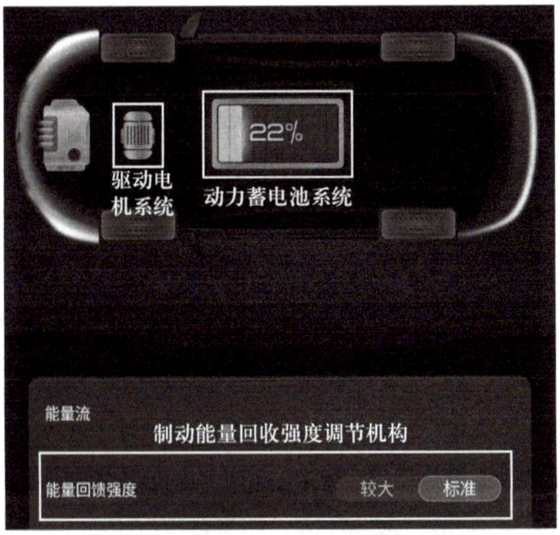

图 7-1　制动能量回收系统组成

2）制动能量回收强度调节方式

制动能量回收强度一般分为 3 个挡位，即一挡、二挡、三挡，或者舒适、标准、较大 3 个挡位。一挡或舒适挡位的制动能量回收强度较弱，当松开加速踏板后车辆依靠惯性继续行驶，行驶速度减小极为缓和，制动能量回收基本不会引起车辆顿挫感，但回收的电能较少；二挡或标准挡位的制动能量回收强度中等，当松开加速踏板后车辆行驶速度减小较为缓和，制动能量回收导致的车辆顿挫感较为明显，但回收的电能较多；三挡或较大挡位的制动能量回收强度较强，当松开加速踏板后车辆行驶速度骤然减小，制动能量回收导致的车辆顿挫感极为明显，犹如踩下制动踏板进行制动，但回收的电能极多。

制动能量回收强度调节方式一般有两种，一种是如北汽新能源 EV160 的按键调节方式，另一种是如比亚迪宋 PLUS DM-i 的中控触摸调节方式，如图 7-2 所示。

(a) 北汽新能源EV160制动能量回收强度调节方式

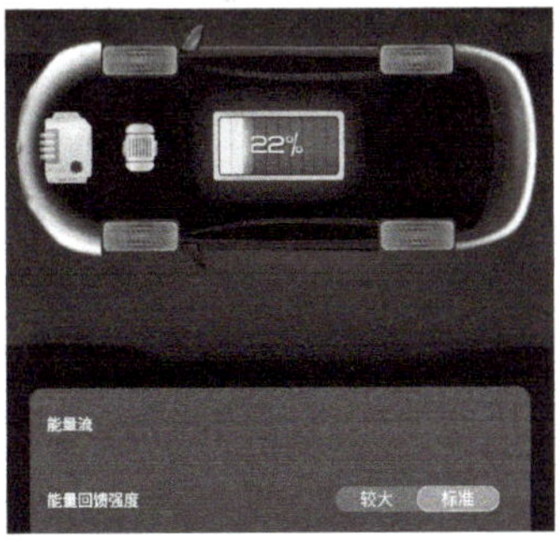

(b) 比亚迪宋PLUS DM-i制动能量回收强度调节方式

图 7-2　制动能量回收强度调节方式

另外，一些车型只能调节制动能量回收强度，而无法关闭制动能量回收功能；一些车型则设置了制动能量回收功能开启/关闭按键或挡位，例如图 7-2(a)中的“E+”“E-”挡位，即使车辆处于前进挡位，也能起动制动能量回收功能；极少数车型既无法自主开启/关闭制动能量回收功能，也取消了制动能量回收强度调节。

3）制动能量回收系统状态显示

制动能量回收系统的工作状态一般以功率形式在功率表进行显示。当车辆正常行驶时功率表显示功率为正数，当车辆减速或制动时功率表显示功率为负数，通过功率也能直观地看到制动能量回收强度。车辆正常行驶以及减速或制动时的功率显示如图 7-3 所示。

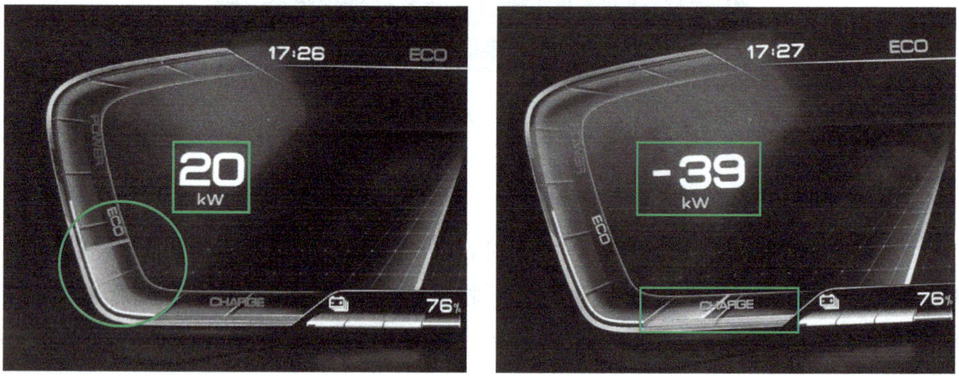

(a) 车辆正常行驶功率显示　　(b) 车辆减速或制动功率显示

图 7-3　车辆功率显示

4）制动能量回收路径

纯电动汽车在制动时，车轮的惯性转动能量经传动轴、减速器传递到驱动电机，产生交流电，经 MCU 整流转换为直流电后，回收到动力蓄电池进行储存。制动能量回收路径如图 7-4 所示。

图 7-4　制动能量回收路径

2. 技能操作

1）操作准备

准备技能操作所需的物料，见表 7-1。

表 7-1　物料准备

类别	所需物料
防护用品	车辆防护用品

续表

类别	所需物料
资料	车辆维修手册
设备、工具	实训车辆、智能钥匙

2）制动能量回收功能查验

查询车辆维修手册或在实训车辆上查找按键或触摸屏，查验实训车辆的制动能量回收系统的相关调节功能，将查验结果记录在表 7-2 中。

表 7-2　制动能量回收系统调节功能查验记录表

<table>
<tr><th>序号</th><th colspan="5">查验内容</th></tr>
<tr><td rowspan="6">1</td><td rowspan="6">是否能够调节制动能量回收强度</td><td rowspan="5">是□</td><td rowspan="2">制动能量回收强度调节方式</td><td>按键调节□</td><td rowspan="2">功能正常□
无法调节□</td></tr>
<tr><td>中控触摸调节□</td></tr>
<tr><td rowspan="3">制动能量回收强度挡位</td><td>一挡、二挡、三挡□</td><td rowspan="3">功能正常□
无法调节□</td></tr>
<tr><td>舒适、标准、较大□</td></tr>
<tr><td>其他□：________</td></tr>
<tr><td colspan="4">否□</td></tr>
<tr><td rowspan="2">2</td><td rowspan="2">是否能够关闭制动能量回收功能</td><td colspan="2">是□</td><td colspan="2">功能正常□
无法关闭□</td></tr>
<tr><td colspan="4">否□</td></tr>
<tr><td>3</td><td>既无法关闭制动能量回收功能，也无法调节制动能量回收强度</td><td colspan="4">是□　否□</td></tr>
</table>

3）制动能量回收强度验证

调节制动能量回收强度挡位，验证在各强度挡位时的制动能量回收强度，将验证结果记录在表 7-3 中。

表 7-3　制动能量回收强度验证记录表

<table>
<tr><th>序号</th><th>强度挡位</th><th>验证结果</th></tr>
<tr><td rowspan="2">例</td><td rowspan="2">二挡或标准</td><td>车辆行驶速度减小程度：松开加速踏板瞬间明显感觉行驶速度减小</td></tr>
<tr><td>车辆顿挫感：较强，犹如轻踩制动踏板</td></tr>
</table>

续表

序号	强度挡位	验证结果
1	一挡或舒适	车辆行驶速度减小程度：
		车辆顿挫感：
2	二挡或标准	车辆行驶速度减小程度：
		车辆顿挫感：
3	三挡或较大	车辆行驶速度减小程度：
		车辆顿挫感：

（二）制动能量回收系统故障检修

1. 知识学习

1）再生液压混合制动系统定义、作用

电动汽车共有两种制动方式，分别是电机再生制动、液压摩擦制动，两种制动方式协同工作，称为再生液压混合制动系统。电机再生制动也称反馈制动，是电动汽车所独有的，在制动时把由车辆惯性产生的动能转化及储存起来，是一个能量回收的过程。同时电机转子受力减速，使车辆减速或制动。

电机再生制动的意义在于把电机无用的或有害的惯性产生的动能转化为电能，并回馈给车载储能装置，提高电动汽车续驶里程，同时产生制动力矩，使电机快速停止无用的惯性转动。一般电机再生制动只能把约30%的动能进行回收，其余的动能还是转化为热能。

2）再生液压混合制动系统随车速变化的作用区间

当电动汽车减速或制动时，电机再生制动起动。减速时，电机再生制动一般保持在最大能量回收强度。而电机再生制动能力与驱动转矩成正比，与驱动电机转速或车速成反比，驱动电机在高速恒功率运行时，电机再生制动能力会随着车速提升而减小；踩下制动踏板时，驱动电机低速运行，电动汽车的动能不足以为驱动电机提供能量来产生最大的制动力矩，所以电机再生制动能力会随着车速降低而减小。电机再生制动在紧急制动和高强度制动时不能独立完成制动要求，无法提供足够的制动力。因此，为了保证整车制动的安全性，在电动汽车中，电机再生制动和液压摩擦制动一般共同作用。

不过对于驱动轮来说，只有当电机再生制动已经达到了最大制动力而且无法满足制动要求时，液压摩擦制动才起作用，而非只有液压摩擦制动起制动作用。图 7-5 所示为再生液压混合制动系统随车速变化的作用区间。

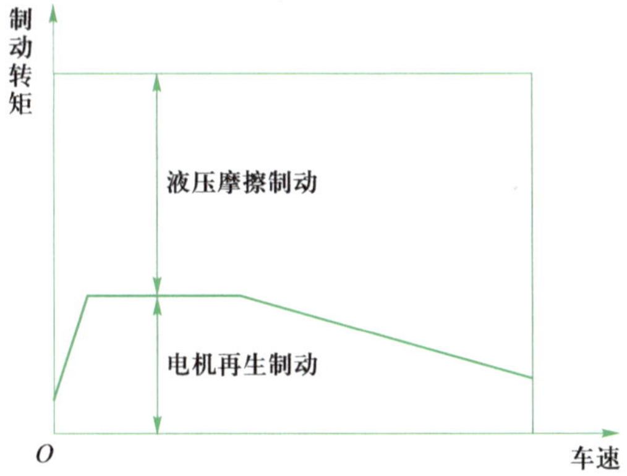

图 7-5　再生液压混合制动系统随车速变化的作用区间

3）再生液压混合制动系统结构

电动汽车上的总制动转矩是电机再生制动转矩与液压摩擦制动转矩之和，而驱动轮上的总制动转矩由电机再生制动转矩与液压摩擦制动转矩共同提供，非驱动轮上只有液压摩擦制动转矩，而驱动轮上只有当再生制动转矩不足以制动时，液压摩擦制动才会起作用。所以电机再生制动、液压摩擦制动需要与 VCU 通信，VCU 根据加速踏板/制动踏板的信号进行计算，控制电机再生制动的能量回收强度、液压摩擦制动的工作区间及液压压力。再生液压混合制动系统的基本结构如图 7-6 所示。

4）再生液压混合制动系统制动转矩分配

为了保持最大的再生制动力，更好地进行能量回收，同时满足制动踏板所需要的总制动转矩，当制动踏板力较小时，只有再生制动转矩施加在驱动轮上，并且与制动踏板力成正比，而非驱动轮上的制动转矩由液压摩擦制动提供，也与制动踏板力成正比。当制动踏板力超过一定值时，最大再生制动转矩施加在驱动轮上，同时液压摩擦制动转矩也作用在驱动轮上以获得所需的总制动转矩。图 7-7 所示为再生液压混合制动系统随制动踏板变化的制动转矩分配。

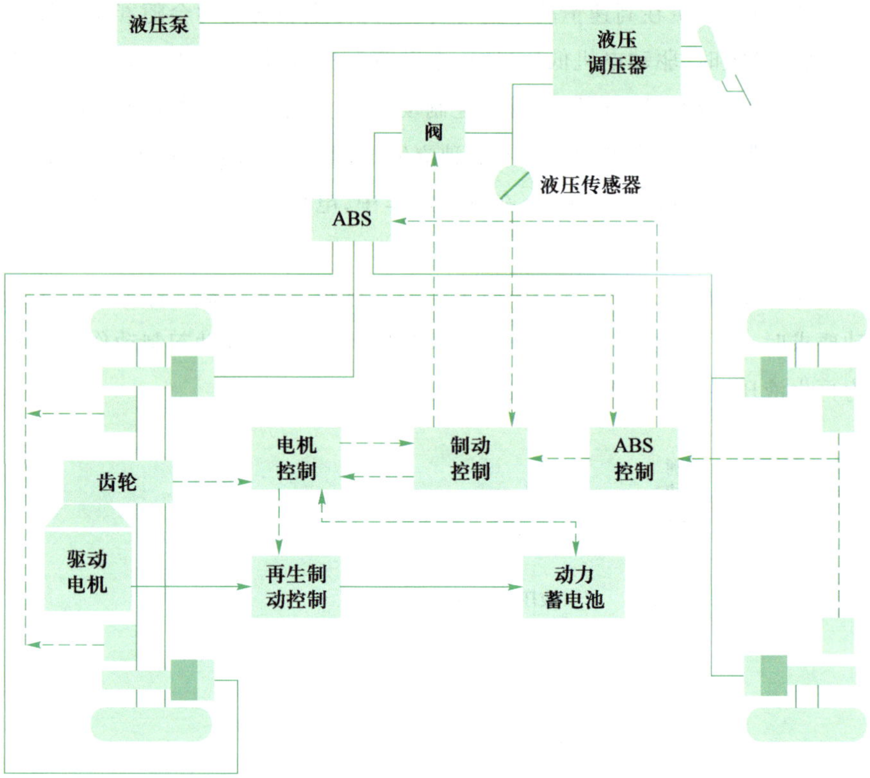

图 7-6　再生液压混合制动系统基本结构

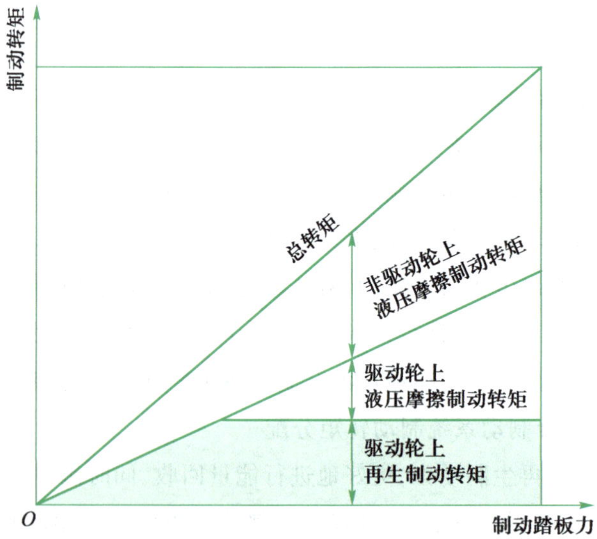

图 7-7　再生液压混合制动系统制动转矩分配

5）制动能量回收系统控制原理、过程

（1）控制原理

在制动工况时，通过具有可逆作用的驱动电机来实现车辆动能和电能的转化。

在减速或制动时，将驱动电机切换成发电机形式工作，利用车辆的惯性带动驱动电机转子旋转，而将一部分的动能转化为电能回馈给车载储能装置（如动力蓄电池、超级电容器等）；汽车起步或加速时，驱动电机以电动机形式工作，将储能装置中的电能转化为机械能使车辆行驶。

（2）控制过程

VCU 对制动能量回收系统的控制方式如图 7-8 所示。将换挡操纵机构旋至 E 挡（制动能量回收挡位），制动或减速时，制动/加速踏板将信号传递给 VCU，VCU 通过当前的车速、驱动电机转速、动力蓄电池 SOC 状态等信息计算出最佳的电机再生制动转矩和液压摩擦制动转矩，将计算得到的液压摩擦制动转矩信号发送到液压制动控制单元（ABS），ABS 分配每个车轮相应的液压压力；ABS 将计算得到的再生制动转矩信号发送给 MCU，MCU 控制驱动电机产生反向电动势，并将产生的电能通过 MCU 回馈至动力蓄电池。

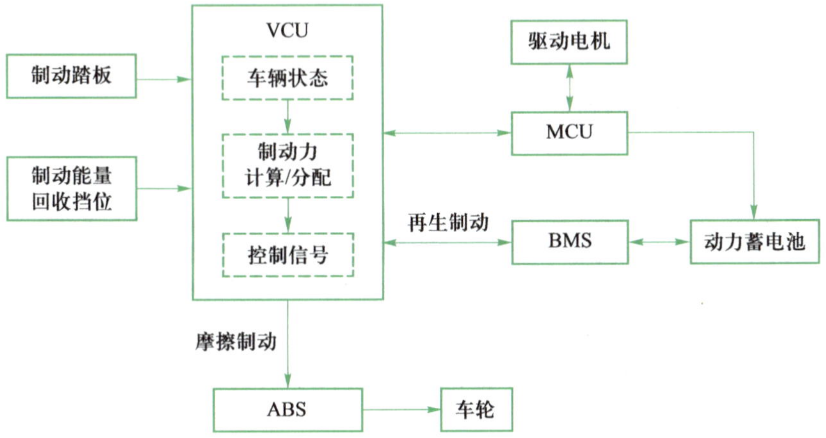

图 7-8　制动能量回收系统控制示意图

6）制动能量回收影响因素

电动汽车制动能量回收过程中，其影响因素主要包括：

① 储能装置。电动汽车上最常用的储能装置为动力蓄电池，在制动能量回收时需要充分考虑动力蓄电池的状态；当动力蓄电池剩余电量（SOC 值）充足的时候，不能进行能量回收；还要考虑动力蓄电池允许的最大充电电流和充电功率。

② 制动转矩分配比例。由于电动汽车运行速度较高，仅仅靠电机再生制动很难满足制动需求，需要液压摩擦制动提供相应的制动转矩，则制动过程中电机再生制动与液压摩擦制动的转矩分配比例尤为重要。

③ 驱动类型。制动能量回收只能回收作用在驱动轮上的行驶动能，非驱动轮的制动能量只能以热能等其他形式损耗掉；因此在保证制动安全前提下，尽可能多地向

驱动轮分配再生制动转矩有利于提高制动能量回收效率。

④ 驱动电机性能。驱动电机制动能力越好，就能在再生液压混合制动系统制动转矩分配时提高电机再生制动转矩比例，提高制动能量回收效果；驱动电机的发电效率对制动能量回收有很大影响，且驱动电机高速、低速时都不利于进行制动能量回收。

⑤ 行驶工况。若电动汽车频繁改变行驶状态，如起步、加速、减速、制动工况较多，则增加了电机再生制动次数，提高了制动能量回收效果；若行驶在高速公路，较少出现制动情况，则制动能量回收较少。

⑥ 控制策略。制动控制策略是再生液压混合制动系统的软件核心，关键在保证制动安全的前提下，最优的分配电机再生制动转矩以及驱动轮、非驱动轮的液压摩擦制动转矩，尽可能多地分配给电机再生制动，最大程度提高制动能量回收效果。

2. 技能操作

1）操作准备

准备技能操作所需的物料，见表 7-4。

表 7-4 物料准备

类别	所需物料
防护用品	车辆防护用品、人身安全防护用品、防护袋（或绝缘胶带）
资料	车辆维修手册
设备、工具	实训车辆、智能钥匙、绝缘工具套装、举升机、万用表、绝缘表、诊断仪

2）故障验证

（1）仪表显示

起动车辆，观察车辆仪表显示，将相关内容记录在表 7-5 中。

表 7-5 仪表显示记录表

序号	项目	仪表显示	正常情况	是否正常
1	驱动系统已就绪信号装置（READY 指示灯）		点亮	是□ 否□
2	系统故障信号装置		熄灭	是□ 否□
3	异常信号装置		—	—
4	文字提示		—	—
5	语音提示		—	—

续表

序号	项目	仪表显示	正常情况	是否正常
6	挡位显示		—	—
7	功率表		—	—

(2) 读取故障码

使用诊断仪读取故障码,将相关内容填写在表 7-6 中。

表 7-6　故障码信息记录表

序号	故障码	故障码描述	状态
1			
2			

(3) 读取数据流

使用诊断仪读取数据流,将相关内容填写在表 7-7 中。

表 7-7　数据流信息记录表

序号	控制单元	数据流名称	当前值/状态	标准值/状态	是否正常
例	MCU	高压母线电流	0.08A	负值	是□　否☑
1					是□　否□
2					是□　否□
3					是□　否□
4					是□　否□
5					是□　否□

3) 故障查询

(1) 拆画电路图

参考车辆维修手册,将制动能量回收系统涉及的电路图绘制在图 7-9 的框中。

图 7-9　绘制制动能量回收系统电路图

（2）查找端子定义

查询车辆维修手册，将制动能量回收系统涉及的连接器端子定义填写在表 7-8 中。

表 7-8　制动能量回收系统连接器端子定义记录表

序号	端子号	定义	序号	端子号	定义
例	V59/43	制动能量回收强度减小信号输出	例	V59/44	制动能量回收强度增加信号输出
1			5		
2			6		
3			7		
4			8		

4）维修方案制订

根据读取到的故障信息，对故障进行初步分析，并制订维修方案，完成表 7-9 的填写。

表 7-9　故障分析及维修方案制订

故障分析：可能的故障原因或故障点		
1		
2		
3		
4		
5		
维修方案/检测流程		
示例	外观检查	检查高压线束是否破损
1		
2		
3		
4		
5		
6		
7		
8		
9		
10		

5）制动能量回收系统故障检测

参考制动能量回收系统电路图及车辆维修手册，对制动能量回收系统进行检测，并将结果填写在表 7-10 中。

表 7-10　制动能量回收系统检测记录表

序号	检测项目	检测点	检测条件	检测类型	标准值	检测值	分析
制动能量回收强度调节装置							
1	供电						
2	搭铁						
3	制动能量回收强度减小 1 挡						
	制动能量回收强度减小 2 挡						
	制动能量回收强度减小 3 挡						
4	制动能量回收强度增加 1 挡						
	制动能量回收强度增加 2 挡						
	制动能量回收强度增加 3 挡						
制动能量回收功能起动装置							
5	供电						
6	搭铁						
7	信号						

6）维修结果检验

打开起动开关，起动车辆，通过观察车辆仪表显示，并使用诊断仪读取故障码及数据流，判断车辆故障是否排除，并将结果填写在表 7-11 中。

表 7-11　维修结果检验记录表

序号	检验项目	检验结果
1	车辆是否能够正常起动	是□　否□
2	车辆仪表显示是否全部正常	是□　否□
3	故障码是否完全清除	是□　否□
4	相关数据流是否全部正常	是□　否□

四、检查评估

对本任务的学习情况进行检查，并将相关内容填写在表 7-12 中。

表 7-12　检查表

检查项目	检查结果	结果点评
制动能量回收强度调节		
是否能完成制动能量回收强度调节	是□　否□	
制动能量回收强度验证结果是正确	是□　否□	
制动能量回收系统故障检修		
故障码是否清除	是□　否□	
制动能量回收功能是否正常	是□　否□	
进行制动能量回收时仪表功率显示是否正常	是□　否□	
整理及恢复		
工具、设备是否整理归位	是□　否□	
维修工位是否打扫干净	是□　否□	
产生的垃圾是否分类处理	是□　否□	
工作页是否填写完整	是□　否□	

五、任务小结

本任务小结如图 7-10 所示。

- 制动能量回收系统调节与检修
  - 制动能量回收强度调节
    - 作用：将车辆在制动或惯性滑行中释放出的动能转变为电能并进行储存
    - 组成：强度调节机构、驱动电机系统、动力蓄电池系统
    - 调节方式：按键调节或中控触摸调节
    - 状态显示：正常行驶时功率表显示功率为正数；减速或制动时功率表显示功率为负数
    - 回收路径：车轮→驱动电机→MCU→动力蓄电池
    - 控制原理：减速或制动时，驱动电机切换成发电机，利用惯性带动驱动电机转子旋转；将一部分动能转化为电能回馈给车载储能装置
    - 控制过程：制动/加速踏板信号传递给VCU，VCU将计算的液压摩擦制动转矩信号发送到ABS，ABS将再生制动转矩信号发送给MCU，MCU控制驱动电机产生反向电动势产生电能
    - 影响因素：储能装置、制动转矩分配比例、驱动类型、驱动电机性能、行驶工况、控制策略
  - 制动能量回收系统故障检修
    - 定义：电机再生制动、液压摩擦制动，并协同工作
    - 作用区间：减速或制动时电机再生制动保持在最大能量回收强度，不能独立完成制动要求时，液压摩擦制动起作用，动能不足时电机再生制动能力随着车速降低而减小
    - 结构：加速踏板/制动踏板、VCU、液压摩擦制动系统、驱动电机系统
    - 制动转矩分配：制动踏板力较小时驱动轮上只有电机再生制动转矩，非驱动轮上为液压摩擦制动；制动踏板力超过一定值时驱动轮上最大再生制动转矩与液压摩擦制动共同作用

图 7-10　任务七小结

任务八　直流充电控制与检修

一、任务导入

场景：某品牌新能源汽车售后维修车间。

人物：维修技师李师傅、学徒小王、车主张先生。

情节：售后维修车间拖来一辆新能源故障车，据车主张先生所说，车辆可以正常起动和行驶，但是无法进行快充，更换过多个快充桩都是如此。小王使用直流充电桩给车辆进行直流充电时，发现车辆仪表未被唤醒，无充电信息显示，更换其他直流充电桩进行充电，故障现象相同。于是小王请来李师傅对该车辆直流充电故障进行检修。

二、任务目标

◇ 能根据充电操作流程，使用诊断仪，在车辆直流充电状态下进行直流充电数据流读取作业。

◇ 能按照直流充电系统故障检修内容，使用诊断仪、万用表等专用工具，正确完成直流充电系统故障检修作业。

三、任务实施

微课
认识充电桩

微课
认识充电枪

微课
充电方法及注意事项

（一）车辆直流充电数据读取

1. 知识学习

1）直流充电定义

直流充电是指由直流充电桩直接输出直流电给动力蓄电池充电，其充电功率较大，充电速度较快。直流充电桩一般安装在高速公路服务区、公共停车场等地。通常将直流充电桩称为快充桩，直流充电方式称为快充。

2）直流充电过程中的电流流向

在直流充电阶段，直流充电桩的高压直流电通过直流充电线束，经过高压控制盒中的直流充电正负极继电器，最后通过直流母线为动力蓄电池充电，同时高压直流电还通过 DC/DC 变换器给低压辅助蓄电池充电。直流充电过程中的电流流向如图 8-1 所示。

3）充电操作流程

充电操作流程如图 8-2 所示。

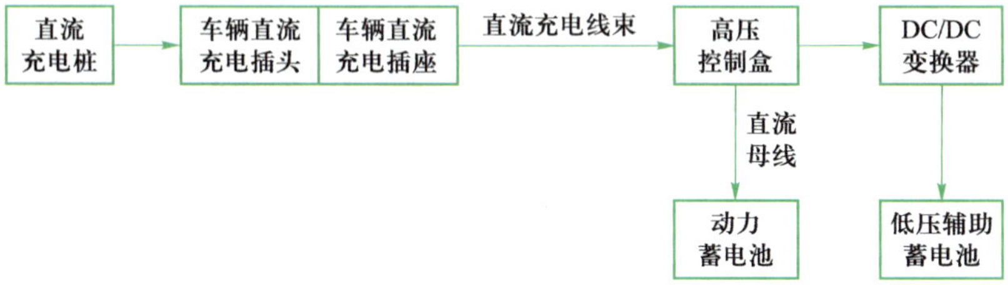

图 8-1　直流充电过程中的电流流向

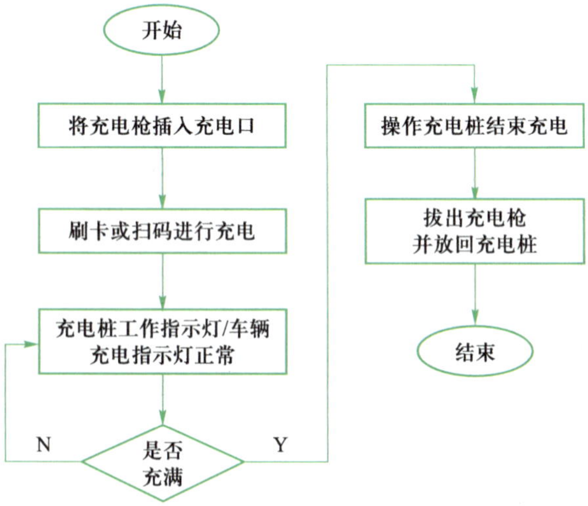

图 8-2　充电操作流程

2. 技能操作

1）操作准备

准备技能操作所需的物料，见表 8-1。

表 8-1　物料准备

类别	所需物料
防护用品	车辆防护用品
资料	车辆维修手册
设备、工具	实训车辆、智能钥匙、直流充电桩、充电卡、诊断仪

2）直流充电操作

参照充电操作流程，操作直流充电桩对车辆进行直流充电，查看直流充电桩和车辆，将充电信息填写在表 8-2 中。

3）直流充电数据流读取

在直流充电过程中，连接诊断仪，读取直流充电相关数据流，并将相应内容填写在表 8-3 中。

表 8-2　直流充电信息记录表

序号	项目	检查结果	标准值	是否正常
1	充电前检查	—	检查车辆直流充电插座有无水渍、变形，触头是否损坏	是□　否□
			检查车辆直流充电插头有无水渍、变形，触头是否损坏	是□　否□
			检查充电电缆外观是否有破损、挤压、断裂等现象	是□　否□
			查看直流充电桩急停开关位置	是□　否□
2	充电连接指示灯		点亮	是□　否□
3	充电模式		直流	是□　否□
4	充电电压			是□　否□
5	充电电流			是□　否□
6	SOC 值		—	是□　否□
7	充电金额		—	是□　否□
8	充电时间		—	是□　否□

表 8-3　直流充电数据流记录表

序号	控制单元	数据流名称	当前值/状态	标准值/状态	是否正常
例	BMS	动力蓄电池充放电电流	-32A	负值	是☑　否□
1					是□　否□
2					是□　否□
3					是□　否□
4					是□　否□
5					是□　否□

（二）车辆直流充电故障检修

1. 知识学习

1）直流充电过程

直流充电过程分为充电准备阶段、充电阶段、充电结束阶段。其中，充电准备阶段分为车辆直流充电接口物理连接、车辆直流充电接口连接确认、非车载充电机自检、充电准备就绪等过程；非车载充电机自检过程主要包括直流充电桩自检、CC2 连接确认、充电握手和充电参数配置等过程；充电结束阶段包括正常条件下的充电结束和非正常条件下充电中止。直流充电过程如图 8-3 所示。

微课
快充充电过程

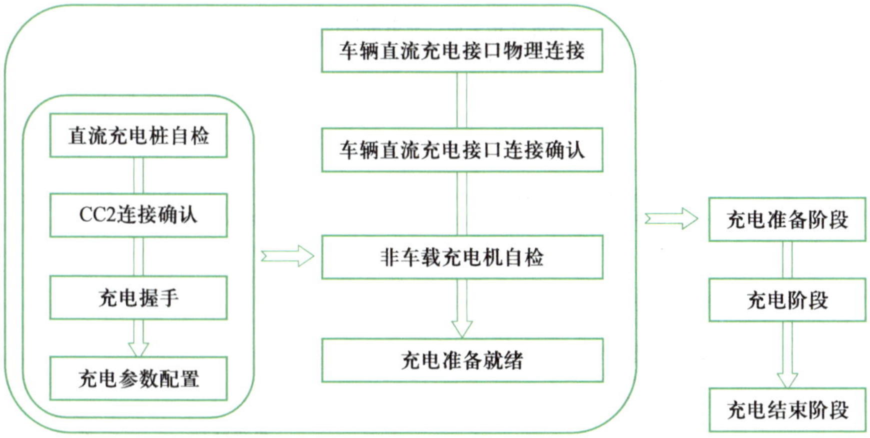

图 8-3　直流充电过程

（1）充电握手流程

充电握手分为握手启动和握手辨识。

当车辆直流充电插头与车辆直流充电插座物理连接完成后，直流充电桩内的非车载充电机控制装置通过测量充电连接确认线 CC1 上检测点 1 的电压值来判断车辆直流充电接口是否已完全连接。CC1 连接确认，直流充电桩进行自检无故障之后，低压辅助继电器 K3、K4 闭合，直流充电桩给车辆提供低压辅助电源，进入握手启动，并开始通过快充 CAN 总线向车辆发送握手报文，再进行绝缘监测。充电握手启动流程如图 8-4 所示。

车辆在得到直流充电桩提供的低压辅助电源之后，通过测量充电连接确认线 CC2 上检测点 2 的电压值来判断车辆直流充电接口是否完全连接。绝缘监测结束后进入握手辨识，双方通过快充 CAN 总线发送辨识报文，确定动力蓄电池和直流充电桩的必要信息。充电握手辨识流程如图 8-5 所示。

（2）充电参数配置流程

充电握手完成后，直流充电桩和 BMS 进入充电参数配置。在此过程，BMS 向直流充电桩发送动力蓄电池充电参数，直流充电桩收到动力蓄电池充电参数后进行配置，并向 BMS 发送时间同步和充电桩最大输出能力的报文，BMS 根据直流充电桩最大输出能力判断是否能够进行充电，判断能够进行充电后 BMS 与直流充电桩进入充电阶段。充电参数配置流程如图 8-6 所示。

（3）充电阶段流程

充电参数配置完成后，直流充电桩和 BMS 进入充电阶段。在整个充电阶段，BMS 实时向直流充电桩发送动力蓄电池充电需求，直流充电桩根据动力蓄电池充电需求来调整充电电压和充电电流以保证充电过程正常进行。在充电过程中，直流充电桩和 BMS 相互发送各自的充电状态。除此之外，BMS 根据要求向直流充电桩发送

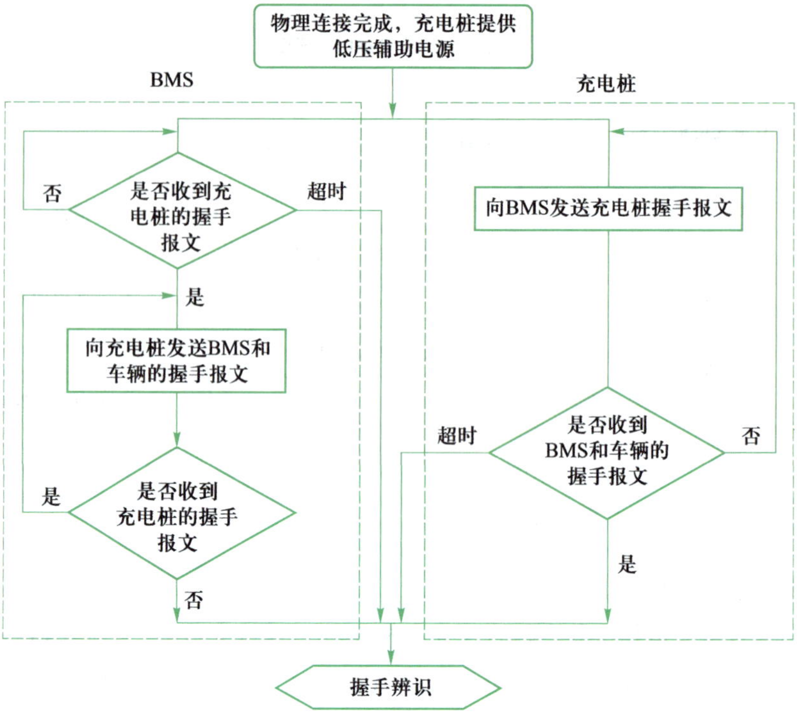

图 8-4　充电握手启动流程

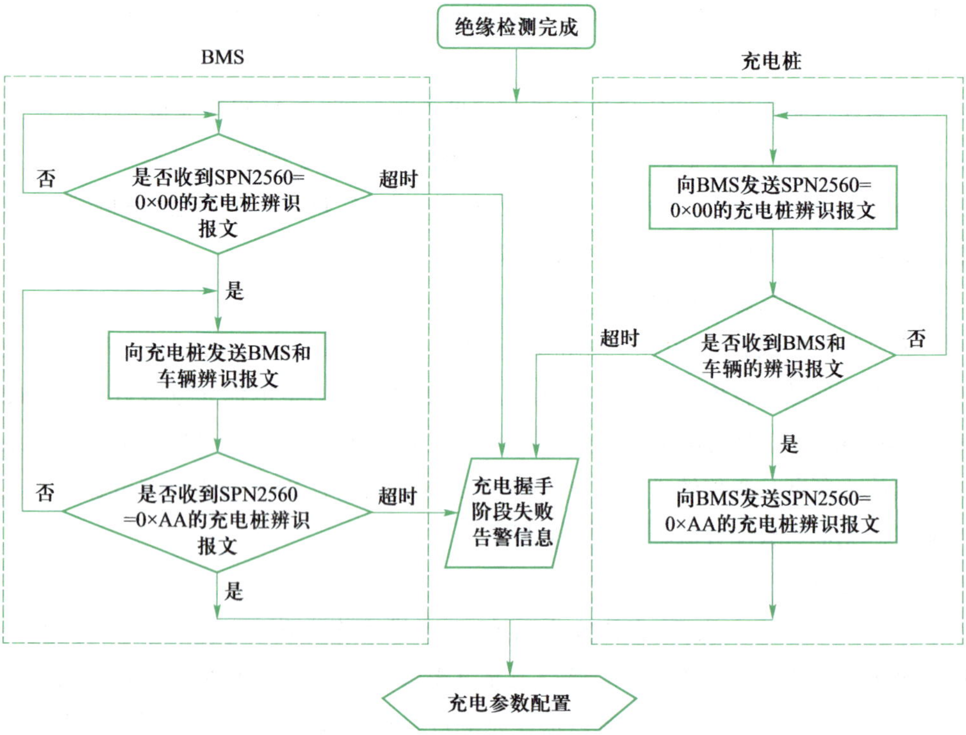

图 8-5　充电握手辨识流程

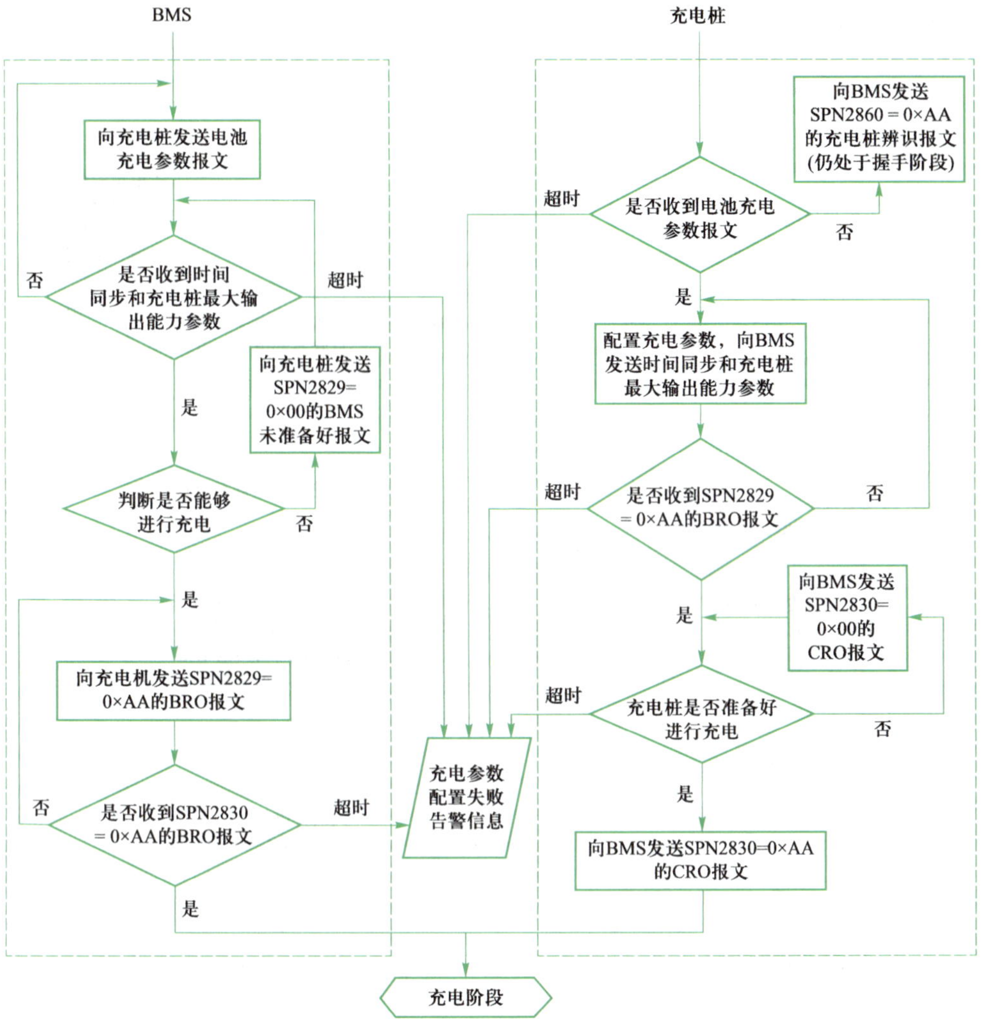

图 8-6　充电参数配置流程

动力蓄电池具体状态信息及电压、温度、SOC 值等信息。

BMS 根据充电过程是否正常、动力蓄电池状态是否达到 BMS 自身设定的充电结束条件以及是否收到直流充电桩中止充电报文来判断是否结束充电；直流充电桩根据是否收到停止充电指令、充电过程是否正常、是否达到人为设定的充电参数值，或者是否收到 BMS 中止充电报文来判断是否结束充电。充电阶段流程如图 8-7 所示。

（4）充电结束阶段流程

当正常条件下车辆或直流充电桩判断充电结束，或非正常条件下充电中止后，BMS 与直流充电桩进入充电结束阶段。在此阶段，BMS 向直流充电桩发送整个充电过程中的充电统计数据，包括初始 SOC 值、终了 SOC 值、动力蓄电池最低电压和最高电压；直流充电桩收到 BMS 的长度统计数据后，向 BMS 发送整个充电过程中的输出电量、累计充电时间等信息，最后停止低压辅助电源的输出。充电结束阶段流程如

图 8-8 所示。

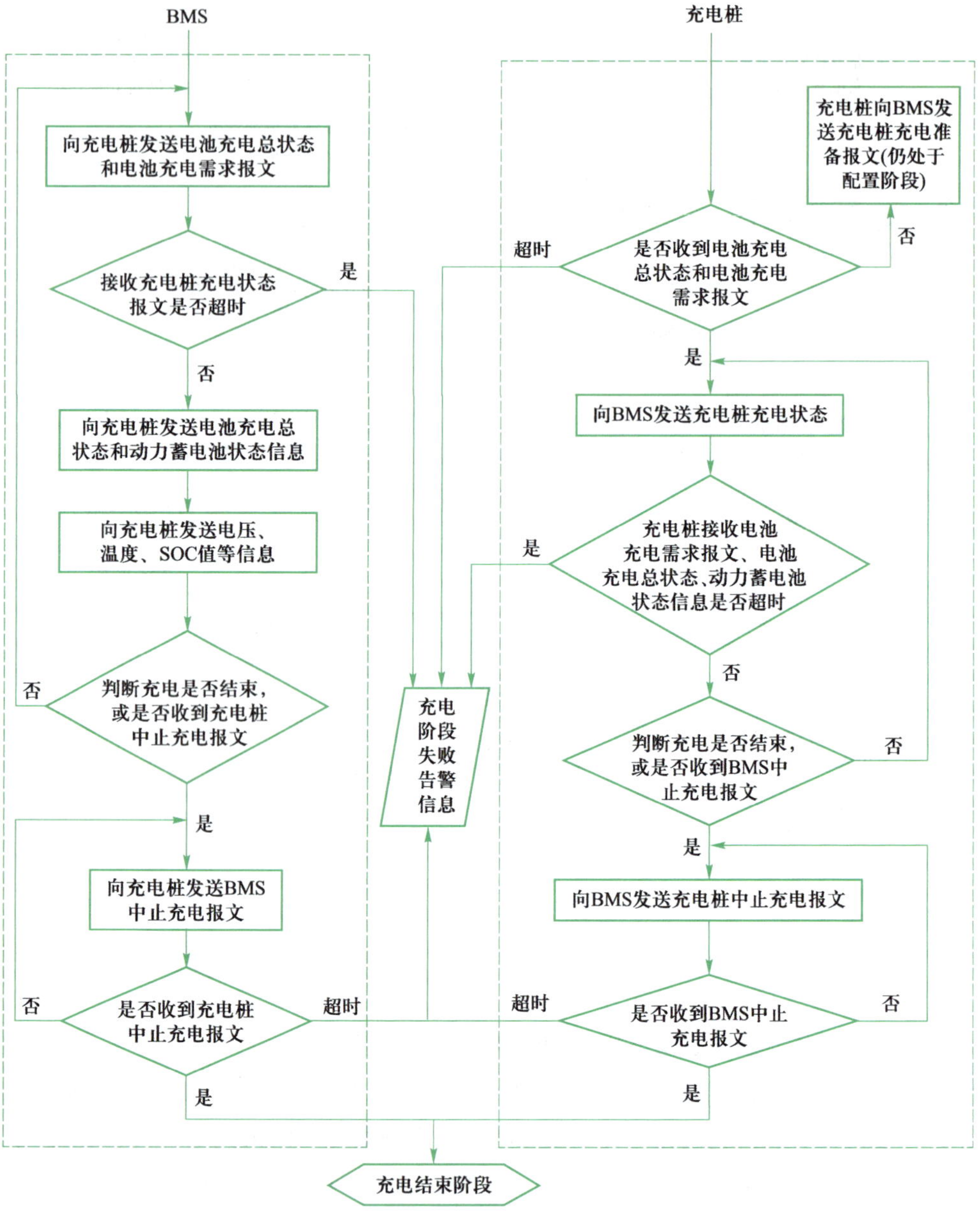

图 8-7　充电阶段流程

2）快充 CAN 总线的作用

直流充电过程中，BMS 和直流充电桩之间的通信网络采用 CAN2.0B 通信协议进行信息传递，通信速率为 250 kbit/s，两者之间的 CAN 通信网络由 BMS 和直流充电桩两个节点组成，使用独立与动力总成系统之外的 CAN 接口。在充电准备阶段，快充 CAN 总线主要进行充电握手以及充电参数配置过程；在充电阶段，快充 CAN 总

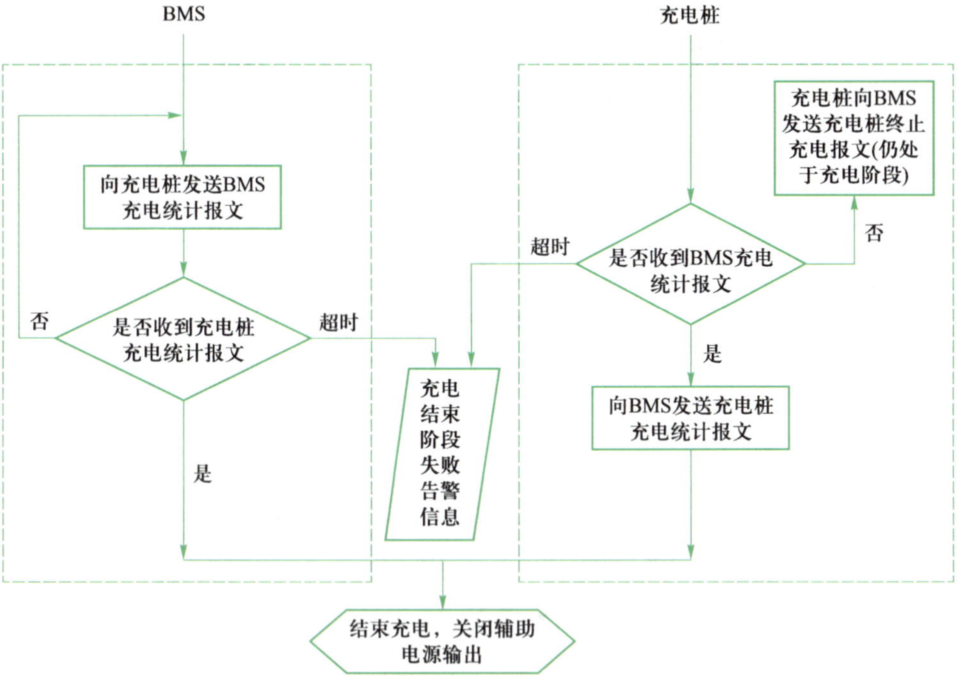

图 8-8　充电结束阶段流程

线实时发送直流充电桩与 BMS 的充电状态以及 BMS 的充电需求;在充电结束阶段,通过快充 CAN 总线交换充电过程的数据统计。

整个充电过程,直流充电桩和 BMS 如果在规定的时间内(一般为 5 s,特殊规定除外)没有收到对方的 CAN 通信相关信息,即判定为超时。当出现超时后,BMS 或者直流充电桩发送错误报文,并进入错误处理状态。

3）直流充电控制逻辑

直流充电过程中,BMS 和直流充电桩监测电压、电流和温度等参数,VCU 不直接参与充电控制,而是实时监控充电过程,对异常情况进行紧急充电停止,以及完成部分信息的仪表显示、整车监控平台信息上传。

微课
充电逻辑简图

直流充电控制逻辑如图 8-9 所示。当车辆直流充电接口连接时,直流充电桩会给车辆供给 12 V 低压辅助电压信号唤醒 VCU,VCU 唤醒仪表,显示充电信息。VCU 唤醒 BMS 进行自检,检测到允许充电后,VCU 控制直流充电正、负极高压继电器吸合,高压线路导通,从而使直流充电桩的高压直流电经车辆直流充电接口、直流充电正负极高压继电器输送到动力蓄电池。

4）直流充电系统故障检测内容

① 车辆直流充电插座的充电连接确认 CC1 端子与车身地 PE 端子之间有电阻 R_4,需要在未连接车辆直流充电插头时对其阻值的大小进行检查,R_4 等效电阻的标称值为 1000±30 Ω。

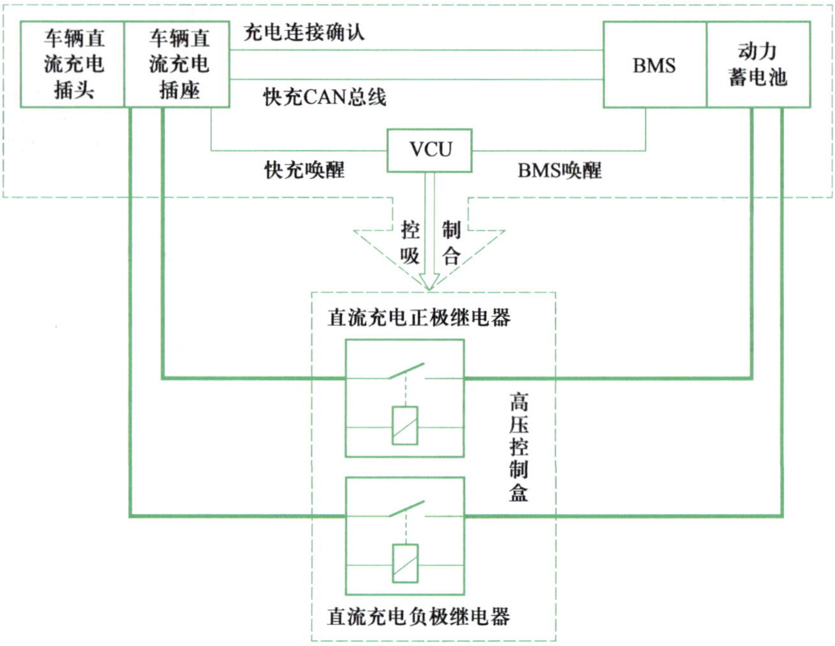

图 8-9　直流充电控制逻辑

② 未连接车辆直流充电插头时，车辆直流充电插座的 A+与 A-之间处于断路状态，车辆直流充电插座 S+与 S-间电阻应为 120 Ω，PE 端子与车身搭铁应为通路。

③ 未连接车辆直流充电插头时，检测车辆直流充电插座充电连接确认线 CC2 端子的电阻值与电压值；连接车辆直流充电插头后，检测充电连接确认线 CC2 两端端子电压值，断电检测充电连接确认线 CC2 的线束电阻值。

④ 检测车辆直流充电插头连接时快充唤醒线两端及非车载充电座熔断器两端电压值，断电检测快充唤醒线及非车载充电座熔断器电阻值。

⑤ 检测车辆直流充电插头连接时 BMS 唤醒线电压值，断电检测 BMS 唤醒线电阻值。

⑥ 检测未连接车辆直流充电插头时 S+、S-的电压值，以及 BMS 端快充 CAN_H、CAN_L 的电压值；检测车辆直流充电插座 S+与 S-之间电阻值；检测车辆直流充电插座 S+、S-与搭铁、蓄电池正极之间的电阻值；在车辆直流充电插头连接状态下，检测快充 CAN_H、CAN_L 的波形。断电检测车辆直流充电插座 S+、S-与 BMS 之间快充 CAN_H、CAN_L 的电阻值。

⑦ 车辆直流充电插头的充电连接确认 CC2 端子与设备地 PE 端子之间有电阻 R_3，充电连接确认 CC1 端子与设备地 PE 端子之间有电阻 R_2 和常闭开关 S，需要对其阻值的大小进行检查，R_2 和 R_3 等效电阻的标称值为 1000±30 Ω；检测车辆直流充电插头 S+与 S-之间电阻值。

2. 技能操作

1）操作准备

准备技能操作所需的物料，见表 8-4。

表 8-4 物料准备

类别	所需物料
防护用品	车辆防护用品、人身安全防护用品、防护袋（或绝缘胶带）
资料	车辆维修手册
设备、工具	实训车辆、智能钥匙、绝缘工具套装、举升机、万用表、绝缘表、诊断仪、直流充电桩、充电卡

2）故障验证

（1）仪表显示

首先起动车辆，之后连接车辆直流充电接口，操作直流充电桩进行充电，观察车辆在起动和充电状态下的仪表显示，将相关内容记录在表 8-5 中。

表 8-5 仪表显示记录表

序号	项目	仪表显示	正常情况	是否正常
起动状态				
1	驱动系统已就绪信号装置（READY 指示灯）		点亮	是□ 否□
2	系统故障信号装置		熄灭	是□ 否□
3	SOC 值		—	—
充电状态				
4	外部充电线连接警告信号装置		点亮	是□ 否□
5	动力蓄电池充电状态信号装置		点亮	是□ 否□
6	充电模式		显示	是□ 否□
7	充电电压			是□ 否□
8	充电电流			是□ 否□
9	异常信号装置		—	—
10	文字提示		—	—
11	语音提示		—	—

（2）读取故障码

使用诊断仪读取故障码，将相关内容填写在表 8-6 中。

表 8-6 故障码信息记录表

序号	故障码	故障码描述	状态
1			
2			

(3) 读取数据流

使用诊断仪读取数据流，将相关内容填写在表 8-7 中。

表 8-7 数据流信息记录表

序号	控制单元	数据流名称	当前值/状态	标准值/状态	是否正常
例	BMS	动力蓄电池充放电电流	0.02A	负值	是☐ 否☑
1					是☐ 否☐
2					是☐ 否☐
3					是☐ 否☐
4					是☐ 否☐
5					是☐ 否☐

3) 故障查询

(1) 拆画电路图

参考车辆维修手册，将直流充电系统的电路图绘制在图 8-10 的框中。

图 8-10 直流充电系统电路图

(2) 查找端子定义

查询车辆维修手册，将直流充电系统涉及的连接器端子定义填写在表 8-8 中。

表 8-8 直流充电系统连接器端子定义记录表

序号	端子号	定义	序号	端子号	定义
例	BD81/17	充电连接确认(BMS 端)	例	BD41/19	快充 CAN_H(BMS 端)
1			6		
2			7		
3			8		
4			9		
5			10		

4）维修方案制订

根据读取到的故障信息，对故障进行初步分析，并制订维修方案，完成表 8-9 的填写。

表 8-9　故障分析及维修方案制订

故障分析：可能的故障原因或故障点		
1		
2		
3		
4		
5		
维修方案/检测流程		
示例	外观检查	检查高压线束是否破损
1		
2		
3		
4		
5		
6		
7		
8		
9		
10		

5）直流充电系统故障检测

参考直流充电系统电路图及车辆维修手册，对直流充电系统进行检测，并将结果填写在表 8-10 中。

表 8-10　直流充电系统故障检测记录表

序号	检测项目	检测点		检测条件	检测类型	标准值	检测值	分析
例	PE 与车身搭铁	PE	车身	断开充电插头	电阻	$<1\Omega$	0.2Ω	正常
1	PE 与车身搭铁							
2	车辆直流充电插座 CC1 端子							

续表

序号	检测项目	检测点		检测条件	检测类型	标准值	检测值	分析
3	车辆直流充电插座CC2 端子							
4	车辆直流充电插座S+与 S-							
5	车辆直流充电插头 CC1 端子							
6	车辆直流充电插头 CC2 端子							
7	车辆直流充电插头 S+与 S-							
8	快充唤醒线与非车载充电座熔断器							
9	BMS 唤醒线							
10	快充 CAN 总线							

续表

序号	检测项目	检测点	检测条件	检测类型	标准值	检测值	分析
11	快充 CAN 总线波形	检测波形		标准波形			
				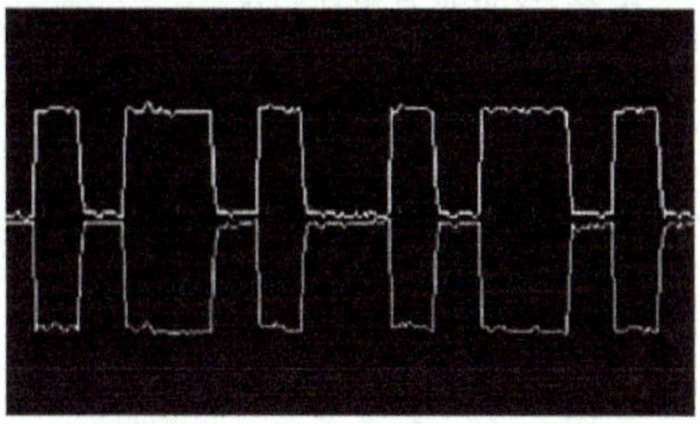			

6）维修结果检验

打开起动开关，起动车辆，通过观察车辆仪表显示，并使用诊断仪读取故障码及数据流，判断车辆故障是否排除。对维修结果进行检验，并将结果填写在表 8-11 中。

表 8-11　维修结果检验记录表

序号	检验项目	检验结果
1	车辆直流充电是否正常	是□　否□
2	车辆仪表显示是否全部正常	是□　否□
3	故障码是否完全清除	是□　否□
4	相关数据流是否全部正常	是□　否□

四、检查评估

对本任务的学习情况进行检查，并将相关内容填写在表 8-12 中。

表 8-12　检查表

检查项目	检查结果	结果点评
直流充电数据流读取		
直流充电信息填写是否正确	是□　否□	
直流充电数据流读取内容是否正确	是□　否□	
直流充电系统故障检修		
直流充电故障检测项目是否完整	是□　否□	
车辆直流充电功能是否恢复正常	是□　否□	
故障码是否清除	是□　否□	

续表

检查项目	检查结果	结果点评
整理及恢复		
工具、设备是否整理归位	是□　否□	
维修工位是否打扫干净	是□　否□	
产生的垃圾是否分类处理	是□　否□	
工作页是否填写完整	是□　否□	

五、任务小结

本任务小结如图 8-11 所示。

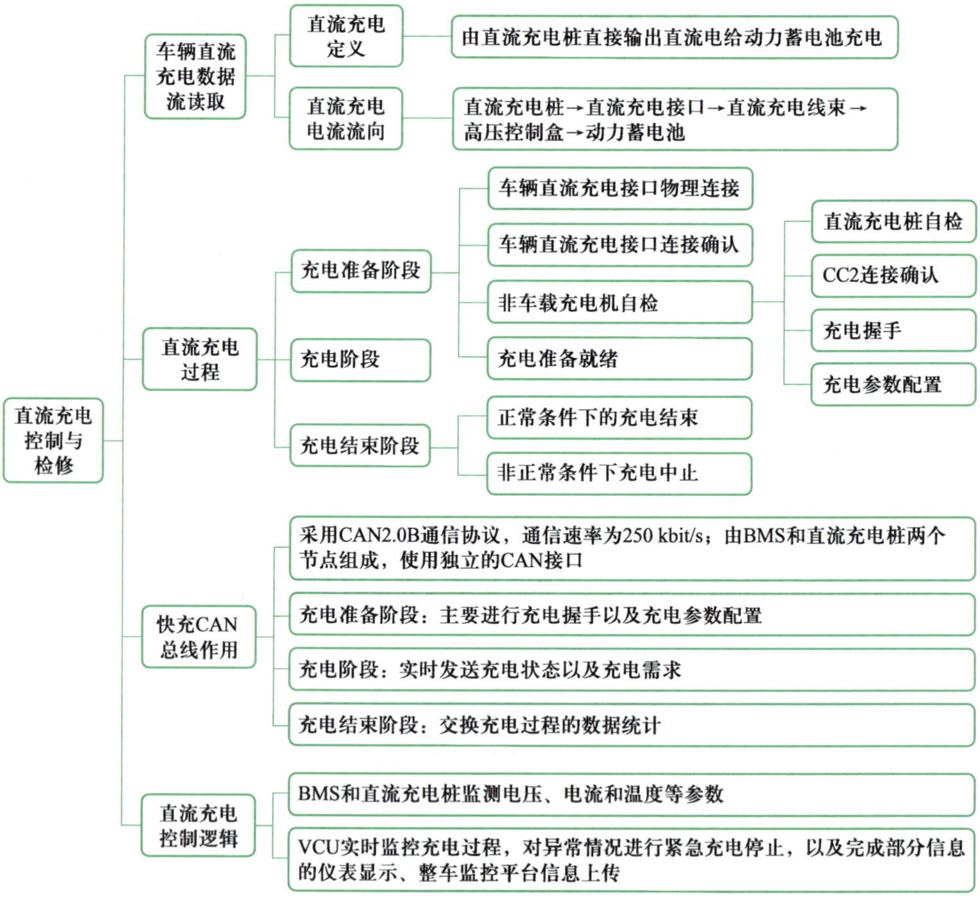

图 8-11　任务八小结

任务九　交流充电控制与检修

一、任务导入

场景：某品牌新能源汽车售后维修车间。

人物：维修技师李师傅、学徒小王、车主张先生。

情节：售后维修车间来了一辆新能源故障车，据车主张先生所说，车辆可以正常起动和行驶，但是无法进行慢充，更换过多个交流充电桩都是如此。小王使用交流充电桩给车辆进行交流充电，发现车辆仪表未被唤醒，无充电信息显示，更换其他交流充电桩进行充电，故障现象相同。于是小王请来李师傅对该车交流充电故障进行检修。

2

二、任务目标

◇ 能根据充电操作流程，使用诊断仪，在车辆交流充电状态下进行交流充电数据流读取作业。

◇ 能按照交流充电系统故障检修内容，使用诊断仪、万用表等专用工具，正确完成交流充电系统故障检修作业。

三、任务实施

(一) 车辆交流充电数据流读取

1. 知识学习

1) 交流充电定义

交流充电是指由交流充电桩输出交流电给车载充电机，再通过车载充电机转换成直流电给动力蓄电池充电。其充电功率一般较小，充电速度一般较慢，交流充电装置一般安装在小区停车场、个人充电桩位等地。通常将交流充电桩称为慢充桩，交流充电方式称为慢充。

2) 交流充电过程中的电流流向

在交流充电阶段，交流充电桩通过车辆交流充电插头与车辆交流充电插座连接，交流充电桩的交流电通过交流充电线束，经车载充电机将交流电转换为直流电，经过高压控制盒、直流母线为动力蓄电池充电。同时，转换后的直流电还通过 DC/DC 变换器给辅助蓄电池充电。交流充电过程中的电流流向如图 9-1 所示。

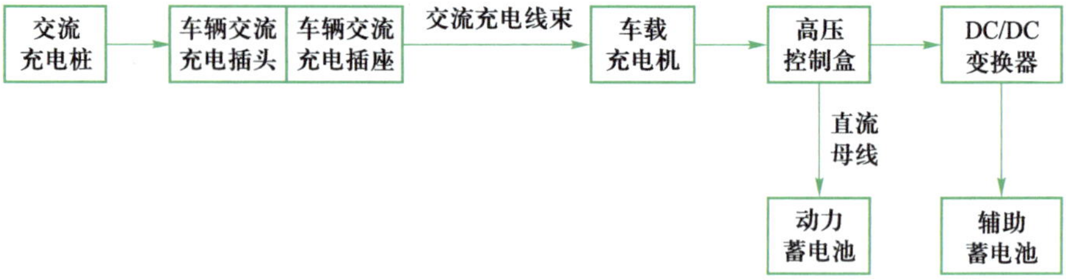

图 9-1　交流充电过程中的电流流向

3）交流充电数据流

交流充电数据流包括输入与输出电压、输入与输出电流、车载充电机工作模式与温度等。若车载充电机为独立的控制单元，则通过诊断仪进入车载充电机控制单元读取交流充电数据流；若车载充电机与其他高压部件集成在一起，则通过诊断仪进入集成的控制单元读取交流充电数据流。通过诊断仪读取到的交流充电数据流示意图如图 9-2 所示。

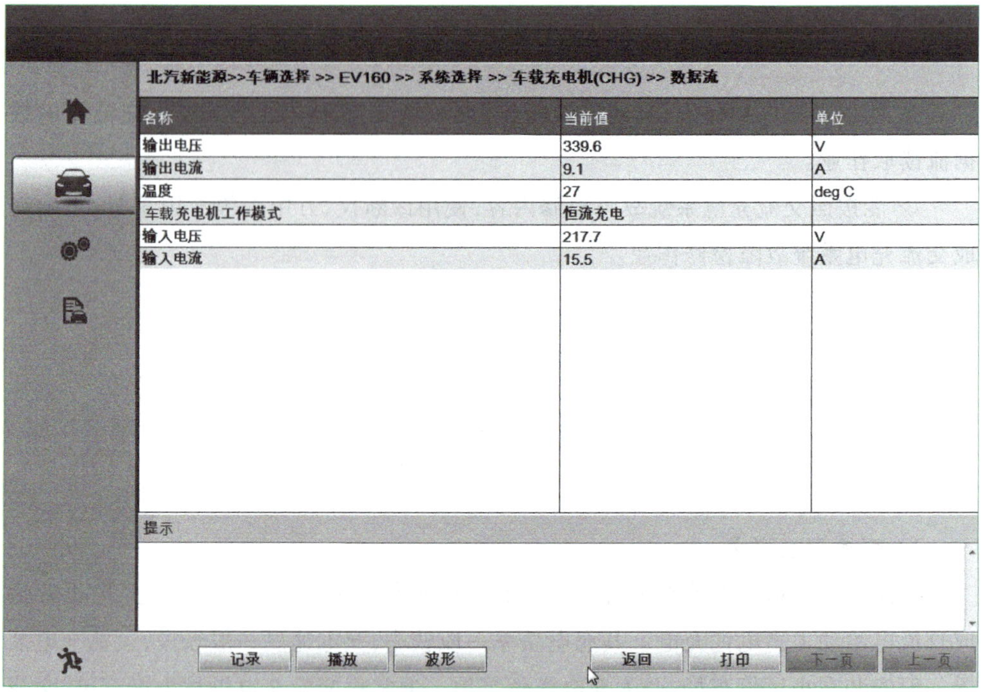

图 9-2　交流充电数据流示意图

微课
纯电动汽车
交流充电操作

2. 技能操作

1）操作准备

准备技能操作所需的物料，见表 9-1。

2）交流充电操作

操作交流充电桩对车辆进行交流充电，查看交流充电桩和车辆，将充电信息填写在表 9-2 中。

表 9-1 物料准备

类别	所需物料
防护用品	车辆防护用品
资料	车辆维修手册
设备、工具	实训车辆、智能钥匙、交流充电桩、充电卡、诊断仪

表 9-2 交流充电信息记录表

序号	项目	检查结果	检查内容/标准	是否正常
1	充电前检查	—	检查车辆交流充电插座有无水渍、变形，触头是否损坏	是□ 否□
			检查车辆交流充电插头有无水渍、变形，触头是否损坏	是□ 否□
			检查充电电缆外观是否有破损、挤压、断裂等现象	是□ 否□
			查看充电桩急停开关位置	是□ 否□
2	充电连接指示灯		点亮	是□ 否□
3	充电模式		交流	是□ 否□
4	充电电压			是□ 否□
5	充电电流			是□ 否□
6	电池电量		—	是□ 否□
7	充电金额		—	是□ 否□
8	充电时间		—	是□ 否□

3）交流充电数据流读取

在交流充电过程中，连接诊断仪，读取交流充电相关数据流，并将相应内容填写在表 9-3 中。

表 9-3 交流充电数据流记录表

序号	控制单元	数据流名称	当前值/状态	标准值/状态	是否正常
例	车载充电机	输出电压	340 V	约 340 V	是☑ 否□
1					是□ 否□
2					是□ 否□
3					是□ 否□

续表

序号	控制单元	数据流名称	当前值/状态	标准值/状态	是否正常
4					是□　否□
5					是□　否□

（二）车辆交流充电故障检修

1. 知识学习

1）交流充电过程

交流充电过程分为充电准备阶段、充电阶段、充电结束阶段。其中，充电准备阶段分为车辆交流充电接口物理连接、车辆交流充电接口连接确认、充电准备就绪等过程；充电阶段包括充电系统的启动与充电过程中的实时监控；充电结束阶段包括正常条件下的充电结束和非正常条件下的充电中止。交流充电过程如图 9-3 所示。

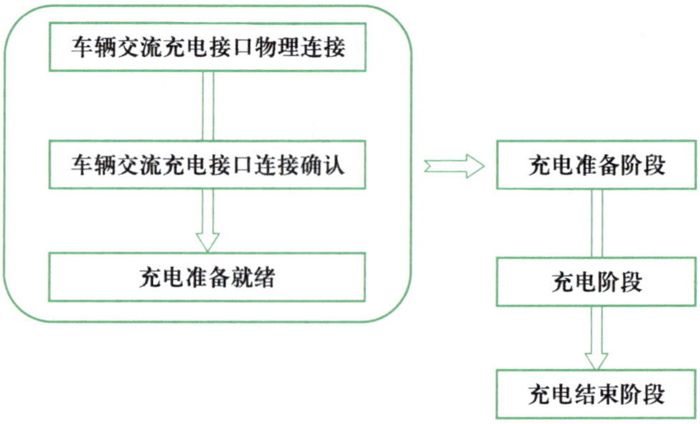

图 9-3　交流充电过程

（1）车辆交流充电接口连接确认

车辆交流充电插头和车辆交流充电插座完成物理连接之后，进行供电接口连接确认、车辆接口连接确认以及充电连接装置连接确认。车辆交流充电接口连接确认过程原理如图 9-4 所示。

供电控制装置通过测量检测点 1 或检测点 4（图 9-5）的电压值来判断供电插头与供电插座是否完全连接，检测点 1 的电压值为 12V 或检测点 4 的电压值为 0V 时，供电接口确认连接。

车辆控制装置通过测量检测点 3 与 PE 之间的电阻值来判断车辆交流充电插头和车辆交流充电插座是否完全连接。未连接时，S_3 处于闭合状态，CC 未连接，检测点 3 与 PE 之间的电阻值为无穷大；半连接时，按下车辆交流充电插头的下压按钮，S_3 处于断开状态，CC 已连接，检测点 3 与 PE 之间的电阻值为 R_C+R_4；完全连接时，松开车辆交流充电插头的下压按钮，S_3 处于闭合状态，CC 已连接，检测点 3 与 PE 之

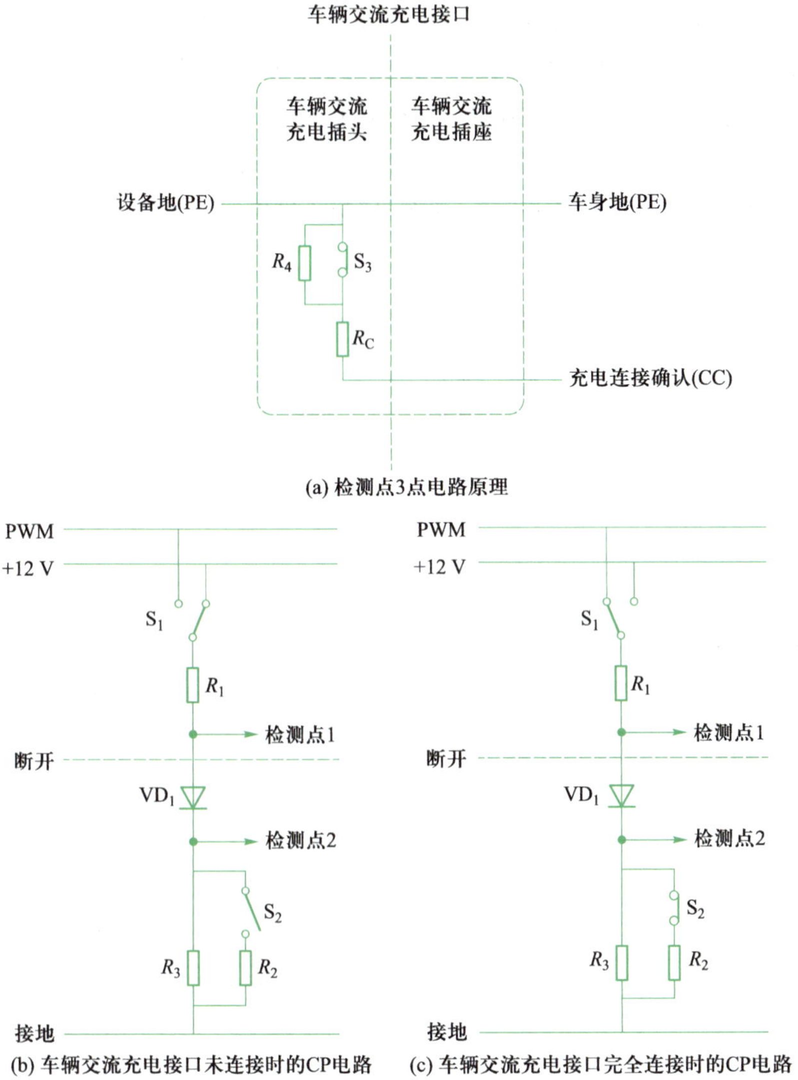

图 9-4　车辆交流充电接口连接确认过程原理

间的电阻值为 R_C。

供电接口与车辆接口连接确认且确认交流充电桩无故障后，将开关 S_1 从+12V 状态切换至 PWM 连接状态，供电控制装置发出 PWM 信号。交流充电桩内的供电控制装置通过测量检测点 1 或检测点 4 的电压值来判断交流充电桩与车辆是否已完全连接，检测点 1 的电压值为 6V 或检测点 4 的电压值为 0V 时，确认交流充电桩与车辆完全连接；车辆内的车辆控制装置通过测量检测点 2 的 PWM 信号来判断车辆与交流充电桩是否已完全连接，检测点 2 的电压值为 6V 时，确认车辆与交流充电桩完全连接。

（2）充电准备就绪

CC 连接确认之后，车载充电机进行自检，确认无故障之后，通过快充唤醒线唤醒

VCU 和组合仪表。VCU 通过 BMS 唤醒线唤醒 BMS,BMS 通过新能源 CAN 总线与车载充电机进行信息交换及参数配置。车载充电机自检完成且没有故障,并且动力蓄电池处于可充电状态时,车辆控制装置闭合开关 S_2。

供电控制装置通过测量检测点 1 的电压值来判断车辆是否准备就绪,当电压值为 6V 时,供电控制装置通过闭合 K_1 和 K_2 使交流供电回路导通。充电准备就绪原理如图 9-5 所示。

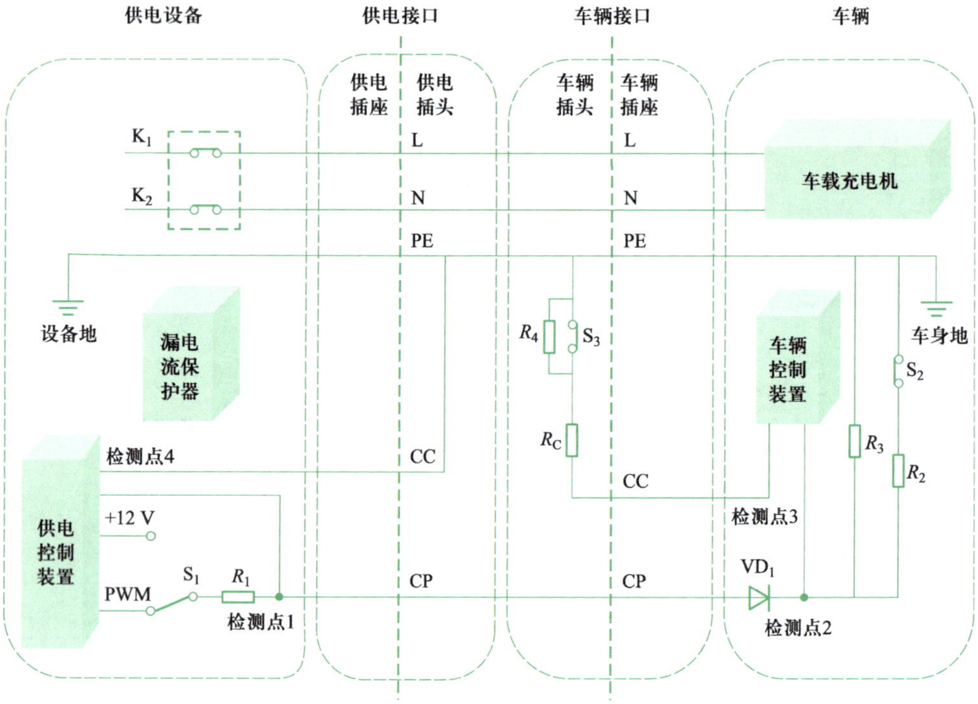

图 9-5 充电准备就绪原理

(3) 充电阶段

车辆控制装置通过判断检测点 2 的 PWM 信号占空比来确认供电设备的最大可供电能力,并且通过判断检测点 3 与 PE 之间的电阻 R_C 的阻值来确定电缆的额定容量。当车载充电机完成最大允许电流设置后,VCU 通过车载充电机发出的交流充电连接确认信号来判断车载充电机是否已做好充电准备,VCU 通过 OBC 使能控制车载充电机导通高压回路。充电系统起动控制原理示意图如图 9-6 所示。

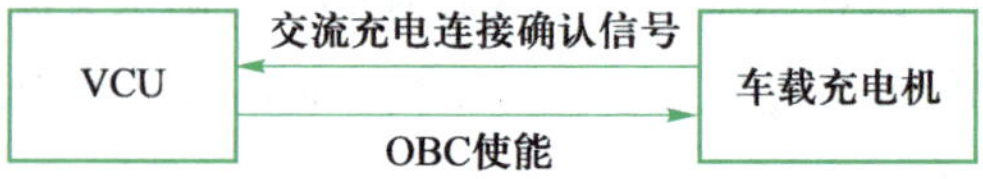

图 9-6 充电系统起动控制原理示意图

在充电过程中,车辆控制装置周期性监测检测点 2 和检测点 3,供电控制装置周期性监测检测点 1 和检测点 4，确认交流充电桩和车辆连接状态，监测周期不大于 50 ms。当监测到检测点 2 的 PWM 信号占空比有变化时，车辆控制装置根据 PWM 占空比实时调整车载充电机的输出功率，监测周期应不大于 5 s。

（4）充电结束阶段

① 正常条件下车辆判断充电结束的条件：达到车辆设置的充电结束条件；驾驶人对车辆实施了停止充电的指令。车辆判断充电结束后，车辆控制装置断开开关 S_2，并使车载充电机处于停止充电状态。

② 正常条件下交流充电桩判断充电结束的条件：达到操作人员设定的充电结束条件（充电时间、充电金额、充电电量等）；操作人员对供电装置实施了停止充电的指令。交流充电桩判断充电结束后，交流充电桩控制开关 S_1 切换到 +12 V 连接状态，检测到 S_2 断开后 100 ms 内断开 K_1 和 K_2，切断交流供电回路。

③ 非正常条件下充电中止的情况有以下几种：在充电过程中，检测到 PE 与检测点 3 之间的电阻值变化，停止充电；在充电过程中，检测点 2 的 PWM 信号中断时，停止充电；在充电过程中，交流充电桩检测到检测点 1 不满足 6 V 的电压条件，停止充电；在充电过程中，交流充电桩检测到检测点 4 由连接变为断开，停止充电；在充电过程中，交流充电桩的最大输出电流小于车载充电机的实际工作电流时，停止充电；在充电过程中，车辆开关 S_2 断开时，停止充电。

2）交流充电控制逻辑

交流充电过程中，VCU 不直接参与充电控制，而是实时监控充电过程，对异常情况进行紧急充电停止，并完成部分信息的仪表显示、整车监控平台信息上传。

交流充电控制逻辑如图 9-7 所示。当车辆交流充电接口连接时，车辆控制装置（集成于车载充电机内或单独安装）被唤醒，车辆控制装置唤醒 VCU，VCU 唤醒仪表，显示充电信息。VCU 唤醒 BMS 进行自检，VCU 进行交流充电连接确认，确认允许充电后，VCU 通过 OBC 使能控制车载充电机工作，从而使交流充电桩的交流电经

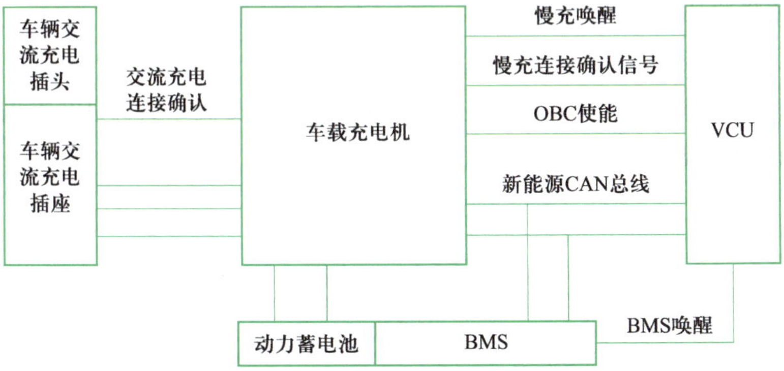

图 9-7　交流充电控制逻辑

过车辆交流充电接口到达车载充电机，车载充电机经过整流后将高压直流电输送到动力蓄电池。

3）交流充电系统故障检测内容

① 未连接车辆交流充电插头时，车辆交流充电插座充电连接确认线 CC 端子电压值为 12 V 或 5 V 左右，PE 与车身搭铁应为通路。在车辆交流充电插头未连接以及连接状态下，分别检测控制导引线 CP 端子、充电连接确认线 CC 端子上各检测点的电压值。

② 未将交流充电桩和车辆进行连接时，交流充电连接线供电插头 CC 端子与 PE 端子之间、供电插头 CP 端子与车辆交流充电插头 CP 端子之间应为通路。

③ 车辆交流充电插头 CC 端子与 PE 端子之间的电阻值应为 R_C，按下车辆交流充电插头下压按钮后，车辆交流充电插头 CC 端子与 PE 端子之间的电阻值应为 R_C+R_4；车辆交流充电插头 CC 端子与供电插头 CC 端子之间的电阻值应为 R_C，按下车辆交流充电插头下压按钮后，两端 CC 端子之间的电阻值应为 R_C+R_4。

④ 对慢充唤醒线、BMS 唤醒线、OBC 使能线依次进行检测。

2. 技能操作

1）操作准备

准备技能操作所需的物料，见表 9-4。

表 9-4　物料准备

类别	所需物料
防护用品	车辆防护用品、人身安全防护用品、防护袋（或绝缘胶带）
资料	车辆维修手册
设备、工具	实训车辆、智能钥匙、绝缘工具套装、举升机、万用表、绝缘表、诊断仪、交流充电桩、充电卡

2）故障验证

（1）仪表显示

首先起动车辆，之后连接车辆交流充电接口，操作交流充电桩进行充电，观察车辆在起动和充电状态下的仪表显示，将相关内容记录在表 9-5 中。

表 9-5　仪表显示记录表

序号	项目	仪表显示	正常情况	是否正常
起动状态				
1	驱动系统已就绪信号装置（READY 指示灯）		点亮	是□　否□

续表

序号	项目	仪表显示	正常情况	是否正常
2	系统故障信号装置		熄灭	是☐ 否☐
3	SOC		—	—
充电状态				
4	外部充电线连接警告信号装置		点亮	是☐ 否☐
5	动力蓄电池充电状态信号装置		点亮	是☐ 否☐
6	充电模式		显示	是☐ 否☐
7	充电电压			是☐ 否☐
8	充电电流			是☐ 否☐
9	异常信号装置		—	—
10	文字提示		—	—
11	语音提示		—	—

（2）读取故障码

使用诊断仪读取故障码，将相关内容填写在表 9-6 中。

表 9-6　故障码信息记录表

序号	故障码	故障码描述	状态
例	U01DF87	与车载充电机 OBD 通信丢失	当前的
1			
2			

（3）读取数据流

使用诊断仪读取数据流，将相关内容填写在表 9-7 中。

表 9-7　数据流信息记录表

序号	控制单元	数据流名称	当前值/状态	标准值/状态	是否正常
例	车载充电机	输出电压	0 V	约 340 V	是☐ 否☑
1					是☐ 否☐
2					是☐ 否☐
3					是☐ 否☐
4					是☐ 否☐
5					是☐ 否☐

3）故障查询

（1）拆画电路图

参考车辆维修手册，将交流充电系统电路图绘制在图 9-8 的框中。

图 9-8　交流充电系统电路图

(2) 查找端子定义

查询车辆维修手册，将交流充电系统涉及的连接器端子定义填写在表 9-8 中。

表 9-8　交流充电系统连接器端子定义记录表

序号	端子号	定义	序号	端子号	定义
例	FB70/8	车载充电机常电	例	FB70/5	车载充电机 CAN_H
1			7		
2			8		
3			9		
4			10		
5			11		
6			12		

4) 维修方案制订

根据读取到的故障信息，对故障进行初步分析，并制订维修方案，完成表 9-9 的填写。

表 9-9　故障分析及维修方案制订

故障分析：可能的故障原因或故障点		
1		
2		
3		
4		
5		
维修方案/检测流程		
示例	外观检查	检查高压线束是否破损
1		
2		

续表

维修方案/检测流程		
示例	外观检查	检查高压线束是否破损
3		
4		
5		
6		
7		
8		
9		
10		

5）交流充电系统故障检测

参考交流充电系统电路图及车辆维修手册，对交流充电系统进行检测，并将结果填写在表 9-10 中。

表 9-10　交流充电系统故障检测记录表

序号	检测项目	检测点		检测条件	检测类型	标准值	检测值	分析
例	PE 与车身搭铁	PE	车身	断开充电插头	电阻	<1 Ω	0.2 Ω	正常
1	PE 与车身搭铁							
2	控制导引线 CP							
3	充电连接确认线 CC 端子							
4	供电插头 CC 端子与 PE 端子							
5	供电插头 CP 端子与充电插头 CP 端子							

续表

序号	检测项目	检测点		检测条件	检测类型	标准值	检测值	分析
6	充电插头CC端子与PE端子							
7	充电插头CC端子与供电插头CC端子							
8	慢充唤醒线							
9	BMS唤醒线							
10	OBC使能线							

6）维修结果检验

打开起动开关，起动车辆，通过观察车辆仪表显示，并使用诊断仪读取故障码及数据流，判断车辆故障是否排除。进行维修结果检验，并将结果填写在表9-11中。

表9-11　维修结果检验记录表

序号	检验项目	检验结果
1	车辆交流充电是否正常	是□　否□
2	车辆仪表显示是否全部正常	是□　否□
3	故障码是否完全清除	是□　否□
4	相关数据流是否全部正常	是□　否□

四、检查评估

对本任务的学习情况进行检查，并将相关内容填写在表9-12中。

表9-12　检查表

检查项目	检查结果	结果点评
车辆交流充电数据流读取		
交流充电信息填写是否正确	是□　否□	
交流充电数据流读取内容是否正确	是□　否□	

续表

检查项目	检查结果	结果点评
车辆交流充电系统故障检修		
交流充电故障检测项目是否完整	是□ 否□	
车辆交流充电功能是否恢复正常	是□ 否□	
故障码是否清除	是□ 否□	
整理及恢复		
工具、设备是否整理归位	是□ 否□	
维修工位是否打扫干净	是□ 否□	
产生的垃圾是否分类处理	是□ 否□	
工作页是否填写完整	是□ 否□	

五、任务小结

本任务小结如图 9-9 所示。

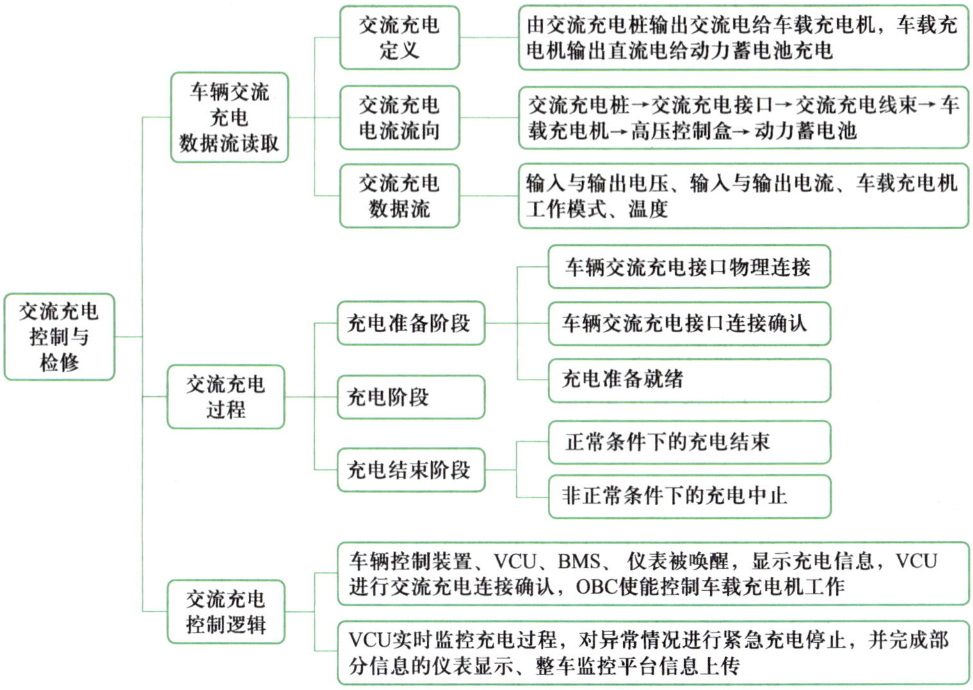

图 9-9　任务九小结

任务十　DC/DC变换器拆装与更换

一、任务导入

场景：某品牌新能源汽车售后维修中心。

人物：维修技师小刘、客户王先生。

情节：王先生的纯电动汽车在正常行驶过程中，仪表突然提示“蓄电池故障”，且辅助蓄电池报警信号灯点亮（），继续驾驶一段距离后车辆断电，无法再次起动。经维修技师对相关内容进行检查后，判断为 DC/DC 变换器损坏，需要对损坏的 DC/DC 变换器进行拆卸并安装相同型号的 DC/DC 变换器。

二、任务目标

◇ 能按照标准流程，使用专用工具，规范完成 DC/DC 变换器的拆卸作业。

◇ 能正确选择 DC/DC 变换器的型号，并按照标准流程，使用专用工具，规范完成 DC/DC 变换器的安装作业。

三、任务实施

（一）DC/DC 变换器的拆卸

1. 知识学习

1）DC/DC 变换器的定义

传统燃油汽车上都装有发电机，发电机由发动机驱动，将动能转换成电能，输出 12 V 直流电，为整车用电设备供电，也可以为蓄电池充电。而纯电动汽车没有发动机，一些混合动力汽车有发动机，但发动机不会一直处于工作状态，就没有办法带动发电机时时发电，不能保证用电设备都能正常工作。因此，新能源汽车中一般不配发电机，而是使用 DC/DC 变换器来代替发电机的功能。

微课　认识 DC/DC 变换器

DC/DC 变换器的全称是 Direct Current/Direct Current Converter。国家标准 GB/T 24347—2021《电动汽车 DC/DC 变换器》对 DC/DC 变换器的定义为：能够将一个直流电压值的电能转换为另一个直流电压值的电能的装置。

2）DC/DC 变换器的分类

DC/DC 变换器根据其拓扑结构，分为正激型、反激型、升压型、降压型、升/降压型、反相型。其中,升压型和升/降压型 DC/DC 变换器如图 10-1 所示。

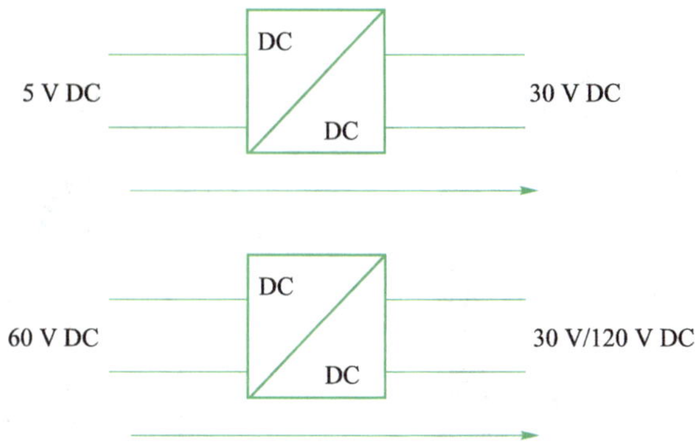

图 10-1 升压型和升/降压型 DC/DC 变换器

3) DC/DC 变换器的结构及安装位置

① 外部结构。DC/DC 变换器工作时会产生大量的热量,所以外壳一般带有散热片,其外部连接端子与高压控制盒的高压输入电缆相连接,产生的低压直流电通过外部的低压输出正极端子、低压输出负极端子与低压电路相连接,DC/DC 变换器工作时通过低压控制端与仪表、VCU 等系统进行通信和信息交换,保证 DC/DC 变换器与整车协调工作。另外,DC/DC 变换器及插接器也要防水、防尘,符合 IP67 防护等级要求。DC/DC 变换器外部要确保无灰尘杂物,通风良好,以保证良好的散热。

② 内部结构。DC/DC 变换器的内部结构主要分为电路板部分、高压输入部分、整流输出部分。电路板部分主要由控制芯片、电感(线圈)、二极管、晶体管(电源开关)、电容器等组成,如图 10-2 所示。高压输入部分主要用于将从高压控制盒输出的高压直流电引入 DC/DC 变换器内部;电路板部分主要用于把高压直流电转换成高压交流电,再把高压交流电降压至低压交流电;整流部分用于将低压交流电进行整流,转换成低压直流电。

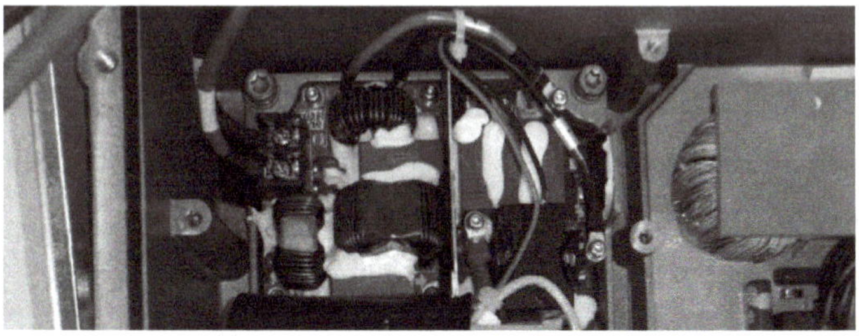

图 10-2 DC/DC 变换器内部结构

③ DC/DC 变换器安装位置。DC/DC 变换器有集成式和分体式,一般安装在前机舱内,如图 10-3 所示。集成式 DC/DC 变换器一般与高压控制盒、车载充电机等高压部件集成为一体。分体式 DC/DC 变换器一般有四个外部接口,分别为高压直

流输入接口、低压直流输出正极接口、低压直流输出负极接口及低压控制信号接口，如图 10-3(c)所示。

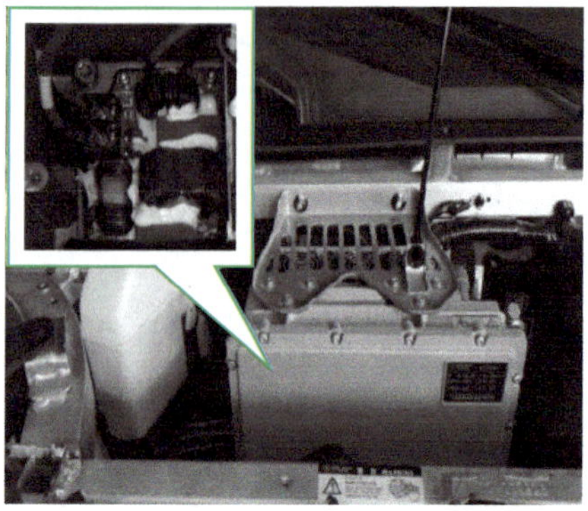

(a) 集成式DC/DC变换器

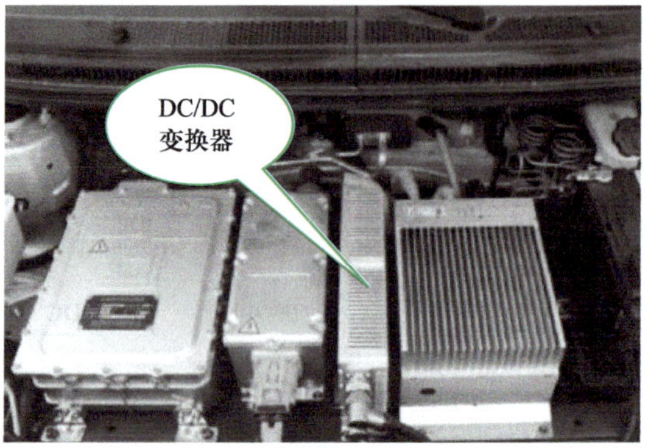

(b) 分体式DC/DC变换器

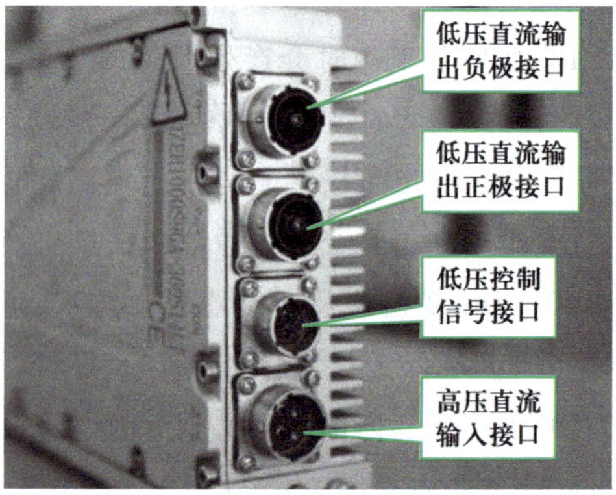

(c) DC/DC变换器接口定义

图 10-3　DC/DC 变换器安装位置及接口定义

4）降压斩波转换器内部电路

（1）工作原理

斩波器是一种将电压值固定的直流电转换为另一固定电压或可调电压的直流电的装置，一般用来完成直流对直流的转换。斩波电路是斩波器的核心组成部分，负责将输入电压转换成目标输出电压。根据输入/输出电压的大小、极性，斩波电路可分为降压斩波电路、升压斩波电路、升/降压斩波电路、Cuk 斩波电路、Sepic 斩波电路、Zeta 斩波电路等。这里主要介绍降压斩波电路的工作原理。

降压斩波转换器用于将较高的直流电压转换为较低的直流电压，主要用在开关电源调压过程中，将原来输出为一条直线的电源电压“斩”成一块一块的脉冲电压。其内部电路原理及波形如图 10-4 所示，主要由直流电源 E、绝缘栅场效应双极性晶体管 VT、续流二极管 VD、电感 L 和负载 R_L 组成。

在图 10-4(a)中，晶体管 VT 的基极加有控制脉冲 U_b，当 U_b 为高电平时，VT 导通，A 点电压与直流电源 E 相等（忽略晶体管集射极间的导通压降）；当 U_b 为低电平

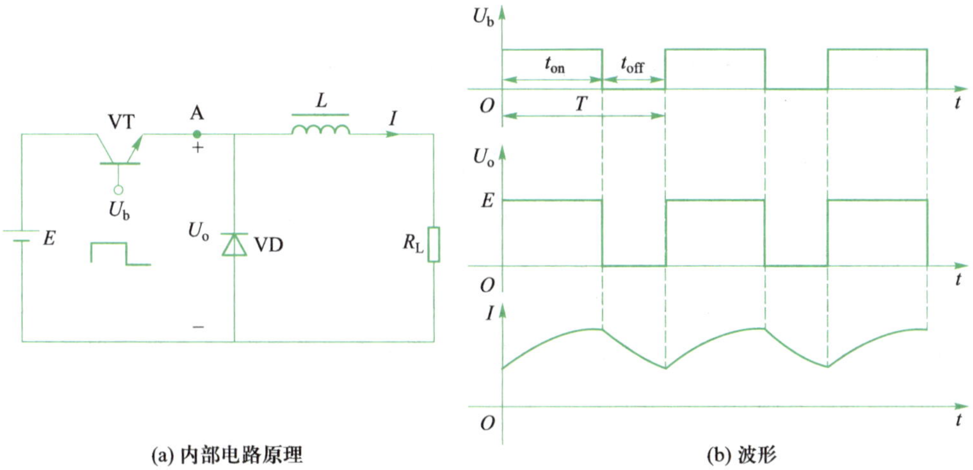

图 10-4　降压斩波转换器

时，VT 关断，相当于开关断开，电源 E 无法通过，于是在 A 点得到图 10-4(b)所示的电压 U_o。在 VT 导通期间，电源 E 产生电流经晶体管 VT、电感 L 流过负载 R_L，电流在流过电感 L 时，L 会产生左正、右负的电动势阻碍电流 I(同时储存能量)，故 I 慢慢增大；在 VT 关断时，流过电感 L 的电流突然减小，L 马上产生左负、右正的电动势，该电动势产生的与初始流向相反的电流使续流二极管 VD 导通，形成流过负载 R_L(电感释放能量)的回路，该电流是一个逐渐减小的电流，流向是：L 右正→R_L→VD(导通)→L 左负。由此可见，虽然续流二极管 VD 处于开关工作状态，但由于电感的储能、续流和滤波作用，输出电压 U_o 相对平稳。

(2) 斩波电路的调压控制方式

斩波电路是通过控制晶体管(或其他电力电子器件)的导通、关断来调节输出电压的。斩波电路的调压控制方式主要有以下两种。

① 脉冲调宽型。该方式是让控制脉冲的周期 T 保持不变，通过改变脉冲的宽度来调节输出电压，又称脉冲宽度调制型。如图 10-5 所示，当脉冲周期不变而宽度变窄时，晶体管导通时间变短，输出的平均电压 U_o 会下降。

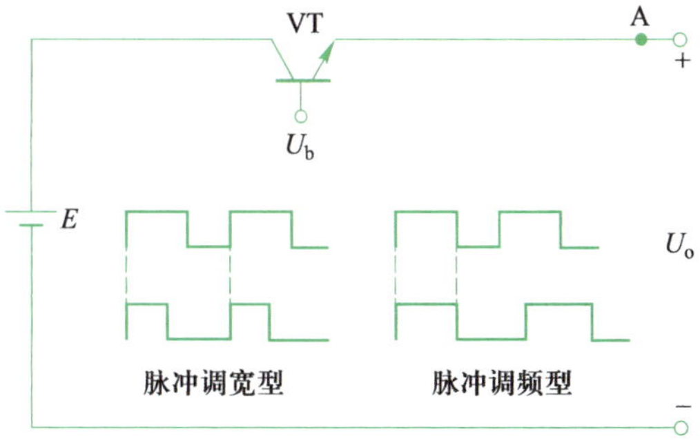

图 10-5　斩波电路两种调压控制方式

② 脉冲调频型。该方式是让控制脉冲的导通时间不变，通过改变脉冲的频率来调节输出电压，又称频率调制型。如图 10-5 所示，当脉冲宽度不变而周期变长时，单位时间内晶体管导通时间相对变短，输出的平均电压 U_o 会下降。

5）电动汽车 DC/DC 变换器的技术参数

北汽新能源 EV200 车型的 DC/DC 变换器正常工作状态下，输入直流高压 240～410 V，在充电状况下，低压使能电压为 9～14 V。上电后，在正常的负荷下，DC/DC 变换器输出直流电压为 13.8～14 V，最大输出功率为 800 W，采用风冷的冷却方式，电源转换效率大于 88%。在测试 DC/DC 变换器是否正常工作时，一般可以通过测量输出的低压直流电压来判断。

DC/DC 变换器工作状态的判断步骤如下。

① 保证整车线束正常连接的情况下，上电前使用万用表测量低压辅助蓄电池端电压，并记录。

② 整车 ON 挡上电，继续读取万用表数值，查看变化情况，如果数值在 13.8～14 V 之间，判断为 DC/DC 变换器工作。

③ 整车 ON 挡上电或充电唤醒上电，动力蓄电池完成高压系统预充流程，VCU 通过低压控制线给 DC/DC 变换器发送使能信号，DC/DC 变换器开始工作。

6）DC/DC 变换器的拆卸流程

以分体式 DC/DC 变换器为例，其拆卸流程包括高压安全防护、高压断电、断开插接器、拆卸 DC/DC 变换器等，具体如图 10-6 所示。

微课
DC/DC 变换器的拆装

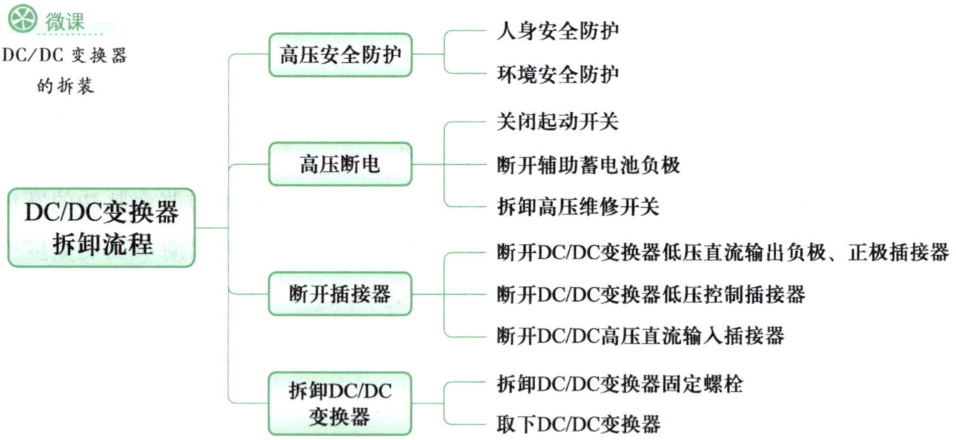

图 10-6　DC/DC 变换器拆卸流程

拆卸 DC/DC 变换器时应注意以下事项。

① 高压断电后等待 5～10 min 再进行操作。

② 使用绝缘工具进行拆卸。

③ 断开外部插接器时严格按照规定顺序进行操作。

2. 技能操作

1）操作准备

准备技能操作所需的物料，见表 10-1。

表 10-1　物料准备

类别	所需物料
防护用品	车辆防护用品、人身安全防护用品、防护袋（或绝缘胶带）
资料	车辆维修手册
设备、工具	新能源教学整车、DC/DC 变换器、智能钥匙、绝缘工具套装、举升机、万用表

2）DC/DC 变换器拆卸

参考维修手册，按照标准流程拆卸 DC/DC 变换器，并将相关内容记录在表 10-2 中。

表 10-2　DC/DC 变换器拆卸记录表

序号	项目	内容	工具
1	高压安全防护	人身安全防护	安全防护用品
		环境安全防护	安全防护用品
2	高压断电	关闭起动开关	智能钥匙
		断开辅助蓄电池负极	绝缘工具套装
		拆卸高压维修开关	
3	断开插接件	断开 DC/DC 变换器低压直流输出负极、正极插接器	
		断开 DC/DC 变换器低压控制插接器	
		断开 DC/DC 变换器高压直流输入插接器	
4	拆卸 DC/DC 变换器	拆卸 DC/DC 变换器固定螺栓	绝缘工具套装
		取下 DC/DC 变换器	

（二）DC/DC 变换器的检测

1. 知识学习

1）DC/DC 变换器的控制原理

DC/DC 变换器的控制信号是由低压控制端子输入的，其控制原理如图 10-7 所示。

高压上电后，VCU 通过 DC/DC 使能线发送信号唤醒 DC/DC 变换器开始工作。

DC/DC 变换器将高压直流电变换成 14V 低压直流电。低压直流输出正极将 14V 低压直流电传输至 MF01 熔断器,为全车低压负载提供电源,也为辅助蓄电池充电。

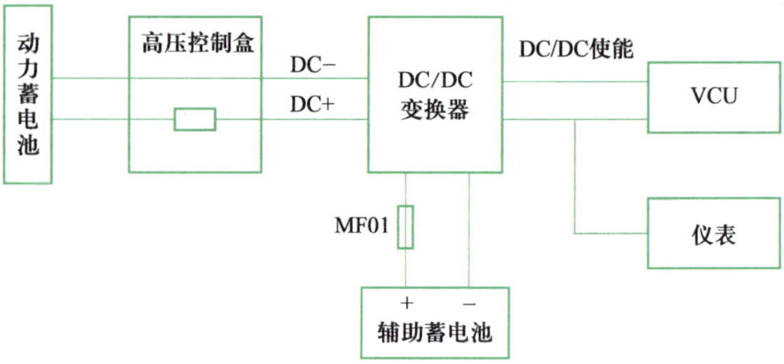

图 10-7　DC/DC 变换器的控制原理

2) DC/DC 变换器的智能充电控制

任何车辆停放时都在耗电,传统燃油汽车长期停放后,往往因蓄电池亏电而造成难以起动的故障。新能源汽车长期停放也会造成辅助蓄电池亏电,车辆无法起动上电。为避免这一问题,新能源汽车一般都设置有 DC/DC 变换器智能充电功能。DC/DC 变换器智能充电控制原理如图 10-8 所示。

① 车辆停放过程中,某个控制单元会持续对辅助蓄电池电压进行监测。

② 当监测到辅助蓄电池电压低于设定值时,控制单元就会唤醒 BMS,接通高压电。

③ 此时 VCU 控制 DC/DC 变换器工作,对辅助蓄电池充电,防止辅助蓄电池亏电。

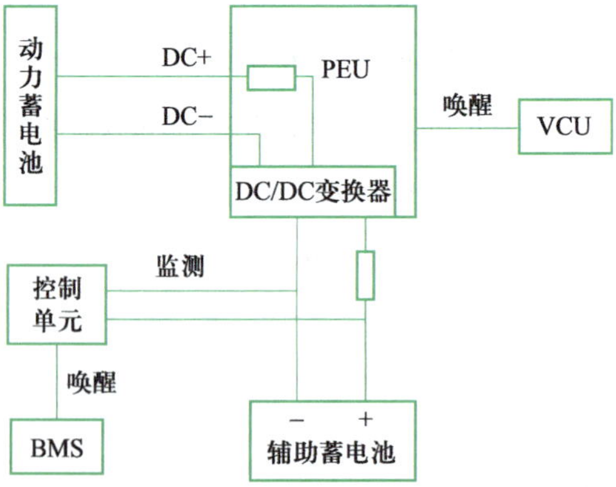

图 10-8　DC/DC 变换器智能充电控制原理

3) 降压型 DC/DC 变换器的工作原理

燃油汽车电子控制单元的控制电源 5V 电压需要通过降压型 DC/DC 变换器从

蓄电池 12V 或 24V 电压转换而来，而新能源汽车需要通过降压型 DC/DC 变换器将动力蓄电池的高电压转换为 12V 或 24V 低电压，持续向低压电气系统供电。因此，无论在燃油汽车，还是在新能源汽车中，降压型 DC/DC 变换器都是具有重要作用的功率电子电路。

降压型 DC/DC 变换器的工作原理如图 10-9 所示。从图中可以看到，降压型 DC/DC 变换器电路由 DC/AC 电路、变压器、整流器和滤波电路四部分构成，其工作过程也相应分为四个步骤。DC/AC 电路首先将高压直流电变换成高压交流电，再通过变压器将高压交流电变换成低压交流电，然后通过整流器将低压交流电变换成低压直流电，最后经过滤波电路输出低压直流电。

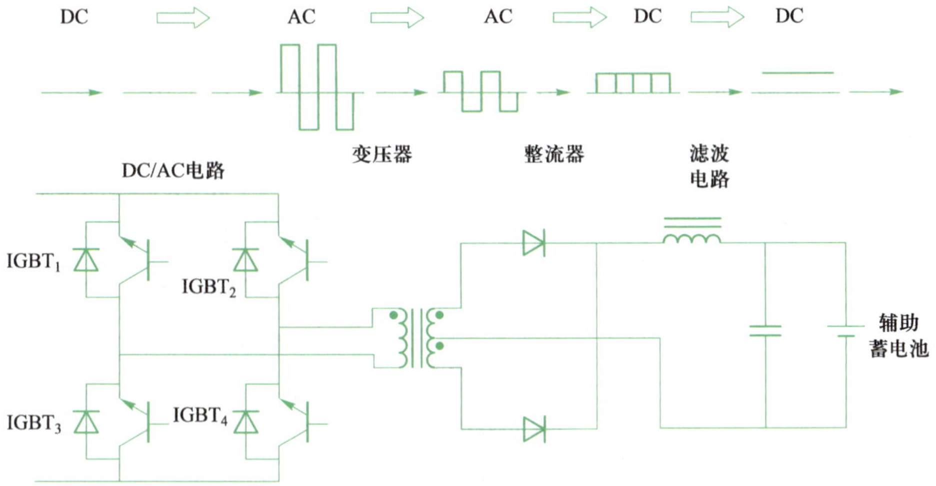

图 10-9　降压型 DC/DC 变换器的工作原理

具体工作过程如下。

① DC/AC 变换：DC/AC 电路主要由四个 IGBT 组成，工作时，车辆控制单元控制这四个 IGBT 两两交替导通，当 $IGBT_2$ 和 $IGBT_4$ 导通时，变压器的输入电压方向为上正、下负，当 $IGBT_1$ 和 $IGBT_3$ 导通时，变压器的输入电压方向相反，这样就将高压直流电变换为高压高频的 PWM 交流电，其输出电压正比于 IGBT 的导通时间，也就是取决于占空比。

微课
交流电与直流电的转换

② 变压：经变压器的降压，将由 DC/AC 电路变换过来的高频高压交流电变换成高频低压交流电。变压器的特点是一次（高压）绕组的匝数小于二次（低压）绕组的匝数。

③ 整流：高频低压交流电经过整流器的整流，变换为低压直流电。

④ 滤波：低压直流电经过 *LC* 滤波电路变换为稳定平顺的低压直流电，给整车低压用电器和辅助蓄电池供电。

4）DC/DC 变换器的检测流程

DC/DC 变换器的检测流程如下。

① 检测 DC/DC 变换器低压充电接口是否连接牢固。

② 检测 DC/DC 变换器低压输出线束和元件的导通性。

a. 操作起动开关使电源模式切换至 OFF 状态。

b. 断开辅助蓄电池负极电缆。

c. 断开 DC/DC 变换器输出端连接插接器。

d. 断开辅助蓄电池正极电缆。

e. 用万用表测量 DC/DC 变换器输出端线束连接器端子 1 和蓄电池正极电缆之间的电阻值，正常应小于 1 Ω。

f. 确认测量值是否符合标准。

③ 根据拆画的电路图，结合 DC/DC 变换器工作原理，进行 DC/DC 变换器检测如图 10-10 所示。

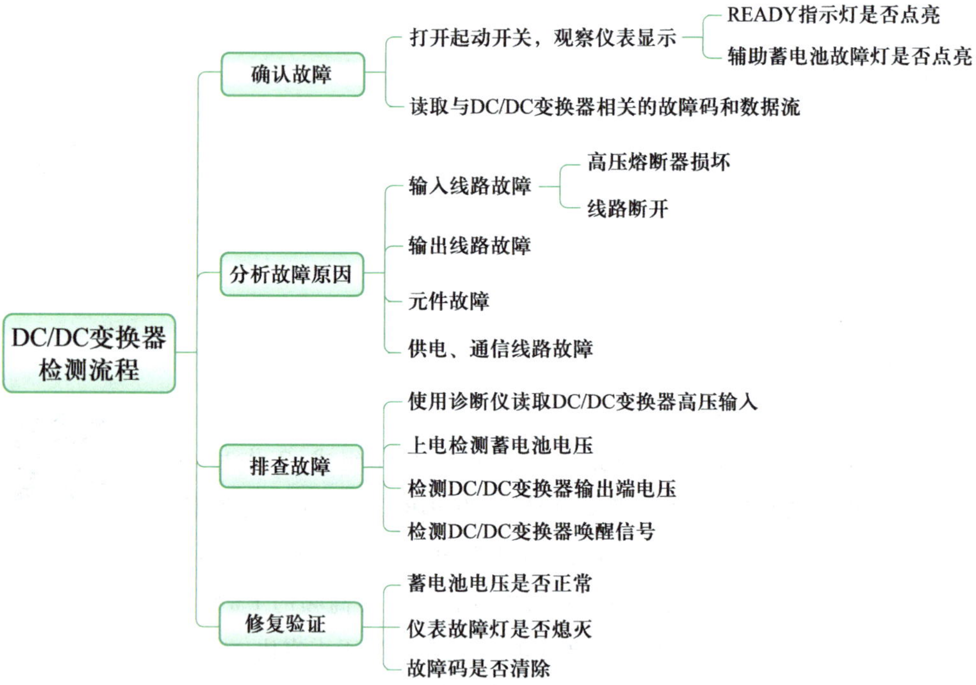

图 10-10　DC/DC 变换器检测

2. 技能操作

1）操作准备

准备技能操作所需的物料，见表 10-3。

2）DC/DC 变换器检测

① 关闭起动开关，对 DC/DC 变换器进行检测，并将相关内容记录在表 10-4 中。

表 10-3　物料准备

类别	所需物料
防护用品	车辆防护用品、人身安全防护用品、防护袋（或绝缘胶带）
教学整车/实训平台	车辆维修手册
设备、工具	新能源教学整车、智能钥匙、绝缘工具套装、万用表、诊断仪

表 10-4　DC/DC 变换器检测记录表

序号	项目	内容	检测记录
1	DC/DC 变换器低压充电接口	检验 DC/DC 变换器低压充电接口	是否连接牢固：是□　否□
2	DC/DC 变换器低压输出线束和元件的导通性	测量 DC/DC 变换器输出端线束连接器端子 1 和辅助蓄电池正极电缆之间的电阻值	是否小于 1 Ω：是□　否□
		测量熔断器 MF01 的电阻值	是否小于 1 Ω：是□　否□
		测量 DC/DC 变换器输出端线束连接器端子 1 到熔断器 MF01 输入端的电阻值	是否小于 1 Ω：是□　否□
		测量熔断器 MF01 输出端到辅助蓄电池正极电缆之间的电阻值	是否小于 1 Ω：是□　否□

注：表格内容以北汽 EV160 车型为例，仅供参考，具体情况以实际车型为准。

② 打开起动开关，起动车辆，观察车辆仪表显示，将相关内容填写在表 10-5 中。

表 10-5　仪表显示记录表

序号	项目	仪表显示	正常情况	是否正常
1	驱动系统已就绪信号装置（READY 指示灯）		点亮	是□　否□
2	系统故障信号装置		熄灭	是□　否□
3	辅助蓄电池故障信号装置		熄灭	是□　否□
4	仪表异常指示		—	—
5	文字提示		—	—

③ 使用诊断仪读取与 DC/DC 变换器相关的故障码和数据流，将信息填写在表 10-6 和表 10-7 中。

④ 参考维修手册，对 DC/DC 变换器进行检测，并将相关内容记录在表 10-8 中。

表 10-6 故障码信息记录表

序号	故障码	故障码描述	状态
例	P0A9409	DC/DC 故障	当前的
1			
2			

表 10-7 数据流信息记录表

序号	控制单元	数据流名称	当前值/状态	标准值/状态	是否正常
例	VCU	供电电压	12.1V	约 14V	是□ 否☑
1					是□ 否□
2					是□ 否□
3					是□ 否□
4					是□ 否□
5					是□ 否□

表 10-8 DC/DC 变换器动态检测记录表

序号	检测项目	检测点		检测条件	检测类型	标准值	检测值	是否正常
1	辅助蓄电池	辅助蓄电池正极	辅助蓄电池负极	上电前	电压	12 V		是□ 否□
				上电后	电压	14 V		是□ 否□
2	熔断器MF01	熔断器输出端	搭铁	—	电压	辅助蓄电池电压		是□ 否□
		熔断器输入端	搭铁	—	电压	辅助蓄电池电压		是□ 否□
		熔断器输出端	保险输入端	取下熔断器	电阻	<1 Ω		是□ 否□
3	电源	低压输出正极	搭铁	—	电压	辅助蓄电池电压		是□ 否□
		低压输出正极	熔断器MF01输出端	断电	电阻	<1 Ω		是□ 否□
		低压输出负极	搭铁	断电	电阻	<1 Ω		是□ 否□

续表

序号	检测项目	检测点		检测条件	检测类型	标准值	检测值	是否正常
4	DC/DC使能线	输入端	搭铁	上电	电压	辅助蓄电池电压		是□　否□
		输出端	搭铁	上电	电压	辅助蓄电池电压		是□　否□
		输入端	输出端	断电	电阻	<1 Ω		是□　否□
5	高压熔断器	输入端	输出端	断电，取下熔断器	电阻	<1 Ω		是□　否□

注：表格内容以北汽 EV160 车型为例，仅供参考，具体情况以实际车型为准。

四、检查评估

对本任务的学习情况进行检查，并将相关内容填写在表 10-9 中。

表 10-9　检查表

检查项目	检查结果	结果点评
DC/DC 变换器的拆卸		
是否正确完成 DC/DC 变换器拆卸作业	是□　否□	
DC/DC 变换器的检测		
DC/DC 变换器检测结果是否正确	是□　否□	
车辆仪表显示是否全部正常	是□　否□	
故障码是否完全清除	是□　否□	
整理及恢复		
工具、设备是否整理归位	是□　否□	
维修工位是否打扫干净	是□　否□	
产生的垃圾是否分类处理	是□　否□	
工作页是否填写完整	是□　否□	

五、任务小结

本任务小结如图 10-11 所示。

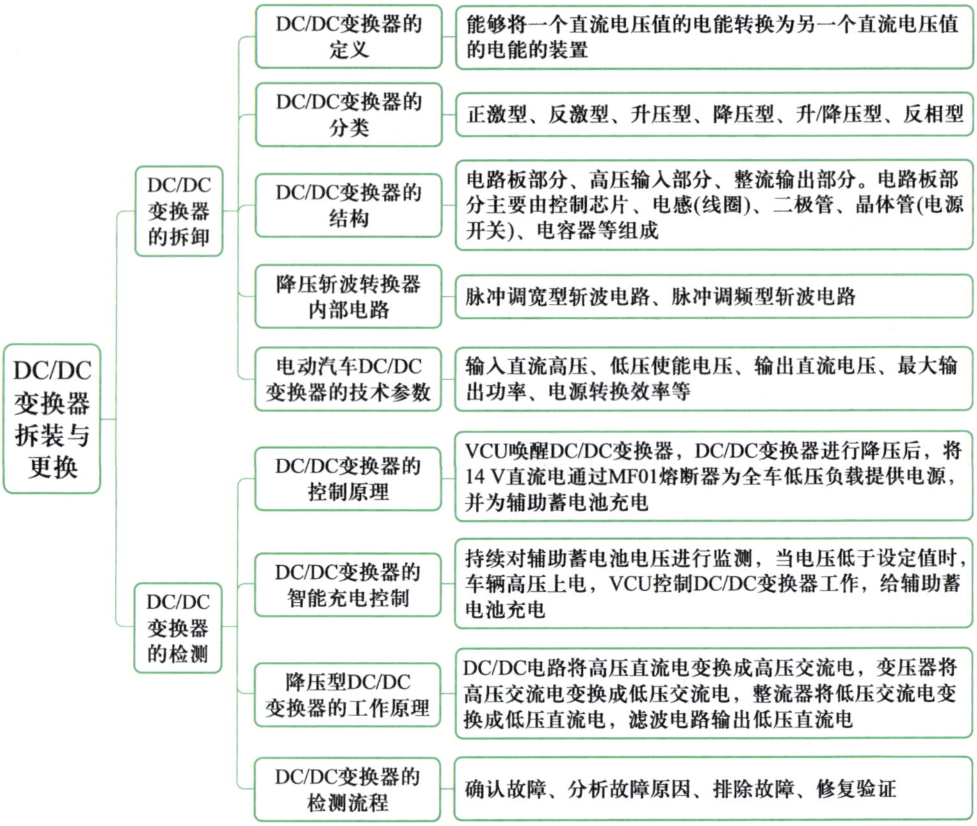
DC/DC变换器拆装与更换
DC/DC变换器的拆卸
DC/DC变换器的定义
能够将一个直流电压值的电能转换为另一个直流电压值的电能的装置
DC/DC变换器的分类
正激型、反激型、升压型、降压型、升/降压型、反相型
DC/DC变换器的结构
电路板部分、高压输入部分、整流输出部分。电路板部分主要由控制芯片、电感(线圈)、二极管、晶体管(电源开关)、电容器等组成
降压斩波转换器内部电路
脉冲调宽型斩波电路、脉冲调频型斩波电路
电动汽车DC/DC变换器的技术参数
输入直流高压、低压使能电压、输出直流电压、最大输出功率、电源转换效率等
DC/DC变换器的检测
DC/DC变换器的控制原理
VCU唤醒DC/DC变换器，DC/DC变换器进行降压后，将14 V直流电通过MF01熔断器为全车低压负载提供电源，并为辅助蓄电池充电
DC/DC变换器的智能充电控制
持续对辅助蓄电池电压进行监测，当电压低于设定值时，车辆高压上电，VCU控制DC/DC变换器工作，给辅助蓄电池充电
降压型DC/DC变换器的工作原理
DC/DC电路将高压直流电变换成高压交流电，变压器将高压交流电变换成低压交流电，整流器将低压交流电变换成低压直流电，滤波电路输出低压直流电
DC/DC变换器的检测流程
确认故障、分析故障原因、排除故障、修复验证

图 10-11　任务十小结

任务十一　高压配电盒故障检测

一、任务导入

场景：某品牌新能源汽车售后维修车间。

人物：维修技师李师傅、学徒小王、车主张先生。

情节：售后维修车间拖来了一辆新能源故障车，据车主张先生所说，车辆起动后自动掉电。小王对该车进行故障验证，发现起动车辆后仪表显示 Ready，但紧接着 Ready 指示灯熄灭，车辆自动下电。小王对此故障不解，于是请教李师傅。李师傅分析说："仪表显示 Ready 证明动力蓄电池电能输出正常，车辆自动下电应该是由于高压系统中的电流传感器未检测到动力蓄电池输出的电能导致的，可能是高压配电系统出现故障，应首先对高压配电盒进行检测。"

二、任务目标

◇ 能根据故障码、数据流等信息，使用万用表等工具，正确分析并检测高压配电盒低压电路故障。

◇ 能根据车辆维修手册，使用绝缘工具套装，安全且规范地拆卸高压配电盒。

◇ 能根据高压配电盒检测内容，使用绝缘表、万用表等工具，规范完成高压配电盒检测作业。

三、任务实施

（一）高压配电盒低压电路检测

1. 知识学习

1）高压配电盒作用

新能源汽车高压配电盒，也称高压配电箱、高压控制盒，是新能源汽车上的高压电/大电流分配单元，主要负责将动力蓄电池输出的电能分配给驱动电机系统、DC/DC 变换器、PTC 加热器等高压用电设备，实现对支路用电器件的保护，以及将交流充电与直流充电输送的电能传输给动力蓄电池。高压配电盒如图 11-1 所示。

新能源汽车产业在国家政策的大力支持下迅速发展，但新能源汽车通常在大功率、高电压、高电流状态下运行，其高压配电系统的设计是巨大挑战。从整车空间、整车架构的复杂度及成本考虑，新能源汽车广泛采用集中式高压电气配电架构，动力蓄电池的电能传输给高压配电盒后根据各系统的需求分配到高压设备。高压配电盒结构设计紧凑，接线布局方便，检修方便快捷，且能保证整个高压系统及其各高压部件的安全性、绝缘性、密封性、耐振动性，以及屏蔽电磁干扰等性能。一些车型的高压配电盒还集成了部分高压部件的控制模块，如北汽新能源 EV160 车型的高压配电盒内集成了 PTC 控制模块，从而进一步降低整车高压系统架构配电的复杂度。

图 11-1　高压配电盒

微课
电磁继电器定义和作用

2）高压配电盒结构

高压配电盒内部主要有高压熔断器、分线盒以及高压继电器；部分车型的高压配电盒内部还装置了电流传感器、电压传感器、绝缘电阻监测模块、预充电阻、电容器等部件，或集成了 PTC、压缩机、DC/DC 变换器等高压部件的控制模块。高压配电盒壳体上则安装有多组高压连接器以及一组低压连接器。高压配电盒结构如图 11-2 所示。

(a) 高压连接器

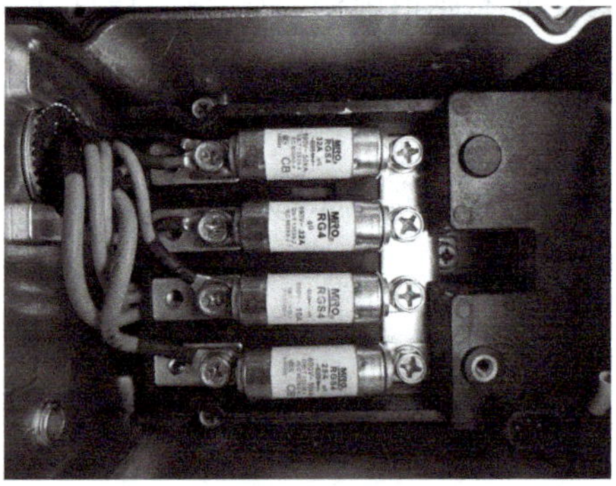

(b) 高压熔断器

(c) 分线盒

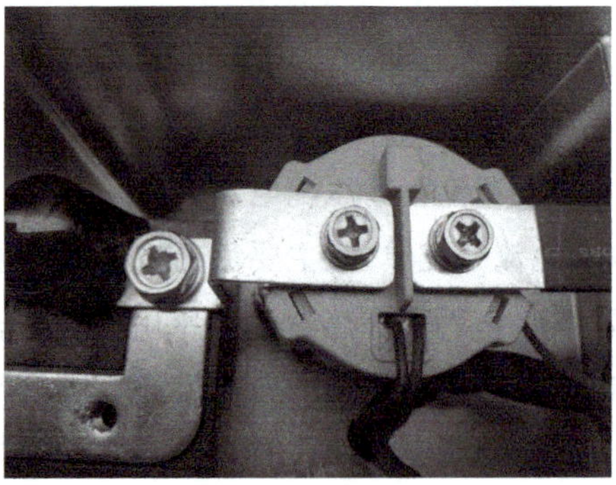

(d) 高压继电器

图 11-2　高压配电盒结构

3）高压配电盒特点

① 采用铸铝外壳和连接器，防护等级达到 IP67。

② 具有电流、电压采集功能。

③ 对高压系统连接状态、绝缘状态进行实时监测。

④ 对高压系统安全进行管理，有过流、过压、过温保护功能。

⑤ 对高压配电进行管理，实现对各路输出的分别控制。

⑥ 车辆发生碰撞和翻车时，有切断高压系统功能。

⑦ 具备 CAN 总线通信功能，与 VCU 实时交换数据。

4）高压配电盒安装位置

高压配电盒一般安装在车辆前机舱内，其布置方式分为分体式和集成式。分体式布置下，高压配电盒为单独的个体；集成式布置下，高压配电盒、DC/DC 变换器、车载充电机等多个高压部件集成为一个整体。高压配电盒安装位置如图 11-3 所示。

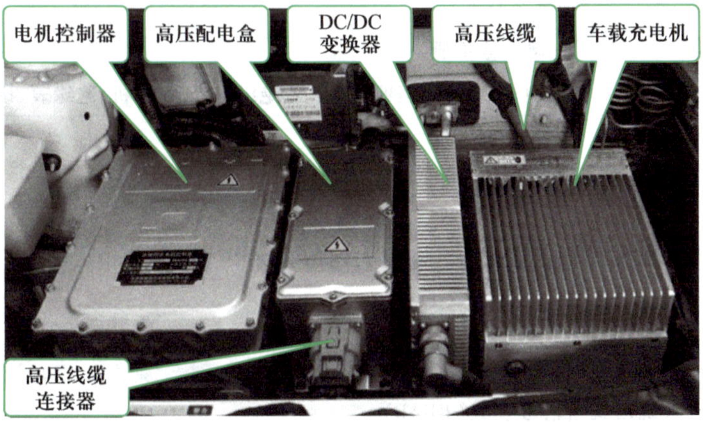

(a) 分体式布置

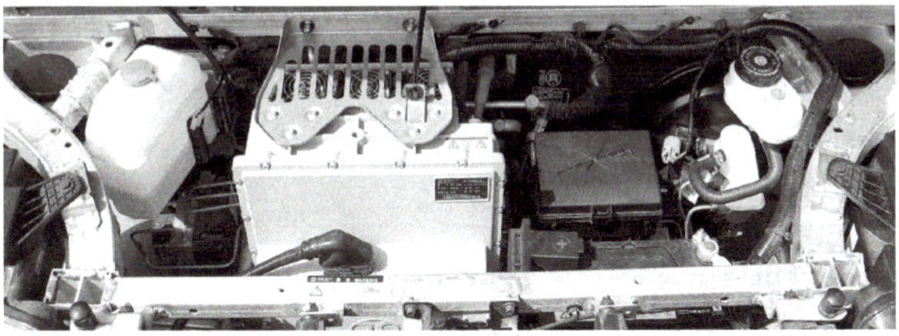

(b) 集成式布置

图 11-3　高压配电盒安装位置

5）高压配电盒低压检测内容

高压配电盒内部元器件众多，需要根据故障码、数据流等信息判断具体故障，之后确定需要检测的内容。如诊断仪无法与高压配电盒通信，则需要检测高压配电盒的供电、搭铁、CAN 总线等。如高压配电盒通信正常,但数据流显示电流传感器检测到的电流为 0A,可能是高压配电盒内部的高压熔断器断路,或者电流传感器自身或相关线路故障,需要对其供电、搭铁或信号电路进行检测。如故障码、数据流显示高压继电器线圈控制信号输出正常,但未检测到高压继电器触点输出电压,可能是高压继电器自身或相关线路故障,首先需要对其低压电路进行故障检测,若低压电路正常则拆卸高压继电器进行测试。

2. 技能操作

1）操作准备

准备技能操作所需的物料,见表 11-1。

表 11-1　物料准备

类别	所需物料
防护用品	人身安全防护用品、车辆防护用品、操作场地安全防护用品、防护袋（或绝缘胶带）
资料	车辆维修手册
设备、工具	实训车辆、智能钥匙、万用表、绝缘工具、举升机、绝缘表、诊断仪

2）故障验证

(1) 仪表显示

起动车辆,观察车辆仪表显示,将相关内容记录在表 11-2 中。

表 11-2　仪表显示记录表

序号	项目	仪表显示	正常情况	是否正常
1	驱动系统已就绪信号装置（READY 指示灯）		点亮	是□　否□
2	系统故障信号装置		熄灭	是□　否□
3	异常信号装置		—	—
4	文字提示		—	—
5	语音提示		—	—

(2) 读取故障码

使用诊断仪读取故障码,将相关内容填写在表 11-3 中。

表 11-3　故障码信息记录表

序号	故障码	故障码描述	状态
例	F01Q0D2	电流传感器信号异常	当前的
1			
2			

(3) 读取数据流

使用诊断仪读取数据流,将相关内容填写在表 11-4 中。

表 11-4　数据流信息记录表

序号	控制单元	数据流名称	当前值/状态	标准值/状态	是否正常
例	高压配电盒	电流信号	0A	0~30A	是□　否☑
1					是□　否□
2					是□　否□
3					是□　否□
4					是□　否□
5					是□　否□

3) 故障查询

(1) 拆画电路图

参考车辆维修手册,将高压配电盒电路图绘制在图 11-4 的框中。

图 11-4　高压配电盒电路图

(2) 端子定义

查询车辆维修手册,将高压配电盒低压连接器端子定义填写在表 11-5 中。

表 11-5　高压配电盒低压连接器端子定义记录表

序号	端子号	定义	序号	端子号	定义
例	FB16/1	常电	例	FB16/3	电流传感器信号
1			7		
2			8		
3			9		
4			10		
5			11		
6			12		

4）制订维修方案

根据读取到的故障信息，对故障进行初步分析，并制订维修方案，完成表 11-6 的填写。

表 11-6　故障分析及维修方案制订

故障分析：可能的故障原因或故障点		
1		
2		
3		
4		
5		
维修方案/检测流程		
示例	外观检查	检查蓄电池模块表面、接线柱、焊点、端子极性等
1		
2		
3		
4		
5		
6		
7		
8		
9		
10		

5）低压电路检测

参考高压配电盒电路图及车辆维修手册，对高压配电盒低压电路进行检测，并将结果填写在表 11-7 中。

表 11-7　高压配电盒低压电路检测记录表

序号	检测项目	检测点		检测条件	检测类型	标准值	检测值	分析
例	供电	FB16/1	搭铁	打开起动开关	电压	+B	12.45 V	正常
1	供电							

续表

序号	检测项目	检测点		检测条件	检测类型	标准值	检测值	分析
2	搭铁							
3	唤醒信号							
4	CAN 总线							
5	电流传感器							
6	电压传感器							
7	高压继电器							
8	高压熔断器							

（二）高压配电盒拆卸及检测

1. 知识学习

1）高压配电盒连接器分类

高压配电盒上安装的连接器分为低压连接器、高压连接器两类，高压连接器主要连接动力蓄电池、电机控制器、DC/DC 变换器、直流充电等高压部件的高压电缆；低压连接器主要连接高压继电器线圈、电流传感器以及 PTC、DC/DC 变换器等集成高压部件的控制模块。高压配电盒连接器示意图如图 11-5 所示。

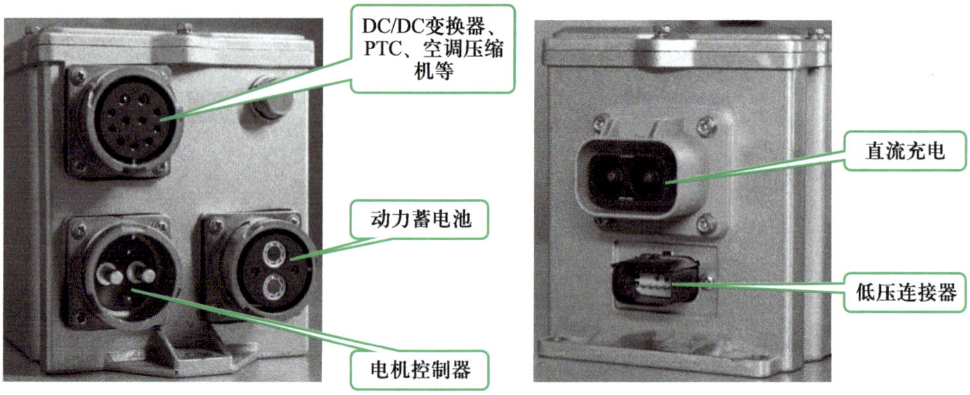

图 11-5　高压配电盒连接器示意图

2）高压配电盒拆卸流程

以分体式布置高压配电盒为例，其拆卸流程见表 11-8。

表 11-8　高压配电盒拆卸流程

序号	工作内容
1	高压断电
2	断开高压配电盒的低压连接器
3	断开高压配电盒的高压连接器
4	拆卸高压配电盒的固定螺栓
5	取出高压配电盒
6	拆卸高压配电盒盖固定螺栓
7	取下高压配电盒盖

3）高压配电盒检测内容

（1）绝缘电阻检测

将绝缘表黑表笔连接高压配电盒外壳，红表笔依次连接高压配电盒各高压连接器的正/负极端子，各高压连接器端子与外壳之间的绝缘电阻值应不小于 500 Ω/V。高压配电盒绝缘电阻检测方法如图 11-6 所示。

（2）外部检查

检查高压配电盒的外观是否有破损和划痕，铭牌信息是否清晰、有无破损，检查高压连接器、低压连接器安装是否牢固。

（3）高压熔断器检测

拆卸高压熔断器进行元器件测试，检测高压熔断器两端电阻值是否小于 1 Ω。

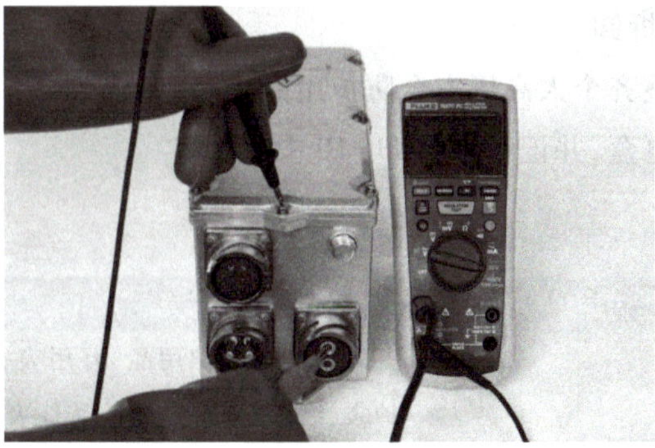

图 11-6　高压配电盒绝缘电阻检测方法

（4）高压继电器检测

首先测量高压继电器线圈电阻值，正常应为 25 Ω 左右（或参照车辆维修手册数值），之后测量高压继电器触点电阻值，应为无穷大，最后给高压继电器线圈施加 12 V 的电压，检测高压继电器触点是否能正常吸合，吸合后高压继电器触点电阻值应小于 1 Ω。通过未接通电源与接通电源两种情况下的触点电阻值对比，能够判断出高压继电器触点是否粘连。高压继电器测试方法如图 11-7 所示。

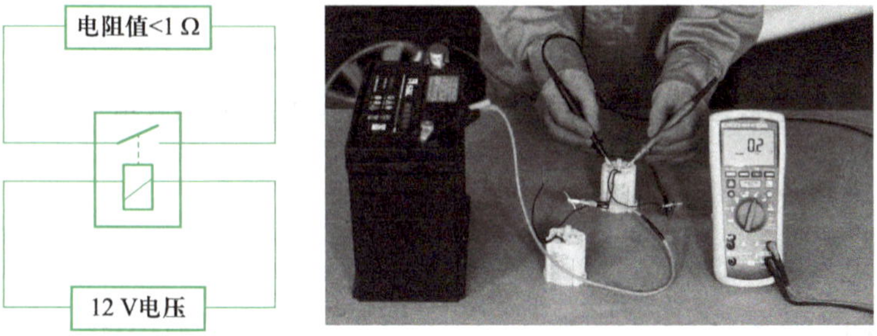

(a) 原理图　　(b) 实物图

图 11-7　高压继电器测试方法

2. 技能操作

1）操作准备

准备技能操作所需的物料，见表 11-9。

表 11-9　物料准备

类别	所需物料
防护用品	人身安全防护用品、车辆防护用品、操作场地安全防护用品、防护袋（或绝缘胶带）
资料	车辆维修手册、车辆电路图手册
设备、工具	实训车辆、智能钥匙、万用表、绝缘工具、举升机、绝缘表

2）高压配电盒拆卸

按照规范穿戴整齐个人高压安全防护用品，参考车辆维修手册及高压配电盒拆卸流程拆卸高压配电盒，并记录在表 11-10 中。

表 11-10　高压配电盒拆卸记录表

序号	工作内容	工具	注意事项/备注
1	高压断电	高压安全防护用品、万用表、防护袋、绝缘工具、举升机、绝缘表	高压安全防护
2			
3			
4			
5			
6			
7			
8			
9			
10			

3）高压配电盒检测

参照高压配电盒检测内容，对高压配电盒进行检测，并将结果填写在表 11-11 中。

表 11-11　高压配电盒检测记录表

序号	检测项目	检测内容	检测结果	分析
例	绝缘电阻检测	动力蓄电池正极端子对壳体电阻值	4 000 kΩ	正常
1	绝缘电阻检测			
2	外部检查	外观是否正常	正常□ 破损□　划痕□　其他□	
		铭牌信息是否清晰	是□　否□	
		铭牌是否破损	是□　否□	
		低压连接器安装是否牢固	是□　否□	
		高压连接器安装是否牢固	是□　否□	

续表

序号	检测项目	检测内容	检测结果	分析
3	高压熔断器检测	两端电阻值		
4	高压继电器检测	高压继电器线圈电阻值		
		未接通电源时高压继电器触点电阻值		
		接通电源后高压继电器触点电阻值		

4）高压配电盒安装

参照车辆维修手册，按照与拆卸相反的流程安装高压配电盒。

四、检查评估

对本任务的学习情况进行检查，并将相关内容填写在表 11-12 中。

表 11-12　检查表

检查项目	检查结果	结果点评
高压配电盒低压电路检测		
检测内容是否正确、完整	是□　否□	
是否检测出具体故障点	是□　否□	
高压配电盒拆卸及检测		
拆卸过程中是否对高压配电盒造成损伤	是□　否□	
高压熔断器检测结果是否正确	是□　否□	
高压继电器检测结果是否正确	是□　否□	
整理及恢复		
工具、设备是否整理归位	是□　否□	
维修工位是否打扫干净	是□　否□	
产生的垃圾是否分类处理	是□　否□	
工作页是否填写完整	是□　否□	

五、任务小结

本任务小结如图 11-8 所示。

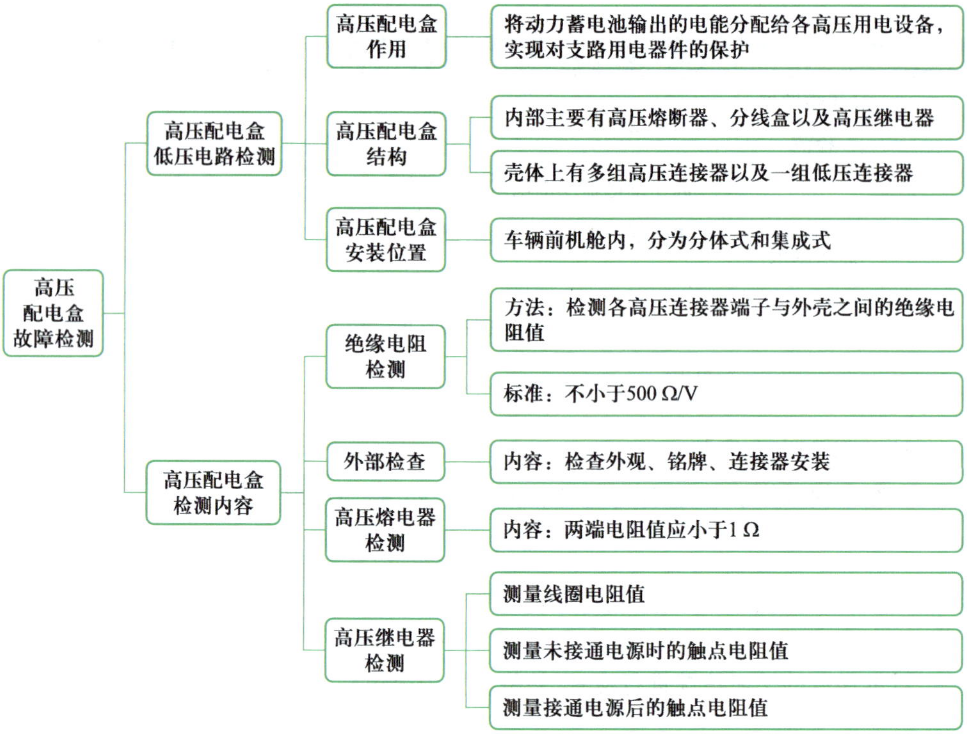
高压配电盒故障检测
高压配电盒低压电路检测
高压配电盒作用
将动力蓄电池输出的电能分配给各高压用电设备，实现对支路用电器件的保护
高压配电盒结构
内部主要有高压熔断器、分线盒以及高压继电器
壳体上有多组高压连接器以及一组低压连接器
高压配电盒安装位置
车辆前机舱内，分为分体式和集成式
高压配电盒检测内容
绝缘电阻检测
方法：检测各高压连接器端子与外壳之间的绝缘电阻值
标准：不小于500 Ω/V
外部检查
内容：检查外观、铭牌、连接器安装
高压熔电器检测
内容：两端电阻值应小于1 Ω
高压继电器检测
测量线圈电阻值
测量未接通电源时的触点电阻值
测量接通电源后的触点电阻值

图 11-8　任务十一小结

情境三
整车安全管理

整车安全管理是新能源汽车高压安全控制方面特有的体系，整车安全管理与新能源汽车安全使用、人员安全防护等息息相关。本情境针对整车安全管理进行一系列的认知、诊断、检修，包括高压互锁系统故障检修、整车绝缘电阻监测系统故障检修。

本情境主要的学习内容包括高压互锁定义、作用，高压互锁分类、结构组成、工作原理，高压互锁测试内容、方法、标准、注意事项，绝缘定义、作用，绝缘电阻检测方法、标准，绝缘电阻监测系统工作原理、测试方法。

任务十二 高压互锁系统故障检修

一、任务导入

场景:某品牌新能源汽车售后维修车间。

人物:维修技师李师傅、学徒小王、车主张先生。

情节:售后维修车间拖来了一辆新能源故障车,据车主张先生所说,车辆无法起动和行驶。小王对该车进行故障验证,发现起动车辆后仪表没有显示 Ready,系统故障信号装置点亮。由于该车没有具体的故障表现,于是请李师傅对该车故障进行检修。

二、任务目标

◇ 能按照高压互锁系统电路图拆画方法,查找实车以及车辆电路图手册,规范且完整地绘制出车辆高压互锁回路图。

◇ 能按照高压互锁系统故障检修方法,使用诊断仪、万用表等专用工具,正确完成高压互锁系统故障检修作业。

三、任务实施

微课
高低压互锁的结构

(一) 车辆高压互锁回路图绘制

1. 知识学习

1) 高压互锁的定义及作用

高压互锁(High Voltage Inter-Lock,简称 HVIL)系统,也叫高压互锁回路(Hazardous Voltage Inter-lock Loop)系统。高压互锁系统中,控制单元通过低压信号来监测整个高压系统内高压部件、高压电缆、高压连接器、高压部件保护盖的电气连续性(完整性),如某个高压连接器未连接到位或断开,控制单元识别到高压互锁回路断开,会及时切断动力蓄电池电能输出,且在高压互锁回路恢复完整性前不允许动力蓄电池输出电能,这是保障新能源汽车高压安全的一项重要措施。高压互锁系统高压断电原理如图 12-1 所示。

2) 高压互锁系统设计目的及要求

(1) 设计目的

① 在整车高压上电前确保整个高压系统的完整性,使高压系统在一个封闭的环

境下工作，提高安全性。

② 当整车运行过程中高压系统回路断开或者完整性受到破坏时，启动安全防护。

③ 防止带电插拔高压连接器给高压端子造成的拉弧损坏。

图 12-1　高压互锁系统高压断电原理

（2）要求

① 高压互锁系统必须能够有效、实时、连续地监测整个高压互锁回路的通/断情况。

② 所有高压连接器应具备机械互锁装置，并且只有高压互锁回路先行断开以后才能接通高压连接器。

③ 所有高压连接器在非人为的情况下，不能被接通或断开。

④ 高压互锁系统应具备在某种特殊情况下，直接通过 BMS 检测高压互锁回路，直接断开总正/总负继电器的功能。

⑤ 在车辆任何状态下，高压互锁监测单元在识别到危险时，必须对危险情况给出报警提示，需要仪表或指示器以声报警或光报警的形式提醒驾驶人。

3）高压连接器断开顺序

新能源汽车的高压互锁端子大多集成在高压连接器与高压电缆内，即在高压连接器与高压电缆内多设置一组低压回路用于监测高压互锁回路连续性。高压连接器互锁端子如图 12-2 所示。

图 12-2　高压连接器互锁端子

当高压连接器的插头、插座相互连接时，高压线束正负极先导通，之后高压互锁端子连接；当插头、插座相互分离时，高压互锁端子先断开，之后高压线束正负极断开，如图 12-3 所示。

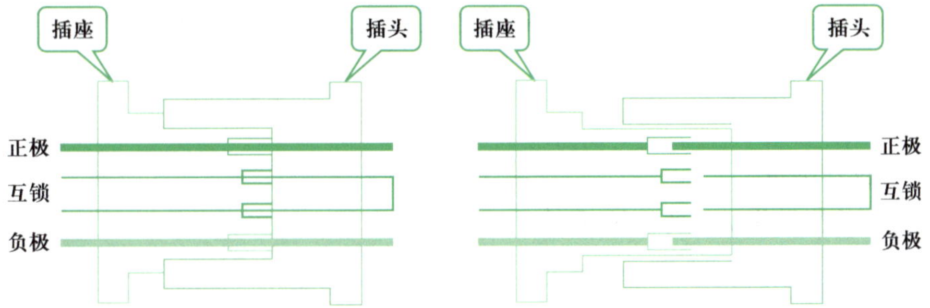

图 12-3　高压连接器端子连接顺序

4）高压互锁系统电路图拆画方法

首先查找到发送高压互锁监测信号的控制单元与端子，如图 12-4(a)所示；顺着线路连接找到下一个控制单元，该控制单元有一个高压互锁监测信号输入与一个高压互锁监测信号输出，如图 12-4(b)所示；电路图一般不会绘制高压部件内部的高压互锁回路连接线路，可以根据该高压部件配置的高压连接器将其串联，如图 12-4

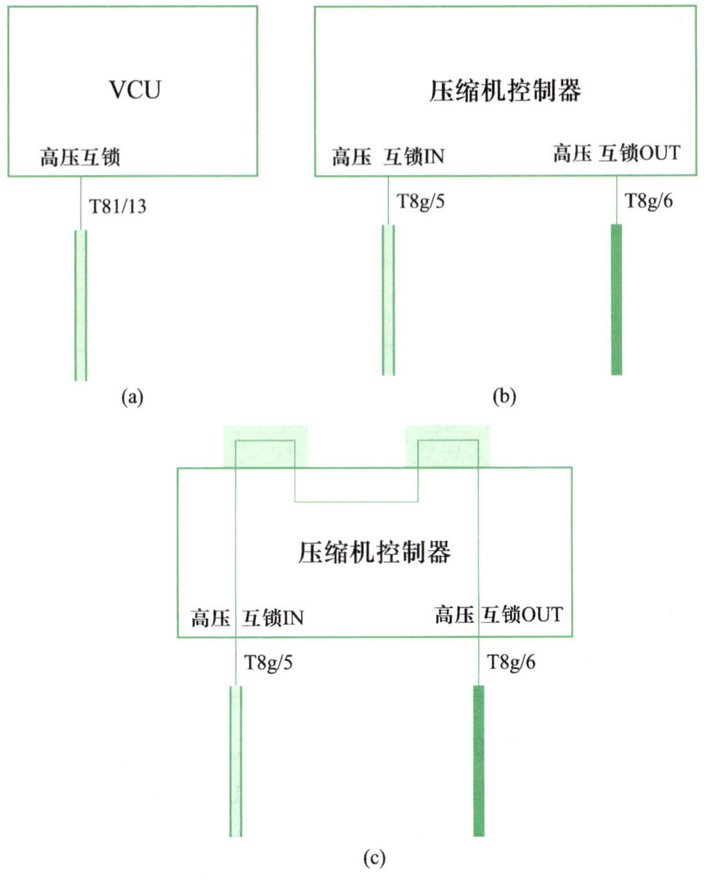

图 12-4　高压互锁系统电路图拆画

(c)所示;最后找到高压互锁回路终端,或连接搭铁,或连接电源,或返回高压互锁监测控制单元。

2. 技能操作

1) 操作准备

准备技能操作所需的物料,见表 12-1。

表 12-1　物料准备

类别	所需物料
防护用品	人身安全防护用品、车辆防护用品、操作场地安全防护用品、防护袋(或绝缘胶带)
资料	车辆维修手册
设备、工具	实训车辆、智能钥匙、万用表、绝缘工具、举升机、绝缘表

2) 高压互锁回路绘制

参照车辆电路图手册,规范且完整地将车辆各高压互锁回路绘制在图 12-5 的框中。

图 12-5　高压互锁回路图

(二) 车辆高压互锁系统故障检修

1. 知识学习

1) 高压互锁系统连接方式

高压互锁系统的连接主要有两种方式,一种是环形互锁,另一种是星形互锁(也称分布式互锁)。环形互锁是指所有的高压部件、高压电缆、高压连接器、高压部件保护盖等串联成一条环路,其中包括动力蓄电池系统、驱动电机系统、空调系统等,由 VCU 负责统一监测;星形互锁是指多个监测模块分别监测各自系统的高压互锁回路连续性,如 VCU 负责监测前机舱内高压部件的高压互锁回路连续性,BMS 负责监测动力蓄电池系统内高压部件的高压互锁回路连续性,MCU 负责监测驱动电机系统内高压部件的高压互锁回路连续性,之后通过 CAN 总线将各自负责的高压互锁回路状态反馈至

微课
高低压互锁插头连接结构

VCU。高压互锁系统连接方式如图 12-6 所示。

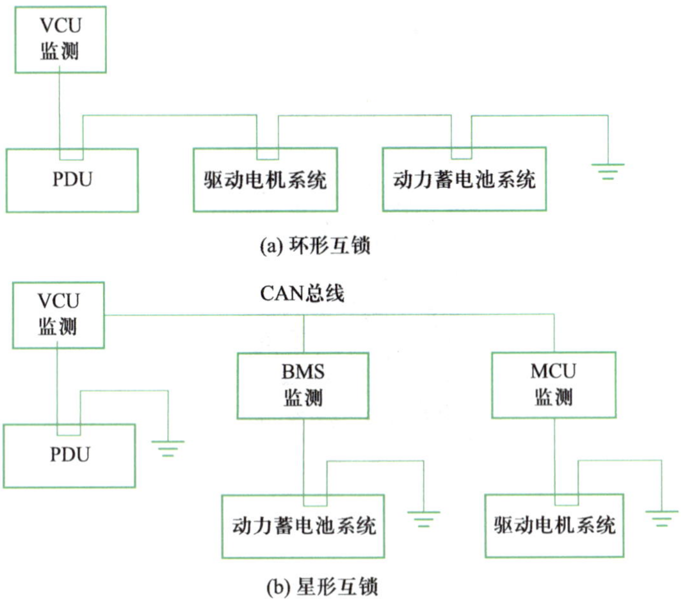

图 12-6 高压互锁系统连接方式

星形互锁可以很方便地排查到出现问题的高压互锁回路，但负责监测的控制单元要增加高压互锁监测设备，会增加成本；环形互锁只能对高压部件逐个排查，排查问题相对麻烦。

2）高压互锁系统工作原理

高压互锁系统利用低压回路将高压系统各部件串联成环形线，也称为安全线，它穿过所有的可断开高压部件，在高压部件脱开或者高压连接器断开时，高压互锁触点脱开，控制单元监测到安全线中断，动力蓄电池断开电能输出，确保在整车高压上电前整个高压系统的完整性，提高安全性。

微课
高低压互锁的工作原理

高压互锁系统是由跳接线、触点桥接器和安装在各种高压部件上的电阻所组成的串联电路。高压连接器一旦拔掉，位于动力蓄电池断电系统中的连接动力蓄电池和整个高压系统的接触器就会断开，从而使高压系统断电。图 12-7 所示为高压互锁系统工作原理。

3）高压互锁系统监测过程

以环形互锁为例，VCU 发送低压监测信号，一般为 12 V 的脉冲信号，高压互锁回路终端接地或返回 VCU。若是终端接地，当高压互锁回路完整时，VCU 监测到接地信号，当高压互锁断开时，VCU 监测到发出的脉冲信号；若是终端返回 VCU，当高压互锁回路完整时，VCU 监测到脉冲信号，当高压互锁断开时，VCU 监测不到发出的脉冲信号。VCU 通过信号变化判断高压互锁的完整性。高压互锁系统监测过程如

图 12-8 所示。

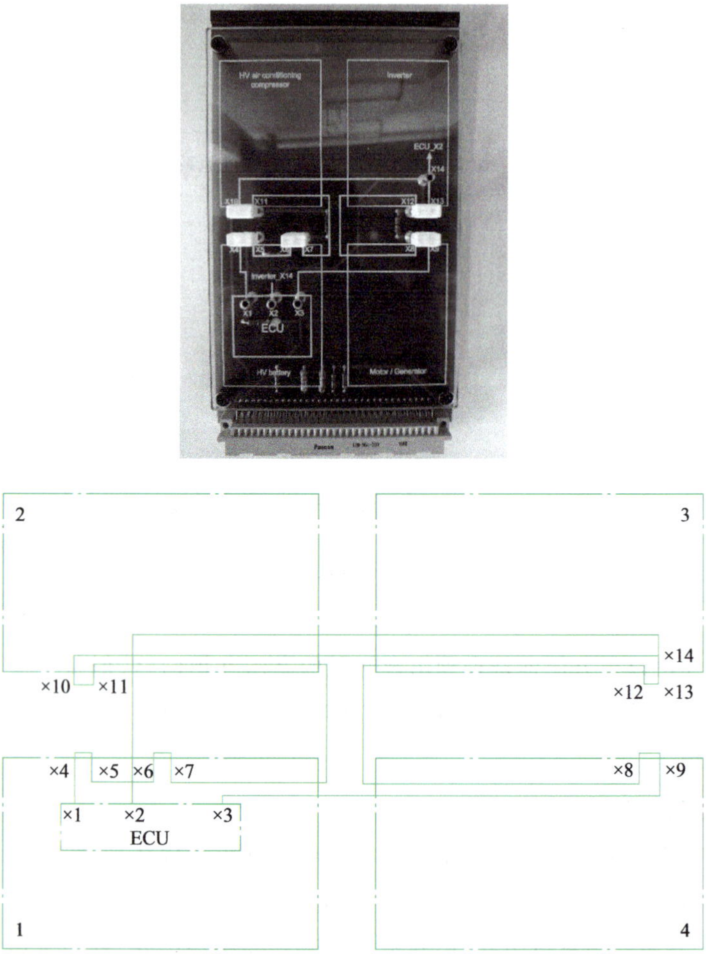

图 12-7　高压互锁系统工作原理

4）高压互锁监测模块工作原理

高压互锁监测模块电路如图 12-9 所示。图中虚线框内为高压互锁端子示意，其中 AB 段为完整的铜质导线，该导线位于高压连接器中，A′与 B′右侧部分为高压互锁监测模块电路；R_1、R_2、R_3、R_4、R_5 均为电阻，其阻值 $R_1=3.0\ \text{k}\Omega$、$R_2=6.2\ \text{k}\Omega$、$R_3=3.0\ \text{k}\Omega$、$R_4=1.0\ \text{k}\Omega$、$R_5=1.0\ \text{k}\Omega$；C_1、C_2 均为容值 10 nF 的电容；L_1、L_2 为电感线圈，其阻值均为 120 Ω；VD_1、VD_2、VD_3、VD_4 均为二极管；AA′端与 BB′端为高压连接器接触端子，AD0 端与 AD1 端为模拟信号采集端子。

高压互锁监测模块采集 AD0 端与 AD1 端的电压值，实际上是检测 A′与 B′端的电压，并根据该电压值实现高压互锁回路状态的判断。在监测电路达到稳态的情况下，AD0 端的电压值与 A′端的电压值相等，AD1 端的电压值与 B′端的电压值相等。

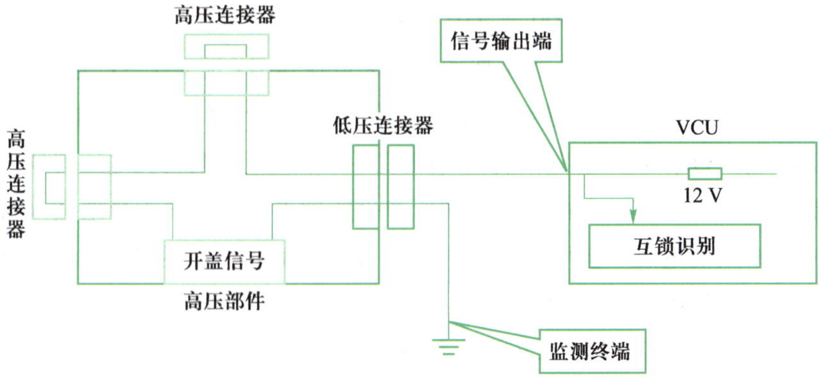

图 12-8　高压互锁系统监测过程

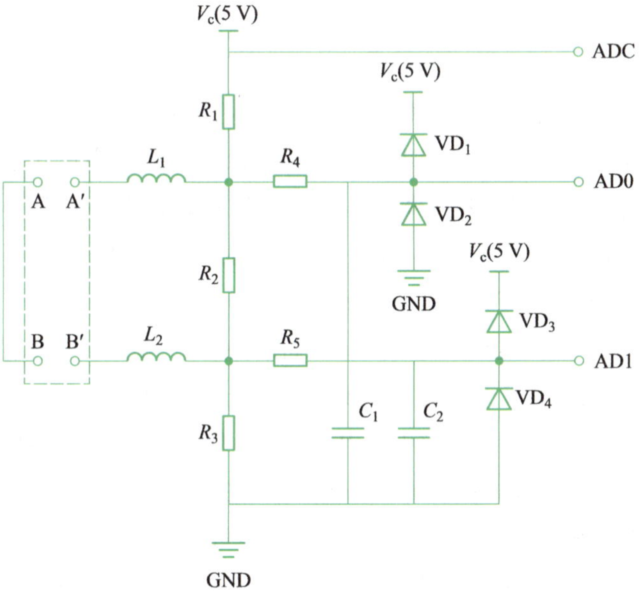

图 12-9　高压互锁监测模块电路

在高压互锁回路断开的情况下，AA′端与 BB′端均呈断开状态，此时通过 AD0 端与 AD1 端采集得到的电压为 5 V 电源 V_C 关于 R_1、R_2、R_3 的分压值，此时 AD0 端与 AD1 端采集到的理想电压值分别为 $5\times(R_2+R_3)/(R_1+R_2+R_3)=3.77$ V 与 $5\times R_3/(R_1+R_2+R_3)=1.23$ V；在高压互锁回路正常的情况下，AA′端与 BB′端均呈连接状态，此时电阻 R_2 被 AB 所表示的导线所短路(由于 AB 段导线为铜制导线，因此所产生的电阻可忽略)，这种状态下 AD0 端与 AD1 端采集到的理想电压值相等，均为 $5\times R_3/(R_1+R_3)=2.50$ V。

在高压互锁监测模块中，L_1、R_4、C_1 与 L_2、R_5、C_2 为 RCL 低通滤波电路，分别实现了对 A′端与 B′端采集信号的滤波处理。二极管 VD_1、VD_2、VD_3、VD_4 的作用是防止

A′端、B′端的非预期电压对 AD0 与 AD1 这两个 A/D 采集端口造成冲击。以 AD0 端口举例说明，若 A′端出现一个非预期的正向大电压信号（远大于 5V 电源电压），则所产生的冲击电流会通过 A′端经 VD_1 回馈至 5V 电源，此时 AD0 端的电压不会高于 5V 电源电压加 VD_1 的导通压降；若 A′端出现一个非预期的负向大电压信号（远大于 5V 电源电压，且电流流动方向相反），则所产生的冲击电流方向为接地经 VD_2 到 A′端，此时 AD0 端的电压不会低于 VD_2 导通压降的负值。ADC 为 5V 电源 V_c 的 A/D 采集端口，用于后续的故障检测。

微课
故障分析

5）高压互锁系统故障判断

高压互锁系统常见故障有高压互锁回路断路、高压互锁回路对电源短路、高压互锁回路对地短路、高压连接器接触电阻大、高压连接器虚接、高压互锁系统其他故障 6 种。高压互锁系统故障判断逻辑如图 12-10 所示。

高压互锁监测模块在一个监测周期内首先进行高压互锁回路连接完好判断，若高压互锁回路反馈信号正常则表明高压互锁系统无故障，若高压互锁回路反馈信号不正常则进行高压连接器断开故障判断。在之后的故障判断过程中，依次进行其他故障的判断，若满足故障判断条件，就进入相应的故障处理环节。

微课
高低压互锁的排故思路

6）高压互锁系统故障处理方式

若 VCU 监测到高压互锁回路断路故障，则此时车辆存在高压暴露的风险，对车辆及人员会产生较大的安全隐患，需要立即采取有效措施进行处理，比如切断动力蓄电池电能输出。除高压互锁回路断路故障外，其他高压互锁系统故障不存在高压暴露的隐患，因此不需要采取切断动力蓄电池电能输出这样极端的处理措施，而是可以根据故障的安全风险采取不同的处理方式，实现故障的精细化处理。高压互锁系统故障处理方式见表 12-2，在保证车辆及人员安全的前提下，应尽可能地降低故障处理对车上人员驾乘感受造成的不良影响。

① 故障报警：通过仪表警告灯亮起或发出警告声等形式提醒驾驶人注意车辆情况，尽早将车辆送至专业维修点进行检测，避免发生安全事故。

② 切断动力蓄电池电能输出：当车辆处于起动状态，VCU 检测到高压互锁回路断开时，除了进行必要的报警外，还会直接切断动力蓄电池电能输出，使车辆无法行驶，最大限度地保障车辆安全。

③ 降低驱动电机输出功率：当车辆处于高速行驶状态，VCU 检测到高压互锁回路断开时，若直接切断动力蓄电池电能输出会产生严重的、不可控的后果，此时除了进行必要的报警外，VCU 将强制降低驱动电机的输出功率，强制降低车速，使车辆始终处于低速的运行状态下，给驾驶人足够的时间和机会寻找合适的地点停车。如驾

驶人在停车后未及时将车辆送检维修，那么在下次起动车辆时，VCU 将会直接切断动力蓄电池电能输出，以保障人员及车辆安全。

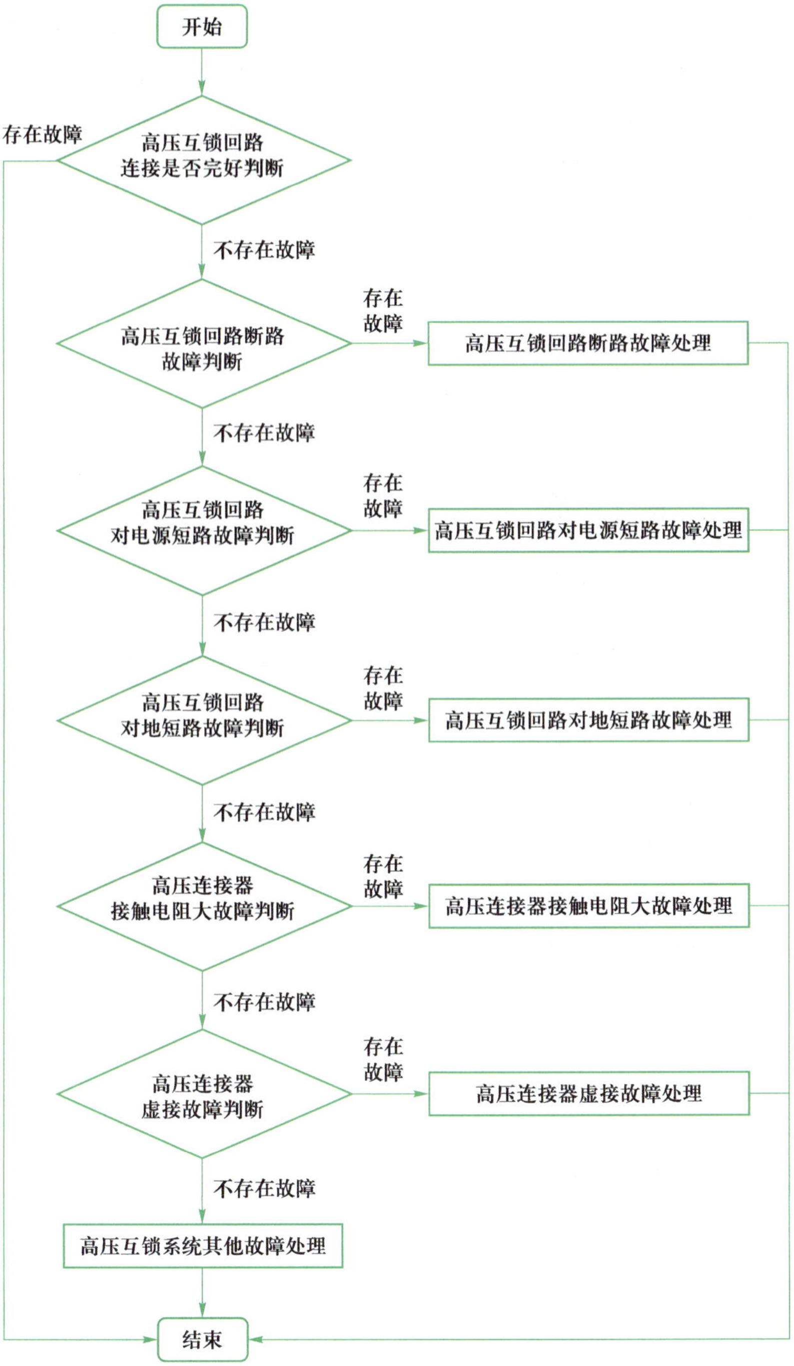

图 12-10　高压互锁系统故障判断逻辑

表 12-2　高压互锁系统故障处理方式

序号	故障分类	高压暴露风险	处理方式
1	高压互锁回路断路	是	切断动力蓄电池电能输出
			高速行驶时降低驱动电机输出功率
2	高压互锁回路对电源短路	否	故障报警不处理
3	高压互锁回路对地短路	否	故障报警不处理
4	高压连接器接触电阻大	否	故障报警不处理
5	高压连接器虚接	否	故障报警不处理
6	高压互锁系统其他故障	否	故障报警不处理

7）高压互锁系统检测方法

高压互锁系统检测方法如图 12-11 所示。

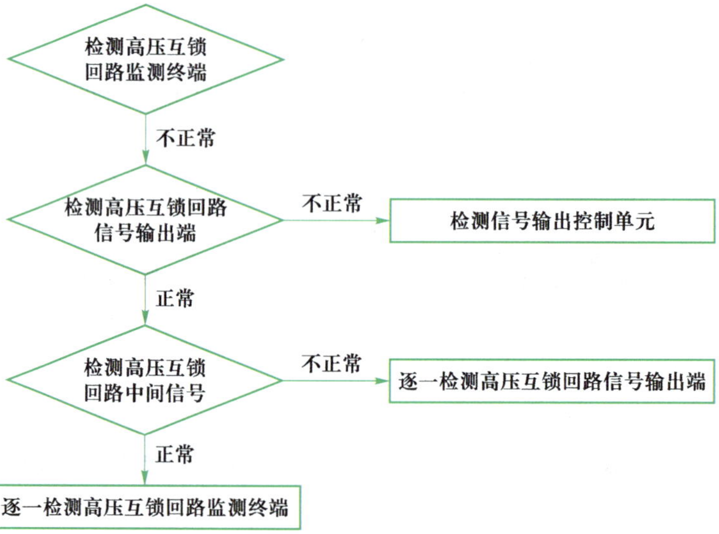

图 12-11　高压互锁系统检测方法

2. 技能操作

1）操作准备

准备技能操作所需的物料，见表 12-3。

表 12-3　物料准备

类别	所需物料
防护用品	车辆防护用品、人身安全防护用品、防护袋（或绝缘胶带）
资料	车辆维修手册
设备、工具	实训车辆、智能钥匙、绝缘工具套装、举升机、万用表、绝缘表、诊断仪

2）故障验证

（1）仪表显示

起动车辆，观察车辆仪表显示，将相关内容记录在表 12-4 中。

表 12-4　仪表显示记录表

序号	项目	仪表显示	正常情况	是否正常
1	驱动系统已就绪信号装置（READY 指示灯）		点亮	是□　否□
2	系统故障信号装置		熄灭	是□　否□
3	异常信号装置		—	—
4	文字提示		—	—
5	语音提示		—	—

（2）读取故障码

使用诊断仪读取故障码，将相关内容填写在表 12-5 中。

表 12-5　故障码信息记录表

序号	故障码	故障码描述	状态
例	P0A0A94	高低压互锁故障	当前的
1			
2			

（3）读取数据流

使用诊断仪读取数据流，将相关内容填写在表 12-6 中。

表 12-6　数据流信息记录表

序号	控制单元	数据流名称	当前值/状态	标准值/状态	是否正常
例	VCU	高低压互锁信号	5 V	0 V	是□　否☑
1					是□　否□
2					是□　否□
3					是□　否□
4					是□　否□
5					是□　否□

3）故障查询

查询车辆维修手册，将高压互锁系统涉及的连接器端子定义填写在表 12-7 中。

表 12-7　高压互锁系统连接器端子定义记录表

序号	端子号	定义	序号	端子号	定义
例	FB105/2	DC/DC 变换器高压互锁信号输出	例	FB105/1	DC/DC 变换器高压互锁信号输入
1			6		
2			7		
3			8		
4			9		
5			10		

4）维修方案制订

根据读取到的故障信息，对故障进行初步分析，并制订维修方案，完成表 12-8 的填写。

表 12-8　故障分析及维修方案制订

故障分析：可能的故障原因或故障点		
1		
2		
3		
4		
5		
维修方案/检测流程		
示例	外观检查	检查高压线束是否破损
1		
2		
3		
4		
5		
6		
7		
8		
9		
10		

5）高压互锁系统故障检测

参考高压互锁系统电路图及车辆维修手册，对高压互锁系统进行检测，并将结果填写在表 12-9 中。

表 12-9　高压互锁系统故障检测记录表

序号	检测项目	检测点		检测条件	检测类型	标准值	检测值	分析
例	高压互锁回路信号输出	VCU FB85/12	车身	打开起动开关	电压	12 V	0 V	VCU 未输出高压互锁监测信号
1	高压互锁回路监测终端							
2	高压互锁回路信号输出							
3	高压互锁回路中间信号							
4	高压互锁回路中间点靠近输出端的监测信号							
5	高压互锁回路中间点靠近终端的监测							

6）维修结果检验

打开起动开关，起动车辆，通过观察车辆仪表显示，并使用诊断仪读取故障码及数据流，判断车辆故障是否排除。进行维修结果检验，并将结果填写在表 12-10 中。

表 12-10　维修结果检验记录表

序号	检验项目	检验结果
1	车辆是否能够正常起动	是□　否□
2	车辆仪表显示是否全部正常	是□　否□
3	故障码是否安全清除	是□　否□
4	相关数据流是否全部正常	是□　否□

四、检查评估

对本任务的学习情况进行检查，并将相关内容填写在表 12-11 中。

表 12-11　检查表

检查项目	检查结果	结果点评
车辆高压互锁回路图绘制		
是否查找到实训车辆所配置的各高压互锁回路	是□　否□	
高压互锁回路图绘制是否正确	是□　否□	
车辆高压互锁系统故障检修		
高压互锁系统故障是否排除	是□　否□	
故障码是否清除	是□　否□	
整理及恢复		
工具、设备是否整理归位	是□　否□	
维修工位是否打扫干净	是□　否□	
产生的垃圾是否分类处理	是□　否□	
工作页是否填写完整	是□　否□	

五、任务小结

本任务小结如图 12-12 所示。

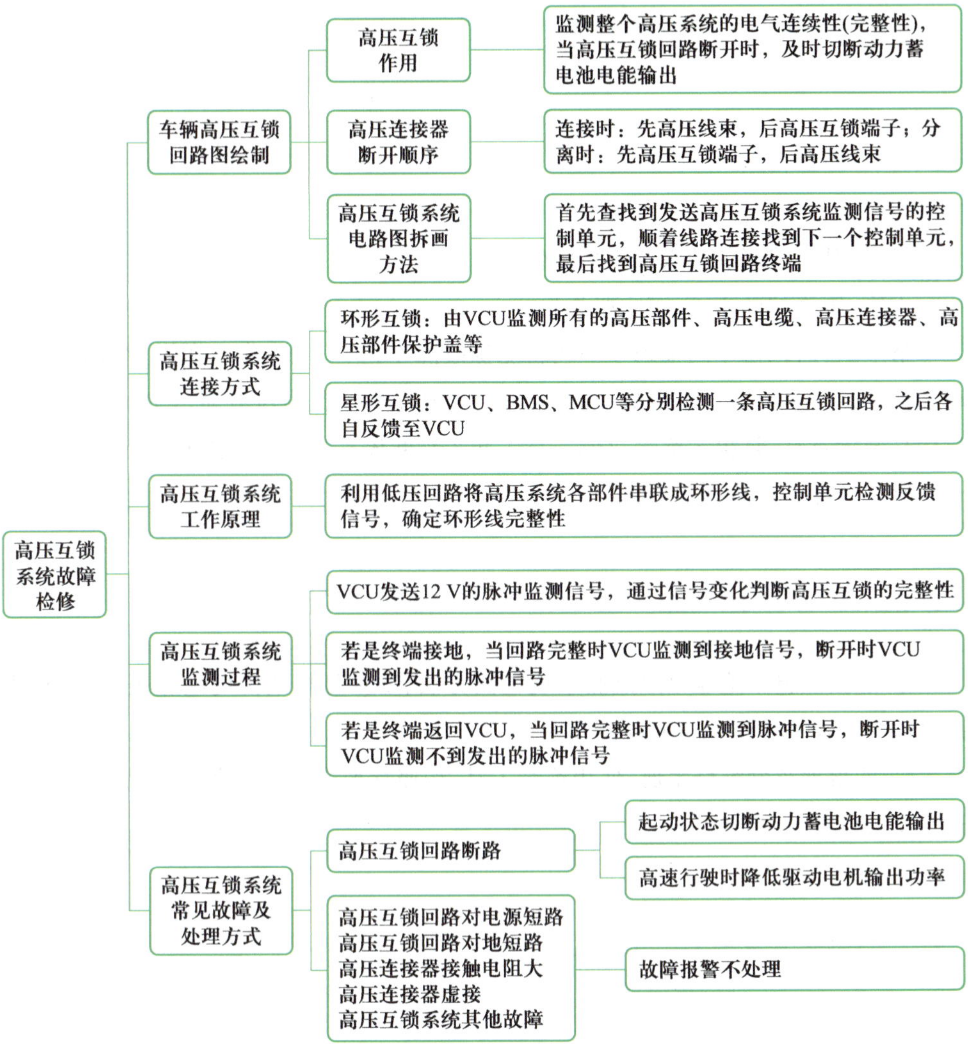

图 12-12　任务十二小结

任务十三　整车绝缘电阻监测系统故障检修

一、任务导入

场景:某品牌新能源汽车售后维修车间。

人物:维修技师小王、车主张先生。

情节:售后维修车间拖来了一辆新能源故障车,据车主张先生所说,车辆无法起动和行驶。小王对该车进行故障验证,发现起动车辆后仪表没有显示 Ready,系统故障信号装置点亮,且提示绝缘故障。小王初步判断该车绝缘电阻监测系统出现故障,于是对该故障进行检修。

二、任务目标

◇ 能按照整车绝缘电阻监测系统检测方法,安全且规范使用绝缘表,完成动力蓄电池与高压系统绝缘电阻检测作业。

◇ 能根据车辆维修手册,使用绝缘工具,按照标准流程完成高压线缆的拆卸、检查与安装作业。

三、任务实施

(一) 整车绝缘电阻检测

1. 知识学习

1) 绝缘的作用

绝缘即直接或间接接触防护,是指通过绝缘材料、外壳或遮栏实现人体与 B 级电压带电部分的物理隔离,外壳或遮栏可以是导体也可以是绝缘体,如果通过外壳或遮栏提供触电防护,则 B 级带电部分应布置在外壳里或遮栏后,防止从任何方向上接近带电部分。

微课
绝缘的定义

2) 绝缘电阻监测系统的功能

车辆绝缘电阻监测系统的功能是在车辆 B 级电压电路接通且未与外部电源连接时,能够持续或者间歇地检测车辆的绝缘电阻值,当该绝缘电阻值小于制造商规定的阈值时,能通过一个明显的信号(如声或光信号)装置提醒驾驶人。

车型不同,绝缘电阻监测系统的安装位置也不同,在整个高压系统中安装有一套或多套绝缘电阻监测系统,用以监测高压系统不同位置的绝缘性能,如安装在动力蓄电池、高压控制盒或电机控制器等高压部件内部。

3）绝缘电阻监测的方法、原理

绝缘电阻监测的方法主要有电桥法、信号注入法和支路检测法。

（1）电桥法

电桥法是一种无源监测方法，其基本原理是用电桥测量绝缘电阻，其形式有平衡电桥法和非平衡电桥法两种。

① 平衡电桥法。

平衡电桥法原理图如图 13-1 所示。R_+为高压系统正极与地之间的绝缘电阻，R_-为高压系统负极与地之间的绝缘电阻，R_0 为已知的标准电阻，U_x 为两桥臂中点间的电势差。在正常情况下，绝缘状况良好时 $R_+=R_-=\infty$，此时电桥平衡，$U_x=0$；当高压系统正极绝缘性能下降时，即当 R_+降低、R_-不变时，电桥失去平衡，$U_x>0$；反之，当高压系统负极绝缘性能下降时，即当 R_-降低、R_+不变时，电桥失去平衡，$U_x<0$。这样，通过 U_x 的测量值，即可判定高压系统与地之间的绝缘状况。

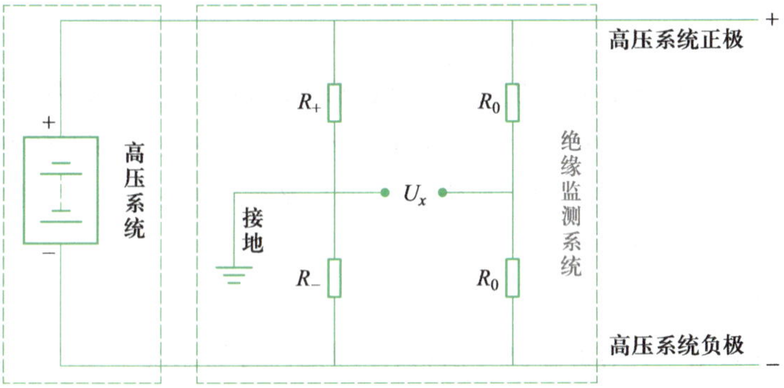

图 13-1　平衡电桥法原理图

平衡电桥法测量绝缘电阻速度较快，能够实时监测高压系统的绝缘状态，但是无法准确测量高压系统正负极同时接地时的绝缘电阻。当高压系统正负极同时接地时，平衡电桥法只能将 R_+、R_-中较大的一个看作无穷大，计算出的绝缘电阻值会有较大的误差。

② 非平衡电桥法。

非平衡电桥法原理图如图 13-2 所示。R_+为高压系统正极与地之间的绝缘电阻，R_-为高压系统负极与地之间的绝缘电阻，R_0 为偏置电阻，S_1、S_2 的通断决定了偏置电阻 R_0 是与 R_+并联还是与 R_-并联，R_1 和 R_2、R_3 和 R_4 分别测量高压系统正、负极对地电压。测量方法如下：首先闭合 S_1 和 S_2，记录所测得的 U_+和 U_-电压值，之后通过比较 U_+和 U_-的大小来确定 R_0 是和 R_+、R_-中的哪一个并联，如果 $U_+>U_-$，那么闭合开关 S_1，断开开关 S_2，再次测得一组电压 U'_+和 U'_-，由基尔霍夫电流定律可得

$$R_{+}=\left(1-\frac{U_{-}U_{-}'}{U_{-}U_{-}'+U_{+}'U_{-}-U_{+}U_{-}'}\right)R_{0}$$

$$R_{-}=\left(\frac{U_{-}'U_{+}}{U_{+}'U_{-}}-1\right)R_{0}$$

同理,当 $U_{+}<U_{-}$ 时,闭合开关 S_2,断开开关 S_1,按照上式同样可以得出绝缘电阻值。

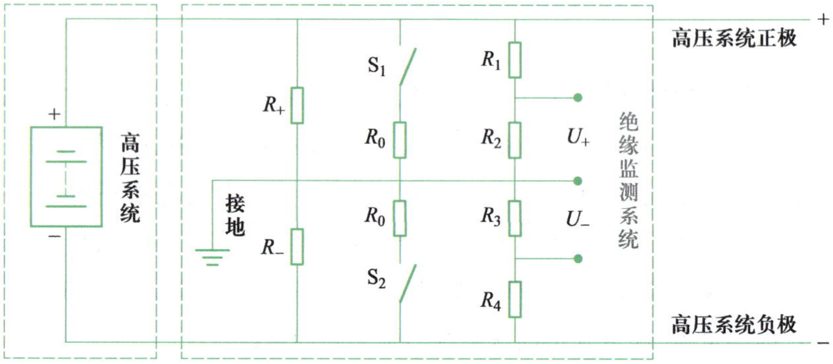

图 13-2　非平衡电桥法原理图

非平衡电桥法相较于平衡电桥法可以较精准地检测各种接地类型的绝缘电阻值,但是存在以下缺点:需要依赖检测周期,有延时性,测量速度相对较慢;接触器一直在频繁地切换状态,使用寿命大幅降低。同时,平衡电桥法和非平衡电桥法都不能实现高压系统上电前的监测。

(2) 信号注入法

信号注入法是一种有源监测方法,其原理是向待测系统中注入一个已知的信号,根据测量信号的踪迹,获得高压系统与车身之间的绝缘电阻值。根据注入信号的类型不同,信号注入法可分为高压注入法、低频信号注入法、高频信号注入法、双频法。

① 高压注入法。

高压注入法,即在高压系统与车身之间注入一高压,通过测量该高压下的漏电流,从而得到高压系统对地的绝缘电阻值,其原理类似于普通的兆欧表。高压注入法原理图如图 13-3 所示。

高压注入法可以较准确地测得高压系统正负极的绝缘电阻值,但注入的高压会对电气系统造成较大冲击,设计时需要考虑电气系统中电气设备的承受能力。高压注入法需要依赖检测周期,有延时性,测量速度相对较慢,且接触器一直在频繁地切换状态,使用寿命大幅降低,这与非平衡电桥法类似。由于高压注入法的检测信号是由独立的电源发出的,不依赖高压系统,故高压注入法能够实现高压系统上电前的监测。

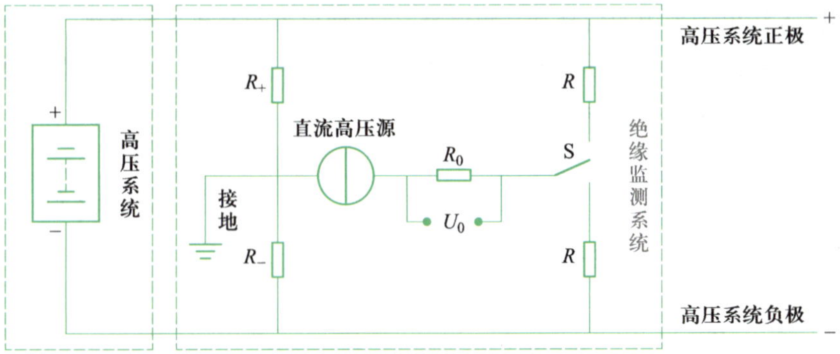

图 13-3　高压注入法原理图

② 低频信号注入法。

低频信号注入法与高压注入法的原理类似，应用最为广泛，其原理图如图 13-4 所示。低频信号注入法进行低频信号注入测试时，系统内部产生一个正负对称的方波信号，通过绝缘阻抗监测仪连接端子与高压系统和底盘之间的绝缘电阻构成测量回路，通过对采样电阻上分电压的采集，计算得出绝缘电阻大小。

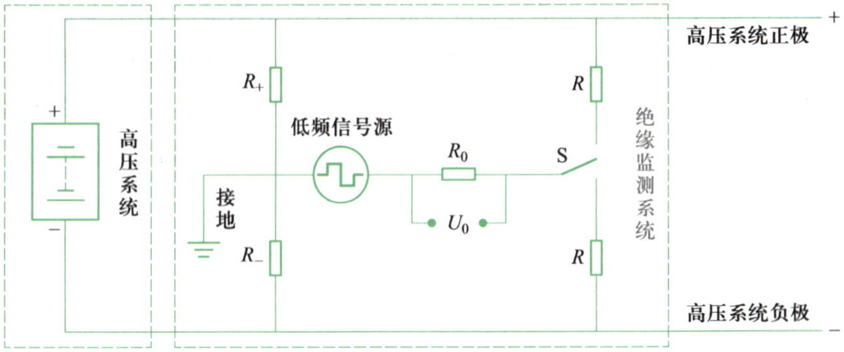

图 13-4　低频信号注入法原理图

低频信号注入法使用的是方波信号，幅值一般在十几伏到几十伏，其好处是不会对电气系统产生较大的冲击，但测得值为阻抗，包含直流以及交流成分，其中交流成分与整车系统的分布电容、杂散电感等因素有关，同时不同零部件构成的系统等效的阻抗特性也会不同，随着测试工况、测试环境变化同样会产生变化，测量的绝缘电阻值存在一定的误差。高压系统中，驱动电机在不同转速下对应的频率不同，因此高压系统的容抗、感抗会随着测试转速不同而产生变化，驱动电机绕组对电机壳体的分布电容也会随着转速以及环境温度等因素的变化而产生变化。因此，高压系统本身的阻抗特性会随着系统的运行时刻发生改变，低频信号注入法所测出的绝缘阻抗值呈动态特性。

③ 高频信号注入法。

高频信号注入法与低频信号注入法的原理相同，其原理图如图 13-5 所示。高频信号注入法由于采用的信号是高频信号，故可使电容与高压系统隔离，且可以长时间挂在高压系统上。但该方法容易受高压系统分布电容的干扰，且测得值为阻抗，不易标定绝缘电阻阈值告警点。

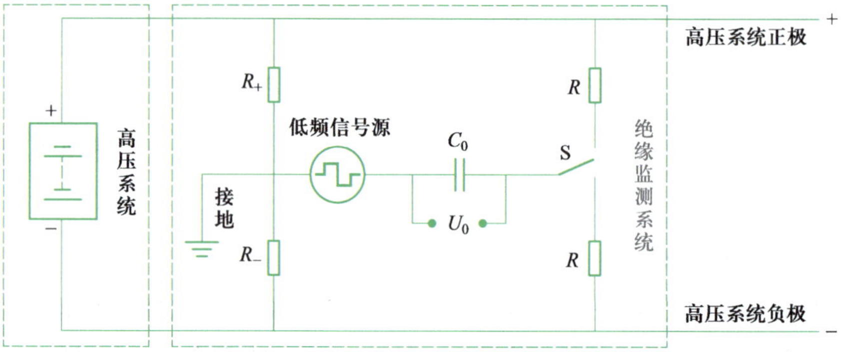

图 13-5　高频信号注入法原理图

④ 双频法。

双频法考虑到了高压系统的分布电容对绝缘电阻值测量的影响，其原理图如图 13-6 所示，为了消除影响，向待测高压系统中交替注入两路幅值相同、频率不同的激励源，通过测量两路信号的踪迹，即可准确测得高压系统正负极与地之间的绝缘电阻值。双频法测量的结果为绝缘电阻的纯电阻值，不包含高压系统的分布电容。

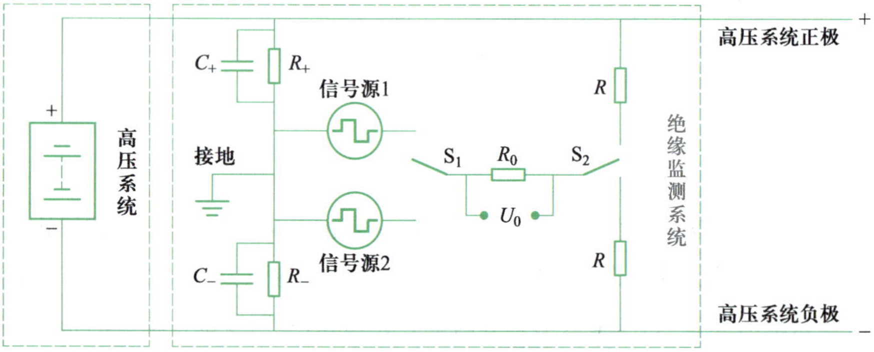

图 13-6　双频法原理图

(3) 支路检测法

支路检测法的基本原理是在高压系统支路上加装霍尔电流传感器，从而可以直接检测出该支路的不平衡电流，即支路正负极电流差值，此差值即为该支路的漏电流，其原理图如图 13-7 所示。当检测支路无接地故障时，传感器检测出的漏电流为零；而当检测支路发生接地故障时，传感器检测出的漏电流不为零，且漏电流越大，该支路的绝缘性能越差。

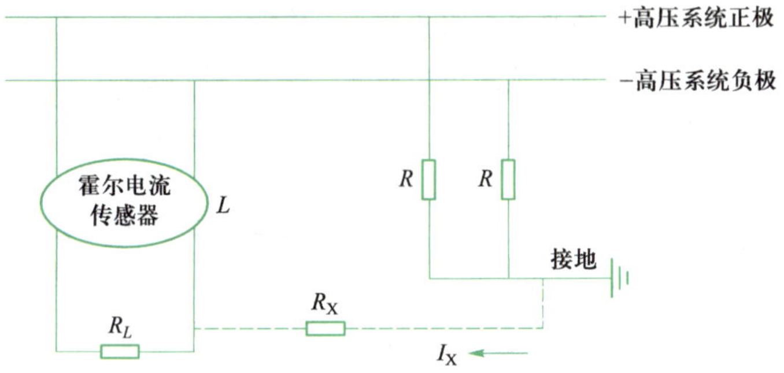

图 13-7 支路检测法原理图

支路检测法的传感器与被测高压系统不存在直接的电气连接，对被测系统的运行不会产生任何影响，且不受系统分布电容的影响。该方法既可应用在高压系统上，也可应用在某一支路上，故可实现绝缘故障的定位。但该方法易受高压系统的纹波电压和空间电磁等的干扰，检测误差较大，信号分析与处理难度较大。

4）动力蓄电池绝缘电阻检测方法

（1）检测内容

① 动力蓄电池正极与车身之间绝缘电阻的检测。

② 动力蓄电池负极与车身之间绝缘电阻的检测。

微课 绝缘的检测

（2）检测步骤

① 断开动力蓄电池 DC+/DC-高压系统连接。

② 将绝缘表负极表笔连接车身，正极表笔连接动力蓄电池 DC+端子，进行绝缘电阻检测。

③ 将绝缘表负极表笔连接车身，正极表笔连接动力蓄电池 DC-端子，进行绝缘电阻检测。

微课 绝缘表的使用方法

（3）判断绝缘电阻值是否符合标准

判断动力蓄电池 DC+/DC-端子绝缘电阻值是否符合标准，标准绝缘电阻值应不小于 500 Ω。

注意：

① 请勿检测高压部件正负极之间的绝缘电阻，以免造成部件损坏。

② 不同厂家高压部件和高压线缆的绝缘电阻存在差异，具体车型的绝缘电阻标准值以车辆维修手册为准。

5）高压系统绝缘电阻检测方法

（1）检测内容

整个高压系统一般是通过动力蓄电池高压系统端的高压插头进行绝缘电阻检测，即检测高压系统正极/负极端子与车身之间的绝缘电阻。电机控制器、车载充电机等高压部件及高压线缆的绝缘电阻检测方法与动力蓄电池与高压系统的绝缘电阻检测方法类似。高压系统绝缘电阻值检测方法如图 13-8 所示。

(2) 检测步骤

① 断开动力蓄电池高压系统连接。

② 将绝缘表负极表笔连接车身,正极表笔连接高压系统 DC+端子,进行绝缘电阻检测。

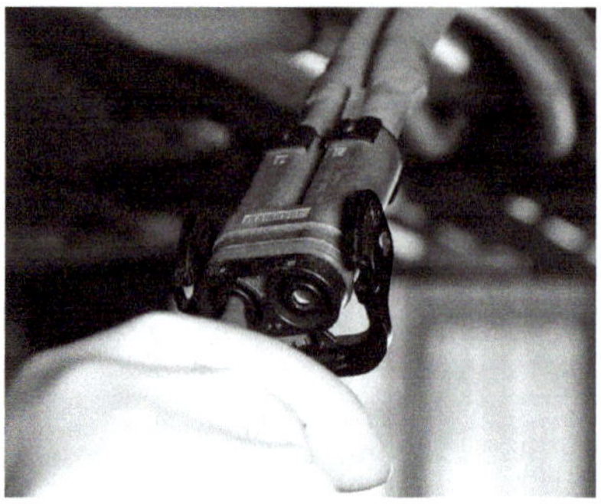

图 13-8 高压系统绝缘电阻检测方法

③ 将绝缘表负极表笔连接车身,正极表笔连接高压系统 DC-端子,进行绝缘电阻检测。

(3) 判断绝缘电阻值是否符合标准

由于高压系统直流和交流电压电路可能与接地点连接在一起,应满足绝缘电阻值不小于 500 Ω 的要求。

2. 技能操作

1) 操作准备

准备技能操作所需的物料,见表 13-1。

表 13-1 物料准备

类别	所需物料
防护用品	车辆防护用品、人身安全防护用品、防护袋(或绝缘胶带)
资料	车辆维修手册
设备、工具	实训车辆、智能钥匙、绝缘工具套装、举升机、万用表、绝缘表、诊断仪

2) 故障验证

(1) 仪表显示

起动车辆,观察车辆仪表显示,将相关内容记录在表 13-2 中。

表 13-2 仪表显示记录表

序号	项目	仪表显示	正常情况	是否正常
1	驱动系统已就绪信号装置(READY 指示灯)		点亮	是□ 否□
2	系统故障信号装置		熄灭	是□ 否□
3	异常信号装置		—	—
4	文字提示		—	—
5	语音提示		—	—

(2) 读取故障码

使用诊断仪读取故障码,将相关内容填写在表 13-3 中。

表 13-3　故障码信息记录表

序号	故障码	故障码描述	状态
例	P060JI2	绝缘故障	当前的
1			
2			

(3) 读取数据流

使用诊断仪读取数据流,将相关内容填写在表 13-4 中。

表 13-4　数据流信息记录表

序号	控制单元	数据流名称	当前值/状态	标准值/状态	是否正常
例	BMS	正极对地绝缘电阻	1 kΩ	≥500 Ω	是□　否☑
1					是□　否□
2					是□　否□
3					是□　否□
4					是□　否□
5					是□　否□

3) 制订维修方案

根据读取到的故障信息,对故障进行初步分析,并制订维修方案,完成表 13-5 的填写。

表 13-5　故障分析及维修方案制订

故障分析：可能的故障原因或故障点		
1		
2		
3		
4		
5		
维修方案/检测流程		
示例	外观检查	检查高压线束是否破损
1		
2		
3		

续表

维修方案/检测流程		
示例	外观检查	检查高压线束是否破损
4		
5		
6		
7		
8		
9		
10		

4）整车绝缘电阻检测

参照车辆维修手册，对动力蓄电池绝缘电阻、高压系统绝缘电阻进行检测，并将结果记录在表 13-6 中。

表 13-6　整车绝缘电阻检测记录表

序号	检测项目		检测值	标准值	检测结果	分析
例	动力蓄电池	动力蓄电池高压系统 DC+端子与车身	4 000 kΩ	≥500 Ω	正常☑ 不正常☐	动力蓄电池 DC+绝缘电阻正常
1	动力蓄电池	动力蓄电池高压系统 DC+端子与车身		≥500 Ω	正常☐ 不正常☐	
		动力蓄电池高压系统 DC-端子与车身		≥500 Ω	正常☐ 不正常☐	
2	高压系统	高压系统 DC+端子与车身		≥500 Ω	正常☐ 不正常☐	
		高压系统 DC-端子与车身		≥500 Ω	正常☐ 不正常☐	
3	驱动电机				正常☐ 不正常☐	
					正常☐ 不正常☐	
					正常☐ 不正常☐	
4	电机控制器				正常☐ 不正常☐	
					正常☐ 不正常☐	

续表

序号	检测项目		检测值	标准值	检测结果	分析
4	电机控制器				正常□ 不正常□	
					正常□ 不正常□	
					正常□ 不正常□	
5	车载充电机				正常□ 不正常□	
					正常□ 不正常□	
					正常□ 不正常□	
					正常□ 不正常□	
					正常□ 不正常□	
6	DC/DC变换器				正常□ 不正常□	
					正常□ 不正常□	
7	高压控制盒				正常□ 不正常□	
					正常□ 不正常□	
					正常□ 不正常□	
					正常□ 不正常□	
					正常□ 不正常□	
					正常□ 不正常□	
					正常□ 不正常□	
					正常□ 不正常□	

(二) 高压线缆更换

1. 知识学习

1) 高压线缆更换的意义

在新能源汽车的日常使用中,高压线缆绝缘介质老化、摩擦破损、环境潮湿等因素都会导致高压电路与车身之间的绝缘性能下降,在车身与电源之间构成漏电回路,使车身电位升高,不仅会危及乘员的人身安全,还会影响低压电器和车辆控制器的正常工作。当高压电路与车身之间发生多点绝缘性能严重下降时,还将导致漏电回路产生热积累效应,可能造成车辆发生电气火灾。因此,不仅需要定期检测高压系统相对车身的绝缘性能,还要定期检查高压线缆是否损坏,若有损坏应及时更换。

2) 高压线缆型号编码示例

新能源汽车高压线缆型号编码示例如图 13-9 所示。

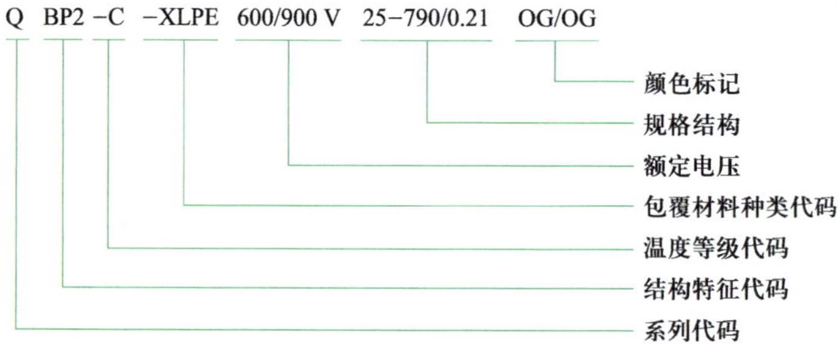

图 13-9 高压线缆型号编码示例

3) 高压线缆拆卸步骤

首先对新能源汽车进行高压断电,对于使用高压连接器连接的高压线缆,先断开需要拆卸的高压线缆两端连接器,之后拆卸高压线缆固定卡扣及螺栓,最后取出高压线缆;对于使用螺栓固定的高压线缆,需要先拆卸接线盒盖,从接线盒内拆卸高压线缆接头固定螺栓,拆卸高压线缆外部密封、固定螺栓,之后拆卸高压线缆固定卡扣及螺栓,最后取出高压线缆。使用螺栓固定的高压线缆如图 13-10 所示。

4) 高压线缆检查项目

① 检查高压线缆型号编码是否一致。

② 检查高压线缆外观是否存在破损、弯折、挤压、变形等损伤。

③ 检查高压线缆连接器是否能有效锁止。

5) 高压线缆安装注意事项

高压线缆安装大体以与拆卸相反的流程倒序进行,同时注意下列事项。

① 对于使用螺栓固定的高压线缆,安装前需要更换密封圈。

② 高压线缆切勿弯折、扭转,以免损坏屏蔽层。

③ 高压线缆不得与活动部件接触，避免造成摩擦、挤压。

(a) 高压线缆固定螺栓

(b) 外部密封、固定螺栓

图 13-10　使用螺栓固定的高压线缆

2. 技能操作

1）操作准备

准备技能操作所需的物料，见表 13-7。

表 13-7　物料准备

类别	所需物料
防护用品	车辆防护用品、人身安全防护用品、操作场地安全防护用品、防护袋（或绝缘胶带）
资料	车辆维修手册
工具、设备	实训车辆、智能钥匙、万用表、绝缘工具、举升机、绝缘表

2）高压线缆拆卸

参照车辆维修手册，按照规范流程拆卸高压线缆，并将拆卸过程记录在表 13-8 中。

表 13-8　高压线缆拆卸记录表

序号	工作流程	工具	注意事项/备注
1	高压断电	高压安全防护用品、万用表、防护袋、绝缘工具、举升机、绝缘表	高压安全防护
2			
3			
4			
5			

续表

序号	工作流程	工具	注意事项/备注
6			
7			
8			
9			

3）高压线缆检查

抄写高压线缆型号编码，并对型号编码含义进行解析，之后对高压线缆进行检查，将工作过程记录在表 13-9 中。

表 13-9　高压线缆检查记录表

<table>
<tr><th>序号</th><th>检查项目</th><th colspan="2">检查结果</th><th>备注</th></tr>
<tr><td rowspan="10">1</td><td rowspan="10">型号编码</td><td>编码</td><td></td><td></td></tr>
<tr><td rowspan="8">解析</td><td>Q:汽车用线缆(例)</td><td></td></tr>
<tr><td></td><td></td></tr>
<tr><td></td><td></td></tr>
<tr><td></td><td></td></tr>
<tr><td></td><td></td></tr>
<tr><td></td><td></td></tr>
<tr><td></td><td></td></tr>
<tr><td></td><td></td></tr>
<tr><td>一致性</td><td>一致□　不一致□</td><td></td></tr>
<tr><td>2</td><td>高压线缆外观</td><td colspan="2">正常□ 破损□ 弯折□ 挤压□ 变形□</td><td></td></tr>
<tr><td>3</td><td>高压连接器</td><td colspan="2">有效锁止□ 无法锁止□</td><td></td></tr>
</table>

4）高压线缆安装

参照车辆维修手册，按照规范流程安装高压线缆，并将安装过程记录在表 13-10 中。

表 13-10　高压线缆安装记录表

序号	工作流程	工具	注意事项/备注
1			
2			
3			
4			

续表

序号	工作流程	工具	注意事项/备注
5			
6			
7			

5）维修结果检验

打开起动开关，起动车辆，通过观察车辆仪表显示，使用诊断仪读取故障码及数据流，判断车辆故障是否排除。进行维修结果检验，并将结果填写在表 13-11 中。

表 13-11　维修结果检验记录表

序号	检验项目	检验结果
1	车辆是否能够正常起动	是□　否□
2	车辆仪表显示是否全部正常	是□　否□
3	故障码是否完全清除	是□　否□
4	相关数据流是否全部正常	是□　否□

四、检查评估

对本任务的学习情况进行检查，并将相关内容填写在表 13-12 中。

表 13-12　检查表

检查项目	检查结果	结果点评
整车绝缘电阻监测系统检测		
进行绝缘检测时是否穿戴整齐人身安全防护用品	是□　否□	
绝缘表量程挡位选择是否正确	是□　否□	
高压线缆更换		
是否完成高压线缆拆卸	是□　否□	
高压线缆型号编码解析是否正确	是□　否□	
高压线缆固定是否牢固	是□　否□	
整理及恢复		
工具、设备是否整理归位	是□　否□	
维修工位是否打扫干净	是□　否□	
产生的垃圾是否分类处理	是□　否□	
工作页是否填写完整	是□　否□	

五、任务小结

本任务小结如图 13-11 所示。

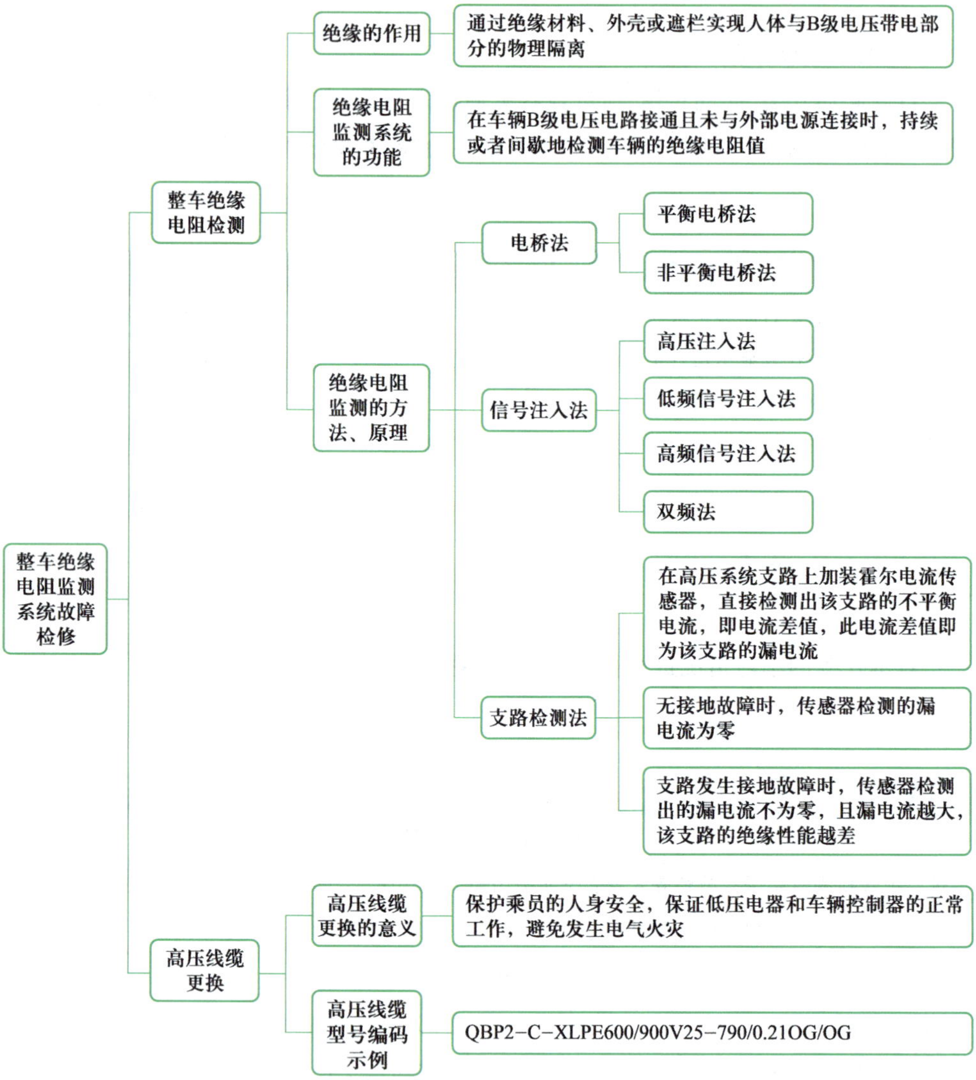

图 13-11　任务十三小结

情境四

整车热管理

新能源汽车因其独特的动力结构和动力蓄电池物理特性，对外部环境温度和自身发热温度有严格要求，整车热管理可以使车辆始终保持在最佳运行温度区间。整车热管理的控制效果影响车辆的续驶能力、动力性能、部件寿命等，同时也能积极响应乘客对车辆空调的使用要求。本情境针对整车热管理进行一系列的认知、诊断、检修，包括加热系统故障检测、冷却系统故障检修、整车温控系统故障检修3个任务。

本情境主要的学习内容包换冷却系统冷却方式分类、工作原理，冷却系统控制原理，冷却系统常见故障分析、检测流程，电池加热意义、发展历程，加热膜结构、工作原理、检测方法，液体加热结构、工作原理、检测方法等。

4

任务十四　加热系统故障检修

一、任务导入

场景：某品牌新能源汽车售后维修车间。

人物：维修技师小王、车主张先生。

情节：售后维修车间来了一辆新能源故障车，据车主张先生所说，起动车辆后仪表提示加热故障，且续驶里程下降严重。此时正值冬季，仪表显示“室外温度-12°”。小王初步判断该车动力蓄电池加热系统出现故障，于是小王根据初步判断对该车加热系统进行诊断与检修。

二、任务目标

◇ 能按照温度传感器检测内容及检测方法，使用专用工具规范拆卸温度传感器，完成温度传感器的检测作业。

◇ 能根据车辆维修手册及加热系统电路图，使用专用工具，正确完成加热系统电路故障检修作业。

三、任务实施

（一）温度传感器故障检测

1. 知识学习

1）温度传感器定义及分类

温度传感器是指能感受温度并将其转换成可用输出信号的传感器。温度传感器主要有热敏电阻式、热电阻式、热电耦式三种。

（1）热敏电阻式温度传感器

热敏电阻式温度传感器是一种电阻值随其温度变化呈指数变化的半导体热敏感元件，其有灵敏度高、电阻值大、体积小、结构简单、响应时间短、功耗低、价格低、化学稳定性好等优点。热敏电阻式温度传感器如图 14-1 所示。

（2）热电阻式温度传感器

热电阻式温度传感器利用金属随着温度变化，其电阻值也发生变化的特点制成。对于不同金属来说，温度每变化 1 ℃，电阻值变化不同，可以直接将电阻值作为输出信号，从而计算出温度值。热电阻式温度传感器有准确度高、输出信号强、灵敏度高、测温范围广、稳定性好、无需参考点等优点。热电阻式温度传感器如图 14-2 所示。

(3) 热电耦式温度传感器

热电耦式温度传感器由两种不同材料的导体(金属丝或热电极)两端接合成回路,两种导体接触在一块,接点处会有一个稳定的电动势;当两个接合点的温度不同时,在回路中就会产生一定大小的电动势,这种现象称为热电效应,而这种电动势称为热电势。热电耦式温度传感器就是利用这种原理进行温度测量。热电耦式温度传感器有工作可靠、响应较快、易于使用、成本低、测温范围广、适于远距离测控等优点。热电耦式温度传感器如图 14-3 所示。

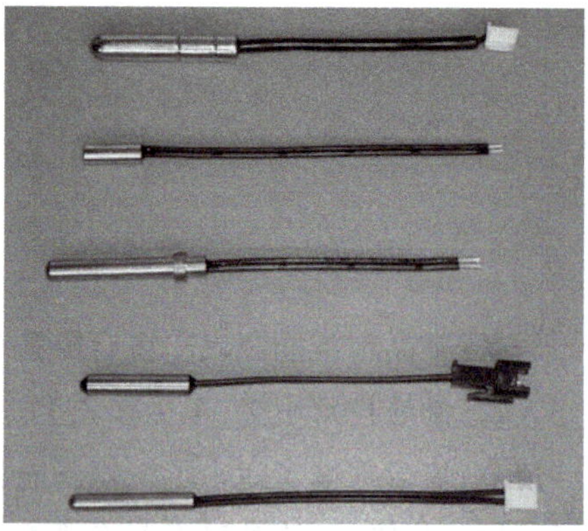

图 14-1　热敏电阻式温度传感器

图 14-2　热电阻式温度传感器

2) 热敏电阻式温度传感器结构

热敏电阻式温度传感器主要由热敏电阻、引线、壳体构成,热敏电阻一般做成二端器件,但也有三端或四端的。二端和三端器件为直热式,即直接从电路中获得功率。四端器件则是旁热式的。根据不同的要求,可以把热敏电阻做成不同的形状结构,不同形状结构的热敏电阻如图 14-4 所示。

3) 热敏电阻式温度传感器工作原理

热敏电阻式温度传感器分为电阻随温度升高而增加的正温度系数(PTC)型,以及电阻随温度升高而降低的负温度系数(NTC)型。其中 NTC 型为车辆中常用的温度传感器。

图 14-3　热电耦式温度传感器

图 14-5 所示为 NTC 型温度传感器阻值随温度变化曲线示意图。NTC 型温度传感器在工作中,由控制单元输出初始电压,并经过传感器形成压降。由于传感器阻值

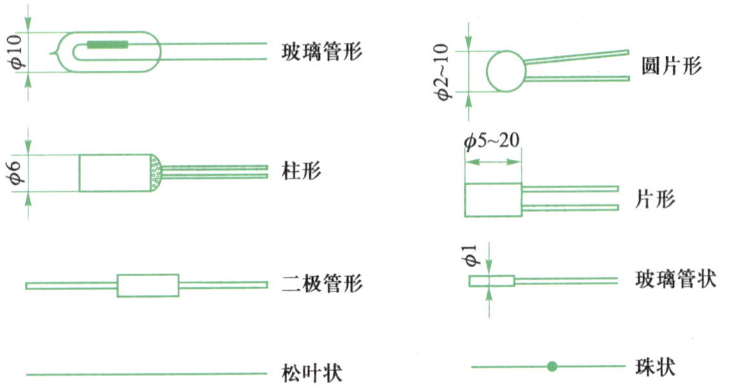

图 14-4　不同形状结构的热敏电阻(单位:mm)

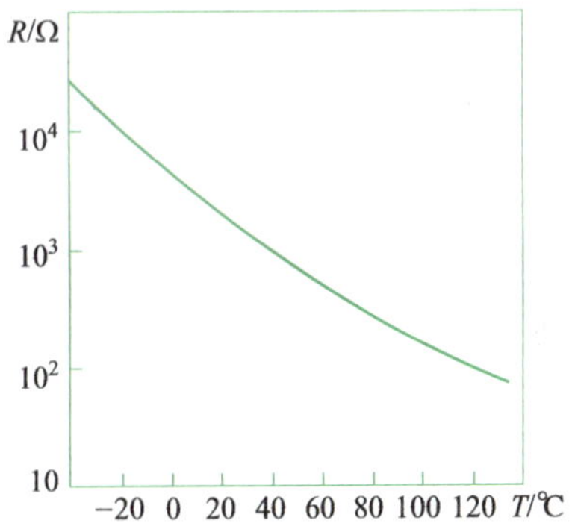

图 14-5　NTC 型温度传感器阻值随温度变化曲线示意图

随温度的变化而变化,对应压降随传感器阻值变化,所以控制单元可根据压降程度确定所测温度。

4）动力蓄电池温度传感器安装位置

动力蓄电池中安装多个温度传感器,用以实时监测动力蓄电池内各电池模组的温度变化,一般每个电池模组上安装有两个温度传感器。电池模组上温度传感器安装位置如图 14-6 所示。

5）驱动电机温度传感器安装位置

驱动电机的温度监控主要由电机控制器及驱动电机温度传感器完成,其主要监测驱动电机的实时温度,起到保护驱动电机的作用。驱动电机温度传感器一般安装在定子线圈上,可及时向电机控制器反馈驱动电机真实温度。

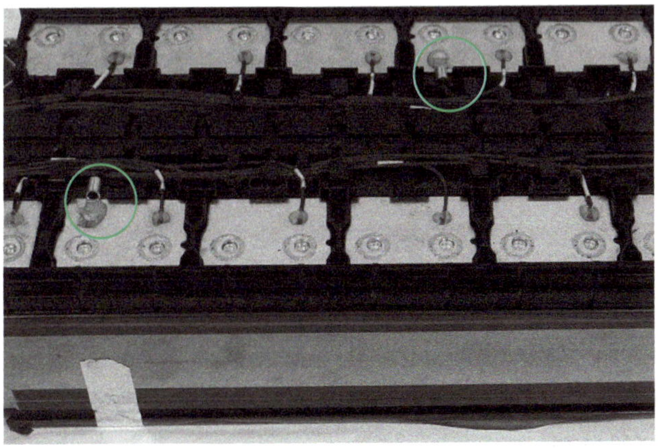

图 14-6　电池模组上温度传感器安装位置

微课
温度传感器故障检测

6）温度传感器检测内容及检测方法

（1）检测内容

检测常温状态下温度传感器低压电路，包含温度信号、传感器供电与搭铁。在室温环境下检测温度传感器两端电阻并与标准值进行对比，标准值应为 10 kΩ（具体数值参考车辆维修手册）。

（2）检测方法

拆卸温度传感器，使用电热棒加热清水，并使用温度计测量水温，将温度传感器放入加热的清水中，测量在不同温度下传感器两个端子之间的电阻值，随着温度的升高，电阻值应逐渐下降，若电阻值无变化，则传感器损坏。

2. 技能操作

1）操作准备

准备技能操作所需的物料，见表 14-1。

表 14-1　物料准备

类别	所需物料
防护用品	车辆防护用品、人身安全防护用品、防护袋（或绝缘胶带）
资料	车辆维修手册、车辆电路图手册
设备、工具	实训车辆、智能钥匙、绝缘工具套装、举升机、万用表、绝缘表、工作台、电热棒、温度计、抹布、清水、水盆、温度传感器

2）故障查询

（1）拆画电路图

参考车辆维修手册，将温度传感器相关电路图绘制在图 14-7 的框中。

图 14-7　温度传感器电路图

（2）查找端子定义

查询车辆维修手册，将温度传感器涉及的连接器端子定义填写在表 14-2 中。

3）温度传感器检测

参照温度传感器检测内容，对温度传感器进行检测，并将结果记录在表 14-3 中。

表 14-2　温度传感器连接器端子定义记录表

序号	端子号	定义	序号	端子号	定义
例	FB94/2	温度传感器供电	例	FB94/1	温度传感器信号输出
1			3		
2			4		

表 14-3　温度传感器检测记录表

序号	检测项目	检测点		检测条件	检测类型	标准值	检测值	分析
例	供电	T81/37	搭铁	打开起动开关	电压	蓄电池电压	12.45 V	正常
1	信号							
2	供电							
3	搭铁							

4）温度传感器拆卸

查询车辆维修手册，按照标准流程拆卸温度传感器，并将相关内容填写在表 14-4 中。

表 14-4　温度传感器拆卸记录表

序号	工作内容	工具	备注
例	关闭起动开关	—	妥善放置智能钥匙
1			
2			
3			
4			
5			
6			
7			
8			
9			

续表

序号	工作内容	工具	备注
10			
11			
12			
13			

5）温度传感器检测

参考温度传感器检测方法，测量温度传感器在各温度状态下的电阻值，并将结果填写在表 14-5 中。

表 14-5　温度传感器测试记录表

序号	状态	检测值	标准值	测试结果
例	30 ℃	7.30 kΩ	8.30 kΩ（参考维修手册）	正常□　不正常□
1				
2				
3				
4				

6）温度传感器安装

参考车辆维修手册，按照标准流程安装温度传感器。

（二）加热系统故障检修

1. 知识学习

1）加热系统作用及加热方式

新能源汽车一般只有动力蓄电池需要进行加热辅助，且是在室外温度较低时进行。加热系统在车辆行驶、充电工况时能快速将单体电池加热到特定的温度，并保证加热过程中单体电池的温度一致性，以使动力蓄电池在车辆行驶、充电过程中以更高的效率运行并延长单体电池的使用寿命。

加热系统一般采用加热片式、冷却液加热式两种常见方式，另外也有空气加热式、宽线金属膜加热式、单体电池内部交流电加热式、单体电池内部自加热式等一些不常采用的加热方式。

（1）加热片式加热系统

加热片式加热系统是在动力蓄电池箱内铺设加热片，通过电流流经加热片时散发的热量为动力蓄电池加热。

（2）冷却液加热式加热系统

冷却液加热式加热系统借用液冷式冷却系统，在冷却系统中加装高压液体加热器，通过使加热后的冷却液在动力蓄电池内循环流动达到加热动力蓄电池的作用。

（3）空气加热式加热系统

空气加热式加热系统采用加热器先对空气进行加热，再向动力蓄电池箱内通热空气的方式对动力蓄电池进行加热。常见的空气加热式加热系统如图 14-8 所示，在低温情况下，外界或车舱内的空气经由车载加热器或空调系统 PTC 加热器进行加热，之后通过风道将热空气吹进动力蓄电池箱。该方式的缺点是动力蓄电池加热不均匀且效率低。

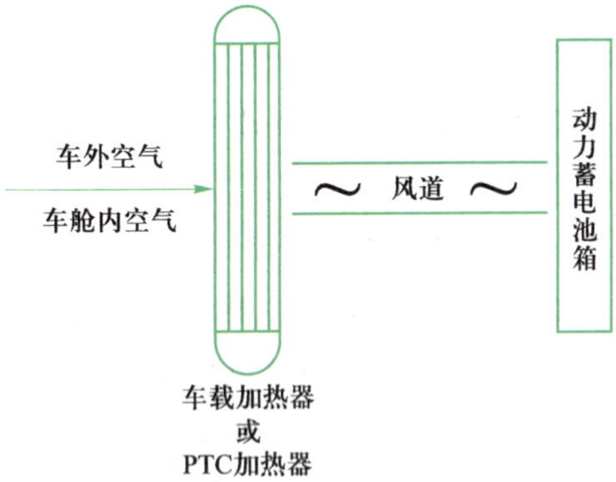

图 14-8　空气加热式加热系统

（4）宽线金属膜加热式加热系统

宽线金属膜加热式加热系统通过电流流经宽线金属膜时产生的热量对动力蓄电池进行加热。如图 14-9 所示，宽线金属膜采用 1 mm 厚的 FR4 板材制成，板材两面覆上 0.035 mm 厚的铜膜，一面为完整矩形铜膜，另一面为由一条连续的、具有一定宽度的铜线组成的铜膜，电源与铜线的两端相接，在两铜膜表面覆上绝缘耐磨层。由于铜线具有电阻，电流通过铜线时铜线发热，产生的热量可通过另一侧的铜膜平面均匀地传给动力蓄电池，从而实现对动力蓄电池的加热。

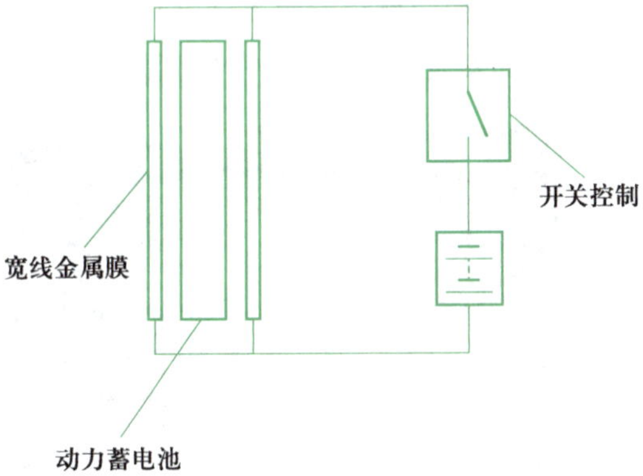

图 14-9　宽线金属膜加热式加热系统

（5）单体电池内部交流电加热式加热系统

单体电池内部交流电加热式加热系统是一种通过交流电直接对单体电池内部进行加热的方法，温升速率可以达到 3 ℃/min。在低温情况下，交流电源输出交流电，利用电池脉冲充放电会自生热的特点给单位电池内部进行加热。

（6）单体电池内部自加热式加热系统

单体电池内部自加热式加热系统如图 14-10 所示，该系统通过电流流经单体电池内部加设的镍片产生欧姆热，实现对单体电池的加热。在单体电池内部加装一镍片，当温度低于设定值时开关断开，电流流经镍片产生热量；当温度高于设定值时开关闭合，停止加热，从而实现对单体电池低温加热的可控性。实验结果表明，该方法可在 1 min 内将单体电池从 -30 ℃加热到 0 ℃以上，温升速率极高，但是该方式需要改变单体电池内部结构，实现过程具有挑战性。

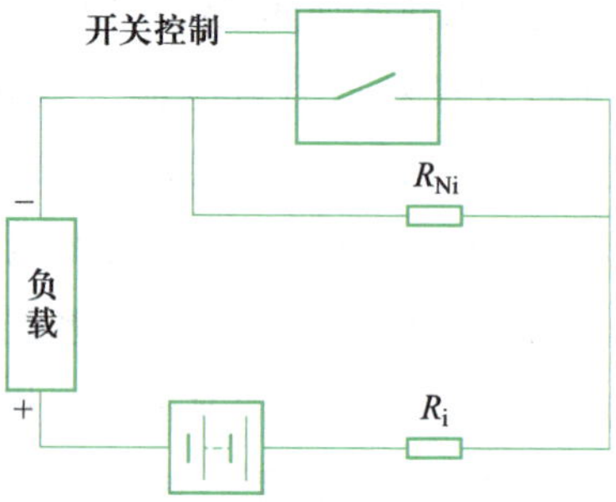

图 14-10　单体电池内部自加热式加热系统

2）加热片式加热系统

加热片式加热系统主要由加热元件和电路组成，由 BMS 控制加热继电器闭合、断开，从而控制加热系统工作状态。常见的加热元件有可变电阻加热元件和恒定电阻加热元件，前者通常称为 PTC，后者则通常是由金属加热丝组成的加热片，如硅胶加热片、挠性加热片等。

硅胶加热片（SCS）是采用耐高温、高导热、绝缘性能佳、强度好的硅橡胶，耐高温的纤维增强材料以及金属发热膜电路集合而成的软性加热片元件，硅胶加热片具有很好的附着性，可以与被加热物体完全紧密接触。

3）加热系统安装位置

加热系统常见的安装位置有三种，分别为电池模组侧边安装、电池模组底部安装及单体电池间隙安装，其中电池模组侧边安装方式又可以分为单侧安装和双侧安装两种。加热系动电池模组底部安装位置如图 14-11 所示。

图 14-11　加热系统电池模组底部安装示意图

4）加热继电器安装位置及拆卸流程

（1）安装位置

加热片式加热系统的加热继电器一般安装在动力蓄电池箱的辅助元器件盒内，如图 14-12 所示。

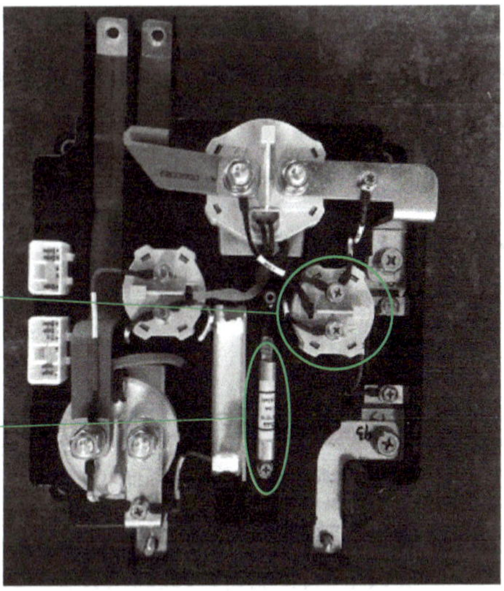

图 14-12　加热继电器安装位置

（2）拆卸流程

加热继电器拆卸流程见表 14-6。

表 14-6　加热继电器拆卸流程

序号	工作内容
1	高压断电
2	拆卸动力蓄电池系统
3	拆卸动力蓄电池箱盖固定螺栓，打开动力蓄电池箱盖
4	断开辅助元器件盒低压连接器
5	拆卸辅助元器件盒盖
6	拆卸辅助元器件盒高压输入、输出固定螺栓
7	拆卸辅助元器件盒固定螺栓，取出辅助元器件盒
8	拆卸加热继电器触点固定螺栓以及加热继电器固定螺栓
9	断开加热继电器线圈线路连接，取出加热继电器

（3）注意事项

① 拆装加热继电器过程中需全程佩戴个人高压安全防护用品，以免高压触电。

② 妥善处理、放置高压接线板，以免造成短路。

5）加热系统检测内容

① 检测各加热片电阻值是否符合标准。

② 起动车辆，检测加热继电器线圈供电、线圈搭铁的电压值，断电检测加热继电器线圈供电线、线圈搭铁线的电阻值。

③ 拆卸加热继电器，检测加热继电器线圈电阻值，正常应为 25 Ω 左右（或参考

车辆维修手册)，之后检测加热继电器触点电阻值，应为无穷大，最后给加热继电器线圈施加 12 V 电压，检测高压继电器触点是否能正常吸合，吸合后高压继电器触点电阻值应小于 1 Ω。

2. 技能操作

1）操作准备

准备技能操作所需的物料，见表 14-7。

表 14-7　物料准备

类别	所需物料
防护用品	车辆防护用品、人身安全防护用品、防护袋(或绝缘胶带)
资料	车辆维修手册、车辆电路图
设备、工具	实训车辆、智能钥匙、绝缘工具套装、举升机、万用表、绝缘表、电池模组

2）故障验证

(1）仪表显示

起动车辆，观察车辆仪表显示，将相关内容记录在表 14-8 中。

表 14-8　仪表显示记录表

序号	项目	仪表显示	正常情况	是否正常
1	驱动系统已就绪信号装置(READY 指示灯)		点亮	是□　否□
2	系统故障信号装置		熄灭	是□　否□
3	异常信号装置		—	—
4	文字提示		—	—
5	语音提示		—	—
6	室外温度		—	—

(2）读取故障码

使用诊断仪读取故障码，将相关内容填写在表 14-9 中。

表 14-9　故障码信息记录表

序号	故障码	故障码描述	状态
例	P0DGK45	动力蓄电池温度偏低	当前的
1			
2			

(3）读取数据流

使用诊断仪读取数据流，将相关内容填写在表 14-10 中。

表 14-10　数据流信息记录表

序号	控制单元	数据流名称	当前值/状态	标准值/状态	是否正常
例	BMS	单体电池最低温度	-8℃	0～40℃	是□　否☑
1					是□　否□
2					是□　否□
3					是□　否□
4					是□　否□
5					是□　否□

3）故障查询

（1）拆画电路图

参考车辆维修手册，将加热系统电路图绘制在图 14-13 的框中。

图 14-13　加热系统电路图

（2）查找端子定义

查询车辆维修手册，将加热系统涉及的连接器端子定义填写在表 14-11 中。

表 14-11　加热系统连接器端子定义记录表

序号	端子号	定义	序号	端子号	定义
例	BD14/3	加热继电器线圈控制（BMS 端）	例	FD8/3	加热继电器线圈控制（继电器端）
1			6		
2			7		
3			8		
4			9		
5			10		

4）维修方案制订

根据读取到的故障信息，对故障进行初步分析，并制订维修方案，完成表 14-12 的填写。

表 14-12　故障分析及维修方案制订

故障分析：可能的故障原因或故障点		
1		
2		
3		
4		
5		
维修方案/检测流程		
示例	外观检查	检查高压线束是否破损
1		
2		
3		
4		
5		
6		
7		
8		
9		
10		

5）加热系统故障检测

（1）加热片检测

参考加热系统检测内容及车辆维修手册，对加热片进行检测，并将结果填写在表14-13中。

表 14-13　加热片检测记录表

序号	检测项目	检测点		检测条件	检测类型	标准值	检测值	分析
例	加热片 1	加热片输入端	加热片输出端	断开连接器	电阻	120Ω	∞	加热片内部损坏
1	加热片总正、总负							
2	加热片 1							
3	加热片 2							
4	加热片 3							
5	加热片 4							

续表

序号	检测项目	检测点	检测条件	检测类型	标准值	检测值	分析
6	加热片 5						
7	加热片 6						

（2）加热继电器拆卸

参考车辆维修手册，按照标准流程拆卸加热继电器，并将相关内容填写在表 14-14 中。

表 14-14　加热继电器拆卸记录表

序号	工作内容	工具	注意事项/备注
1	高压断电	高压安全防护用品、万用表、防护袋、绝缘工具、举升机、绝缘表	高压安全防护
2			
3			
4			
5			
6			
7			
8			
9			
10			
11			

（3）加热继电器检测

参考加热系统检测内容及车辆维修手册，对加热继电器进行检测，并将结果填写在表 14-15。

表 14-15　加热继电器检测记录表

序号	检测项目	检测点	检测条件	检测类型	标准值	检测值	分析
例	加热继电器触点电阻	继电器触点两端	线圈不工作	电阻	∞	∞	触点无粘连
1	加热继电器线圈电阻						
2	加热继电器触点电阻						

续表

序号	检测项目	检测点		检测条件	检测类型	标准值	检测值	分析
3	线圈外接电源后加热继电器触点电阻							

(4) 加热继电器安装

参考车辆维修手册，按照标准流程安装加热继电器。

6) 维修结果检验

打开起动开关，起动车辆，通过观察车辆仪表显示，并使用诊断仪读取故障码及数据流，判断车辆故障是否排除。进行维修结果检验，并将结果填写在表 14-16 中。

表 14-16　维修结果检验记录表

序号	检验项目	检验结果
1	车辆是否能够正常起动	是□　否□
2	车辆仪表显示是否全部正常	是□　否□
3	故障码是否完全清除	是□　否□
4	相关数据流是否全部正常	是□　否□

四、检查评估

对本任务的学习情况进行检查，并将相关内容填写在表 14-17 中。

表 14-17　检查表

检查项目	检查结果	结果点评
温度传感器故障检测		
温度传感器测试记录内容是否正确	是□　否□	
温度传感器安装是否规范	是□　否□	
加热系统故障检修		
加热系统故障是否排除	是□　否□	
故障码是否清除	是□　否□	
加热继电器安装是否规范	是□　否□	
整理及恢复		
工具、设备是否整理归位	是□　否□	
维修工位是否打扫干净	是□　否□	
产生的垃圾是否分类处理	是□　否□	
工作页是否填写完整	是□　否□	

五、任务小结

本任务小结如图 14-14 所示。

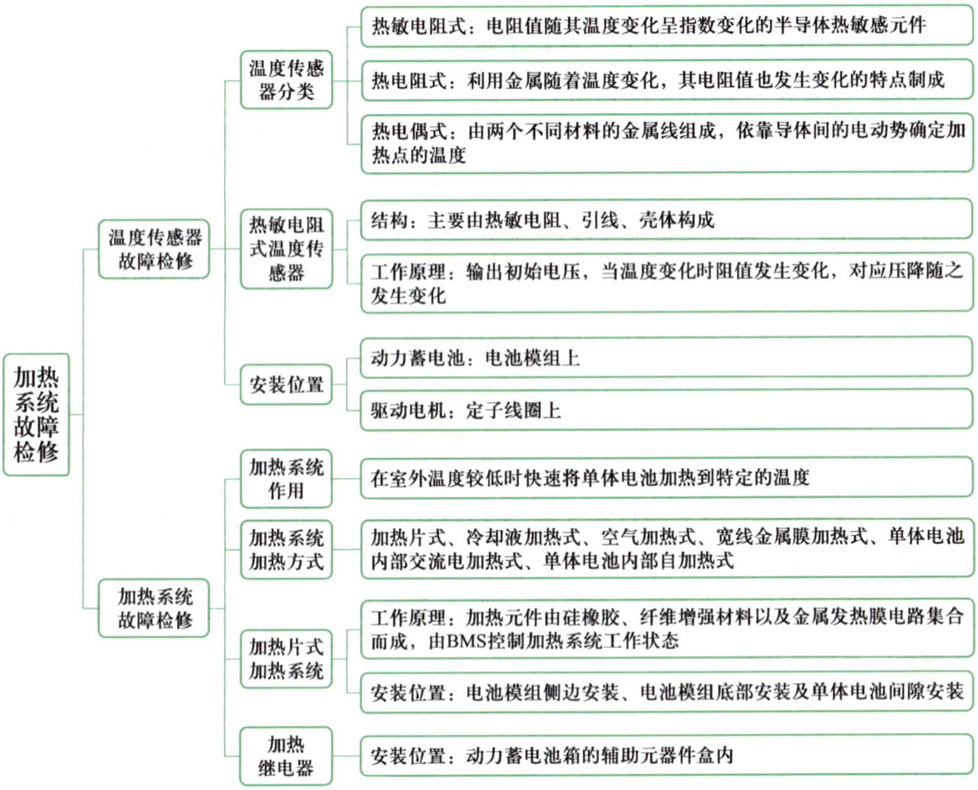

图 14-14　任务十四小结

任务十五　冷却系统故障检修

一、任务导入

场景：某品牌新能源汽车售后维修车间。

人物：维修技师小王、车主张先生。

情节：售后维修车间拖来了一辆新能源故障车，据车主张先生所说，车辆行驶一段时间后仪表提示冷却液温度过高，停车后车辆便自动熄火。小王根据张先生的描述初步判断该车冷却系统出现故障，从而导致动力蓄电池、驱动电机等高压部件无法有效散热，但在该车送检过程中各部件已经逐渐冷却，短时间难以进行故障验证，于是小王根据初步判断对给车辆冷却系统进行诊断与检修。

二、任务目标

◇ 能按照冷却液检查项目及方法，使用冰点测试仪、密封性检测设备等，规范且安全地完成冷却液各项检查作业。

◇ 能根据车辆维修手册及电路图，使用专用工具，正确完成冷却系统部件检查及电路故障检修作业。

三、任务实施

(一) 冷却液检查

1. 知识学习

1）冷却液作用及使用性能

冷却液具有防冻、冷却、防腐等效果，大多数冷却液的颜色为粉色、绿色等醒目颜色，以便观察其是否泄露，并与车辆其他液体相区别，避免混淆。冷却液一般用在车辆动力蓄电池、驱动电机、电机控制器等高压部件的冷却系统中，作为热量传递介质吸收高压部件散发的热量，部分车辆的空调加热系统也通过冷却液进行热量传递。

为保证驱动电机、动力蓄电池等高压部件在正常温度区间工作和延长部件使用寿命，要求冷却液应具备以下使用性能：黏度小、冰点低、沸点高、热传导性好且不产生水垢、不易起泡沫。

2）冷却水箱作用及位置

冷却水箱用于存储冷却液，一般位于前机舱内。冷却水箱的数量根据冷却液用途的不同而变化，常见数量为 1 个、2 个或 3 个。冷却水箱的位置如图 15-1 所示，具体车型冷却水箱的位置需要根据车辆用户手册查找。

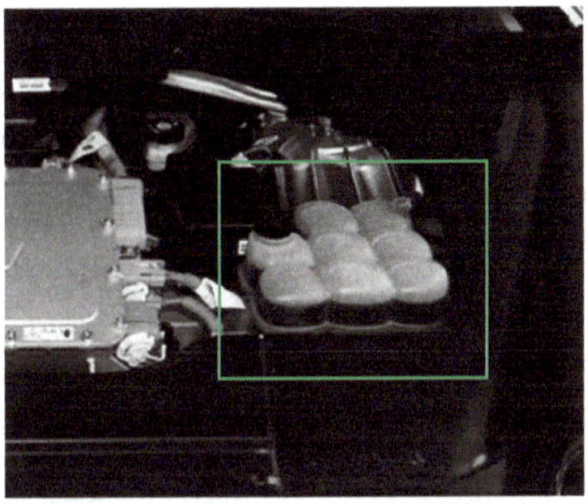

(a) 1个冷却水箱

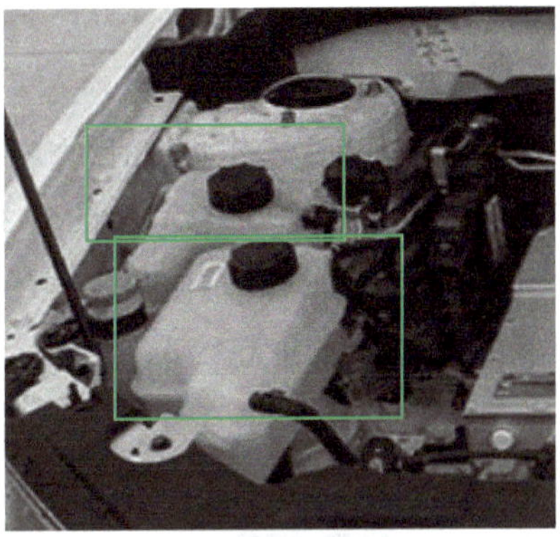

(b) 2个冷却水箱

(c) 3个冷却水箱

图 15-1 冷却水箱的位置

3）冷却液的牌号及选用

目前市场上使用的冷却液都是根据其冰点确定牌号的，主要包括-20、-25、-30、-35、-40 和-45 六种牌号，部分牌号的冷却液如图 15-2 所示。选用冷却液时，应选用比环境温度低 10 ℃以上牌号的冷却液。

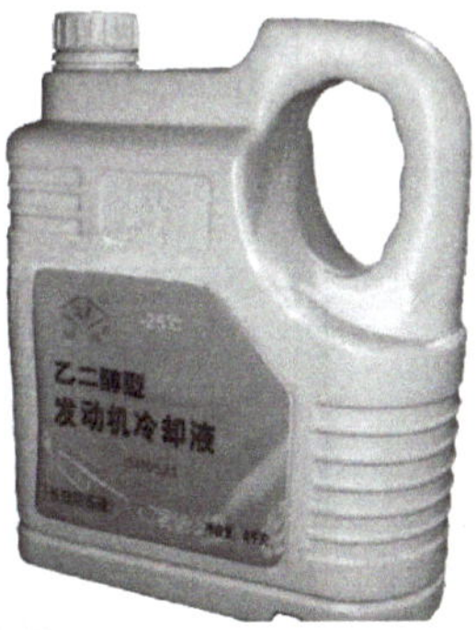

(a) -25号冷却液

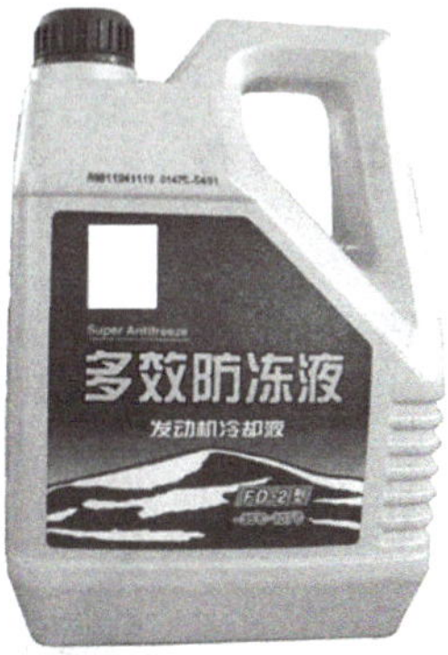

(b) -35号冷却液

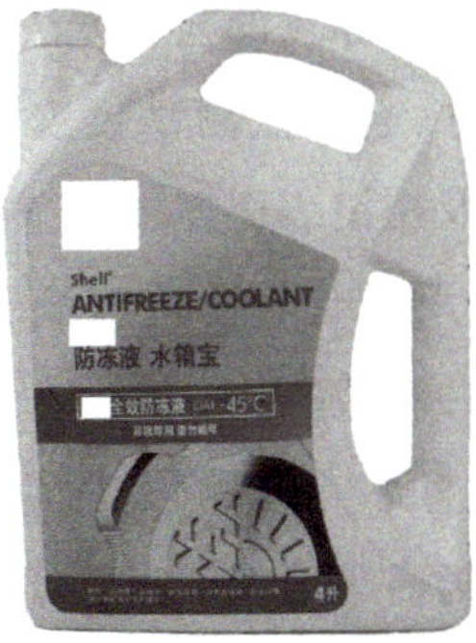

(c) -45号冷却液

图 15-2 部分牌号的冷却液

4）冷却液检查项目及方法

冷却液的检查项目包含冷却液液位检查、冰点检测、性能检查、更换周期查验以及冷却系统密封性检查。

（1）冷却液液位检查

在车辆处于正常工作状态时，查看冷却水箱内的冷却液液位是否处于 MAX（最高）和 MIN（最低）标记之间，如图 15-3 所示。如果冷却液液位低于 MIN 标记，则应拧开冷却水箱添加冷却液，使液位上升到 MAX 与 MIN 标记之间，然后关闭冷却水箱盖，并检查冷却系统有无渗漏现象。

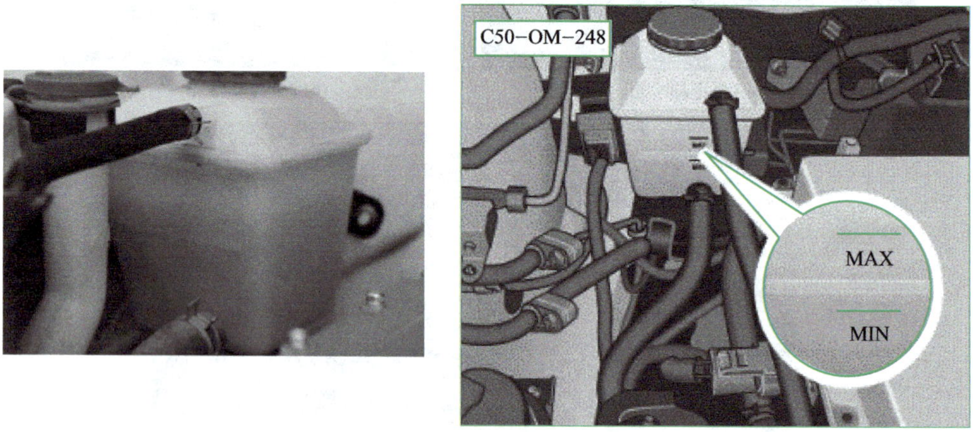

图 15-3　冷却水箱冷却液液位

（2）冷却液冰点检测

为了防止汽车在冬季行驶时，冷却液结冰造成冷却系统胀裂，要求冷却液的冰点应低于该地区最低温度 10 ℃左右，以防天气突变。

冷却液冰点的检测方法如下。

① 掀起冰点测试仪盖板，用柔软抹布将盖板及棱镜表面擦拭干净。

② 用吸管将冷却液滴于棱镜表面，合上盖板并轻轻按压。

③ 将冰点检测仪朝向明亮处，旋转目镜使视场内刻度线清晰。

④ 读出明暗分界线在最右侧标尺上的数值。冷却液冰点检测结果如图 15-4 所示。

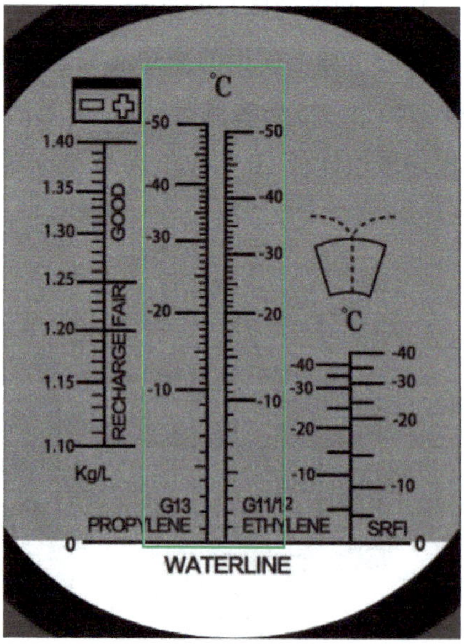

图 15-4　冷却液冰点检测结果

⑤ 测试完毕，用柔软抹布擦净棱镜表面和盖板，清洗吸管，将仪器收纳于包装盒内。

⑥ 判断冷却液冰点是否符合要求，如不符合要求则需要更换冷却液。

（3）冷却液性能检查

对冷却液的浓度进行检查，主要通过目视观察冷却液是否浑浊，是否有沉淀或水垢，若出现变质、使用性能下降等问题，必须更换冷却液。

（4）冷却液更换周期查验

冷却液一般使用2年或车辆行驶40 000 km更换一次。

（5）冷却系统密封性检查

冷却系统密封性检查一般采用气压法，方法是待冷却液冷却至环境温度后，将冷却系统密封性测试工具连接到冷却水箱上，之后通过冷却水箱向冷却系统内施加压力，等待数分钟后，读取冷却系统压力值是否下降。若压力值明显下降，则证明冷却系统存在泄漏的地方，需要查找泄漏点。若压力值无明显下降，则继续向冷却系统施加压力到规定的压力值，观察冷却水箱盖上的安全阀是否打开，若无法打开，则更换安全阀。

注意：

① 当冷却系统处于高温状态时，请勿打开冷却水箱盖，否则高温冷却液或蒸气会从冷却水箱中飞溅出来对人体造成伤害。

② 添加冷却液时需要参考车辆用户手册选择推荐的冷却液。

2. 技能操作

1）操作准备

准备技能操作所需的物料，见表15-1。

表15-1　物料准备

类别	所需物料
防护用品	车辆防护用品、人身安全防护用品、防护袋（或绝缘胶带）
资料	车辆维修手册
设备、工具	实训车辆、智能钥匙、绝缘工具套装、举升机、万用表、绝缘表、诊断仪、冰点测试仪、冷却液

2）冷却液检查

参照冷却液检查项目及检查方法，对冷却液进行检查，并将结果记录在表15-2中。

（二）冷却系统故障检修

1. 知识学习

1）冷却系统作用

新能源汽车冷却系统主要对动力蓄电池系统的动力蓄电池以及驱动电机系统的

驱动电机、电机控制器等高压部件进行冷却。

表 15-2　冷却液检查记录表

序号	检查项目	检查内容及结果			结果处理
1	液位	是否处于 MAX 与 MIN 标记之间	是□　否□		
		有无渗漏	有□　无□		
2	冰点	冰点:__________℃	是否符合使用环境	是□　否□	
3	性能	正常□　浑浊□　沉淀□　水垢□　变质□			
4	更换周期	__________年	是否符合周期条件	是□　否□	
		__________km			
5	密封性	压力值是否下降	是□　否□		
		安全阀是否打开	是□　否□		

动力蓄电池系统在充、放电过程中会释放一定的热量,为提高运行效率,可通过对动力蓄电池进行冷却,保持动力蓄电池较佳的工作温度,以改善其运行效率并延长单体电池的使用寿命。

驱动电机转子高速旋转会产生高温,热量通过机体传递,如果不进行降温,驱动电机将无法正常工作。因此,驱动电机机体内设置有冷却液管道,通过冷却液的循环与外界进行热交换。这样能将驱动电机的工作温度保持在一定范围内,防止驱动电机过热。

2) 冷却系统冷却方式

冷却系统常见的冷却方式有风冷式、液冷式和空调制冷剂冷却式。

(1) 风冷式冷却系统

风冷式冷却系统通过空气吹过发热部件表面带走热量,分为被动风冷式与强制风冷式。被动风冷式是利用车辆行驶时与空气的相对运动将空气引入动力蓄电池箱内;强制风冷式是利用散热风扇将车舱内的空气通过位于后风窗玻璃装饰板上的进气管吸入动力蓄电池箱内,向下流经动力蓄电池以降低其温度。

风冷式冷却系统的风道设计尤为关键,主要分为串行和并行两种方式。串行方式结构简单,但阻力大;并行方式结构较复杂且占用空间多,但散热均匀性好。风冷式冷却系统风道示意图如图 15-5 所示。

(2) 液冷式冷却系统

液冷式冷却系统通过冷却液在动力蓄电池、驱动电机、电机控制器等需要冷却的高压部件内部的冷却液管路中流动,利用热传导的原理,直接或间接接触后将高压部件产生的热量传递给冷却液，从而使高压部件保持最佳的工作温度。

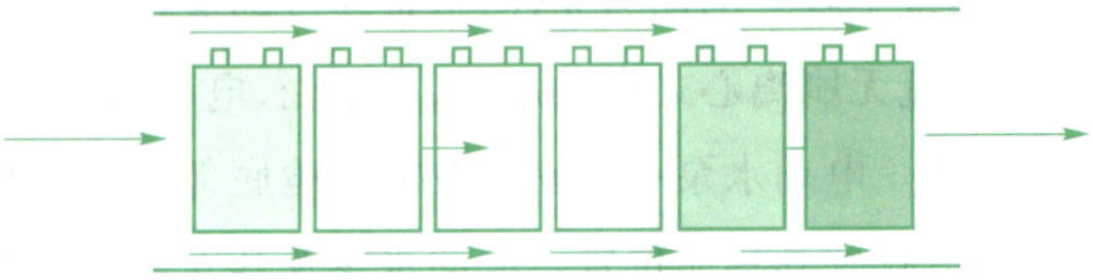
(a) 串行方式

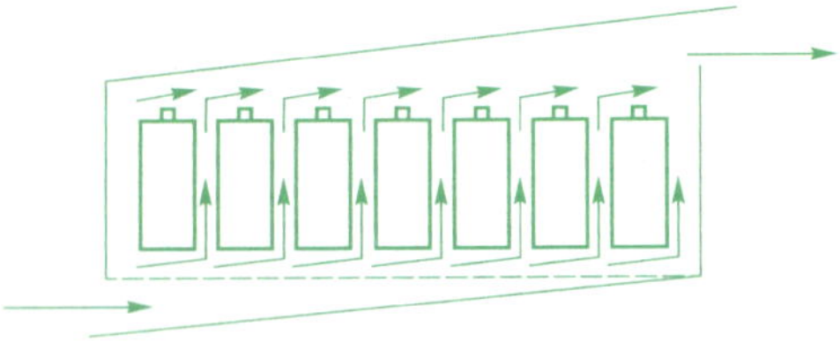
(b) 并行方式

图 15-5　风冷式冷却系统风道示意图

(3) 空调制冷剂冷却式冷却系统

依托车辆原有的空调系统，在空调制冷剂循环回路上增加一条支路，原有的管路仍然用于车内冷却，新增的支路则用于温控系统的冷却器冷却。空调系统新增的支路上安装有电磁阀，由温控系统控制单元控制电磁阀工作状态，将电磁阀打开后空调制冷剂流经冷却器，对同样流经冷却器的冷却液进行快速冷却。空调制冷剂冷却式冷却系统工作原理图如图 15-6 所示。

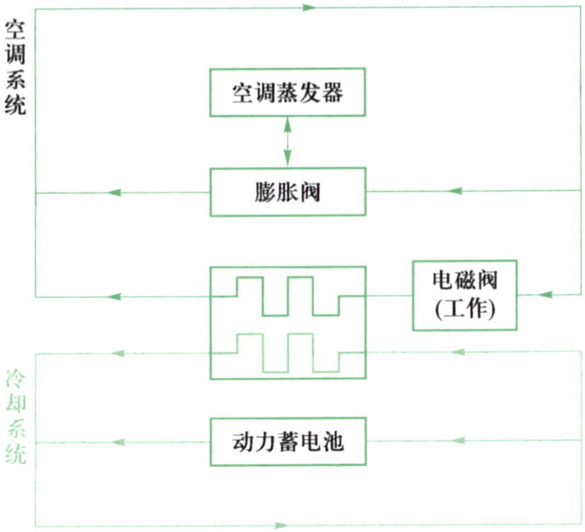

图 15-6　空调制冷剂冷却式冷却系统工作原理图

3) 液冷式冷却系统结构组成

液冷式冷却系统主要由电动水泵、温度传感器、散热器、散热风扇、冷却水箱、电动三通阀、冷却管道等部件组成，下面介绍其中的主要部件。

（1）电动水泵

电动水泵是冷却系统中唯一的动力元件，负责使冷却液在冷却管道中循环流动。新能源汽车一般采用直流无刷离心式电动水泵，由泵壳、电动水泵叶轮、轴承、驱动电机、电动水泵控制器构成。电动水泵一般安装在前机舱底部，通过固定螺栓固定在横梁上，可以循着冷却管道找到其具体位置。电动水泵及其安装位置如图 15-7 所示。

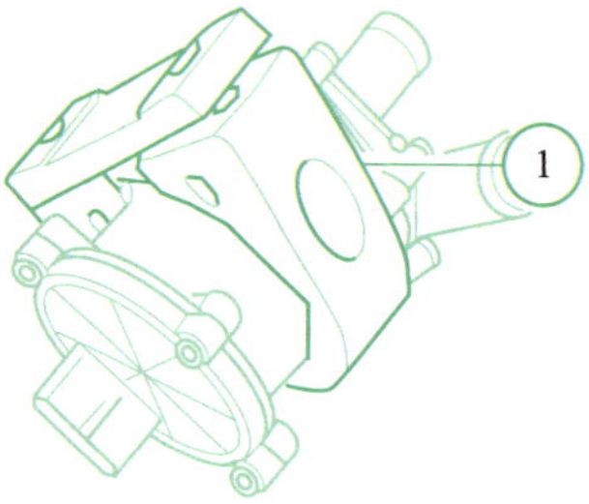

(a) 电动水泵

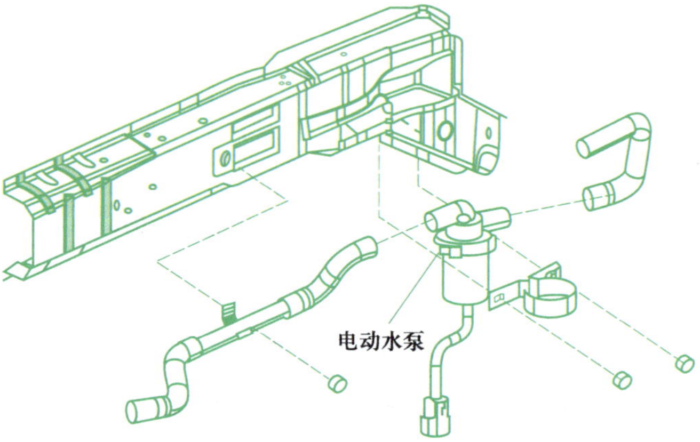

(b) 电动水泵安装位置

图 15-7　电动水泵及其安装位置

电动水泵的电动机转子旋转，带动和其固定连接的叶轮转动，电动水泵中的冷却液被叶轮带动一起旋转，在离心力的作用下被甩向电动水泵壳体的边缘，同时产生一定的压力，然后从出水口或水管流出。叶轮的中心处由于冷却液被甩出而压力降低，冷却水箱中的冷却液在电动水泵进口与叶轮中心的压力差作用下经水管被吸入叶轮中，实现冷却液的循环吸入。电动水泵吸入管道上的底阀是单向阀，电动水泵在启动前此阀关闭，保证泵体及吸入管道内能灌满冷却液。电动水泵启动后单向阀开启，冷却液便可以连续流入泵内。底阀下部装有滤网，防止杂物进入泵内堵塞管道。电动水泵工作原理图如图 15-8 所示。

电动水泵带动冷却液在冷却管道中循环流动，若电动水泵出现故障则冷却系统循环将受阻，导致高压部件热量无法及时释放，各高压部件工作温度上升，直至高温报警，车辆将断开高压供电。常见的电动水泵及其控制电路故障见表 15-3。

（2）散热器

散热器是冷却系统中重要的组成部分，其主要作用为增大冷却液散热面积，加快冷却液降温速度。

散热器的管道和散热片多用铝材制成，铝制管道做成扁平状，散热片做成波纹状。冷却系统工作时，携带了高压部件热量的冷却液流经散热器，冷却液在散热器内通过散热片与外部空气进行热量交换，再通过空气流动带走热量，实现冷却液的降

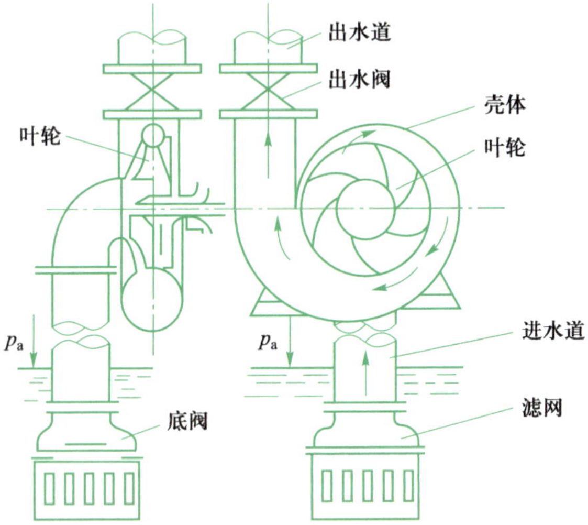

图 15-8　电动水泵工作原理图

表 15-3　常见的电动水泵及其控制电路故障

序号	故障类型	维修建议
1	电动水泵叶轮损坏	更换电动水泵总成
2	电动水泵电动机故障	更换电动水泵总成
3	电动水泵进/出水口堵塞	更换电动水泵总成
4	电动水泵壳体变形或渗漏	更换电动水泵总成
5	电动水泵供电线路故障	更换或维修线路
6	电动水泵搭铁线路故障	更换或维修线路
7	电动水泵继电器故障	更换电动水泵继电器
8	电动水泵控制器故障	更换电动水泵控制器

温。散热器安装在车辆前机舱前部，前格栅后方，与空调系统的冷凝器集成一体，可以通过冷却管道分辨出散热器与冷凝器，且散热器垂直于空气流动的方向，以实现更有效的散热。散热器如图 15-9 所示。

（3）散热风扇

散热风扇起到给冷却系统散热器驱散热量、加速降温的作用。散热风扇的转速一般分为低速与高速，格栅进风仅以空气对流方式无法使冷却液降低到合适的温度，因此冷却液中低温时散热风扇低速运转，冷却液高温时散热风扇高速运转。散热风扇有吸式和吹式两种安装形式，散热风扇安装在散热器前方为吹式，将前格栅进风吹向散热器；散热风扇安装在散热器后方为吸式，通过吸风增加流经散热器的风量。散热风扇安装方式如图 15-10 所示。

图 15-9　散热器

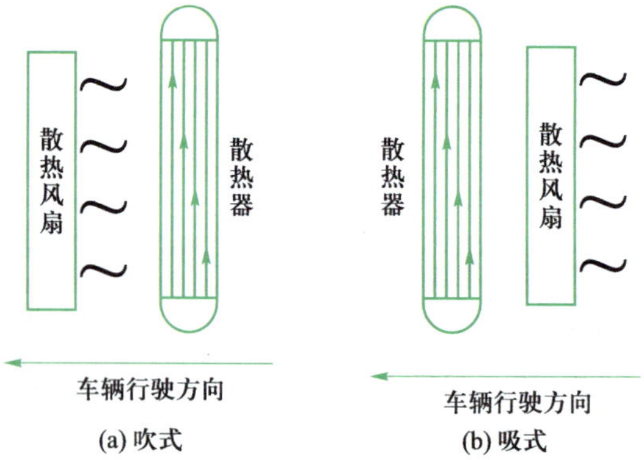

图 15-10　散热风扇安装方式

（4）冷却管道

冷却管道是指冷却系统中各个部件之间冷却液循环流动所用的管道。冷却管道一般分为硬管和软管，软管采用橡胶与尼龙纤维混合制成，长期使用有老化、渗漏、破损风险。冷却管道如图 15-11 所示。

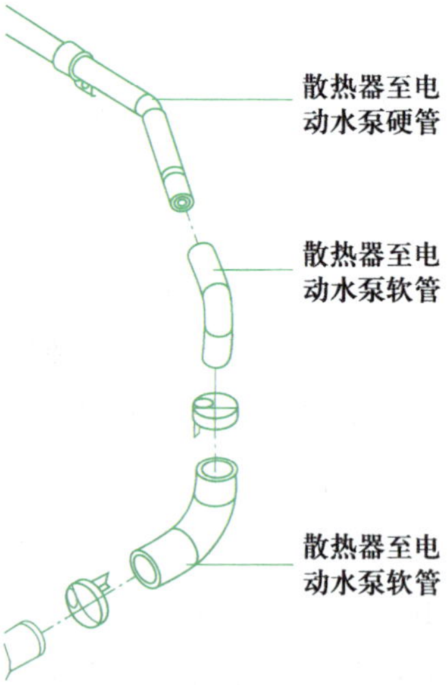

图 15-11　冷却管道

4）液冷式冷却系统工作原理

冷却系统未启动时，冷却系统控制单元根据动力蓄电池系统或驱动电机系统冷却支路上装配的温度传感器传递的温度信号控制冷却系统的工作，当温度超过阈值时冷却系统启动。冷却系统控制单元控制电动水泵运转，使冷却液在冷却管道中循环流动，冷却液经动力蓄电池箱底部的冷却管道，通过热传导将动力蓄电池的热量传递给冷却液。升温后的冷却液流经散热器，散热器中的细密管道增大了冷却液与空气的接触面积，可将冷却液中的热量有效带走。通过散热器冷却的冷却液再由电动水泵带动在冷却管道中进行循环。动力蓄电池冷却管道输入端与输出端都安装有温度传感器，用来监测输入与输出动力蓄电池的冷却液温度，通过两端冷却液温度差以及当前冷却液温度控制电动水泵与散热风扇转速，以进行冷却液温度控制。

新能源汽车一般有两条或多条支路，用以分别对驱动电机、电机控制器、动力蓄电池等高压部件进行冷却，通常是在支路上安装电动三通阀，然后由冷却系统控制单元控制电动三通阀工作，用以控制冷却液在各支路中的流动。液冷式冷却系统工作原理图如图 15-12 所示。

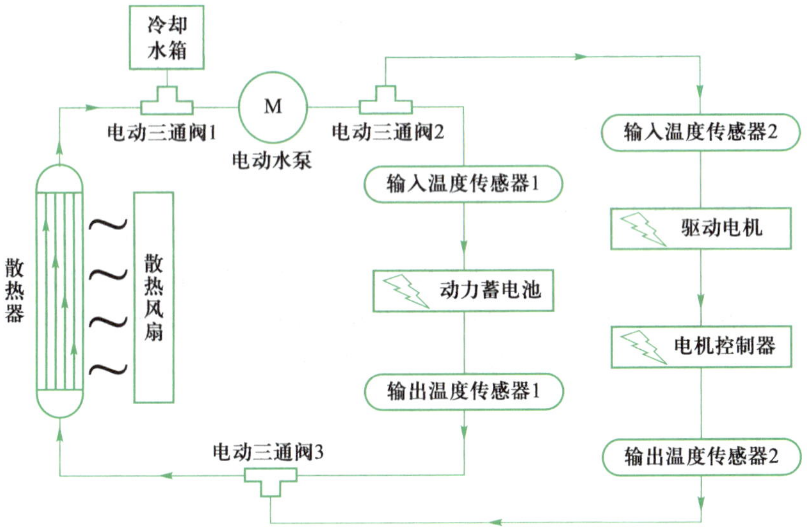

图 15-12　液冷式冷却系统工作原理图

5）冷却系统检查项目及故障分析

冷却系统的检查项目主要有三部分，即冷却液检查、冷却系统部件检查以及冷却系统电控系统检测。冷却系统检查项目及故障分析见表 15-4。

表 15-4　冷却系统检查项目及故障分析

序号	检查项目	故障分析
冷却液检查		
1	冷却液液位	冷却液液位低于 MIN 标记，可能冷却系统存在泄漏，需要检查冷却系统密封性，并检修泄漏部位
2	冰点	冷却液冰点与环境温度要求不符，需要更换冷却液
3	性能	冷却液浑浊，有沉淀、水垢或变质，需要更换冷却液，防止冷却管道堵塞
4	更换周期	超过更换周期需要更换冷却液
5	密封性	密封性差，可能冷却系统存在泄漏，需检查出泄漏部位并进行维修

续表

序号	检查项目	故障分析
冷却系统部件检查		
6	冷却管路	检查冷却管道是否有破损、渗漏等情况，若有，则进行相应管道的更换； 检查冷却管道是否有过度弯折，若有，则进行整理
7	散热器	清理散热器上的灰尘、杂草等杂物，检查散热器散热片是否有破损、渗漏，若有，则进行更换
冷却系统电控系统检测		
8	冷却系统控制单元	对冷却系统控制单元供电、搭铁以及 CAN 总线进行检测
9	电动水泵工作状况	若电动水泵不能正常工作，检测电动水泵电路，若电路正常，则更换电动水泵
10	电动三通阀工作状况	若某一支路冷却正常，另一支路冷却不正常，则对电动三通阀电路进行检测，若电路正常，则更换电动三通阀
11	散热风扇工作状况	若散热风扇高速、低速均不转动，则先对高速、低速的共同电路进行检测，若电路正常，则更换散热风扇；若高速或低速时不转动，则对相应的控制电路进行检测

2. 技能操作

1）操作准备

准备技能操作所需的物料，见表 15-5。

表 15-5　物料准备

类别	所需物料
防护用品	车辆防护用品、人身安全防护用品、防护袋（或绝缘胶带）
资料	车辆维修手册
设备、工具	实训车辆、智能钥匙、绝缘工具套装、举升机、万用表、绝缘表、诊断仪

2）故障验证

（1）仪表显示

起动车辆，观察车辆仪表显示，将相关内容记录在表 15-6 中。

表 15-6　仪表显示记录表

序号	项目	仪表显示	正常情况	是否正常
1	驱动系统已就绪信号装置（READY 指示灯）		点亮	是□　否□
2	系统故障信号装置		熄灭	是□　否□
3	驱动电机温度报警信号装置		熄灭	是□　否□

续表

序号	项目	仪表显示	正常情况	是否正常
4	异常信号装置		—	—
5	文字提示		—	—
6	语音提示		—	—
7	室外温度		—	—

（2）读取故障码

使用诊断仪读取故障码，将相关内容填写在表 15-7 中。

表 15-7　故障码信息记录表

序号	故障码	故障码描述	状态
例	P06056C	驱动电机温度过高	当前的
1			
2			

（3）读取数据流

使用诊断仪读取数据流，将相关内容填写在表 15-8 中。

表 15-8　数据流信息记录表

序号	控制单元	名称	当前值/状态	标准值/状态	是否正常
例	MCU	驱动电机温度	56 ℃	-20～40 ℃	是□　否☑
1					是□　否□
2					是□　否□
3					是□　否□
4					是□　否□
5					是□　否□

3）故障查询

（1）拆画电路图

参考车辆维修手册，将冷却系统电路图绘制在图 15-13 的框中。

图 15-13　冷却系统电路图

(2) 查找端子定义

查询车辆维修手册，将冷却系统涉及的连接器端子定义填写在表 15-9 中。

表 15-9 冷却系统连接器端子定义记录表

序号	端子号	定义	序号	端子号	定义
冷却系统控制单元					
例	FB99/27	控制单元常电	例	FB99/28	电动水泵控制输出
1			5		
2			6		
3			7		
4			8		
电动水泵					
1			3		
2			4		
电动三通阀					
1			5		
2			6		
3			7		
4			8		
散热风扇					
1			5		
2			6		
3			7		
4			8		

(3) 维修方案制订

根据读取到的故障信息，对故障进行初步分析，并制订维修方案，完成表 15-10 的填写。

表 15-10 故障分析及维修方案制订

故障分析：可能的故障原因或故障点	
1	
2	
3	
4	
5	

续表

维修方案/检测流程		
示例	外观检查	检查高压线束是否破损
1		
2		
3		
4		
5		
6		
7		
8		
9		
10		

4）冷却系统故障检测

（1）冷却系统控制单元检测

参考冷却系统电路图及车辆维修手册，对冷却系统控制单元进行检测，并将结果填写在表 15-11 中。

表 15-11　冷却系统控制单元检测记录表

序号	检测项目	检测点		检测条件	检测类型	标准值	检测值	分析
例	电源	T81/37	搭铁	打开起动开关	电压	蓄电池电压	12.45 V	正常
1	供电							
2	搭铁							
3	CAN 总线							

(2) 电动水泵检测

参考冷却系统电路图及车辆维修手册，对电动水泵进行检测，并将结果填写在表15-12中。

表 15-12　电动水泵检测记录表

序号	检测项目	检测点		检测条件	检测类型	标准值	检测值	分析
例	供电	FB82/4	车身	冷却系统工作	电压	+B	13.6 V	电动水泵供电正常
1	供电							
2	电动水泵继电器							
3	搭铁							
4	控制信号							

(3) 电动三通阀检测

参考冷却系统电路图及车辆维修手册，对电动三通阀进行检测，并将结果填写在表15-13中。

表 15-13　电动三通阀检测记录表

序号	检测项目	检测点		检测条件	检测类型	标准值	检测值	分析
例	供电	FB71/1	车身	打开起动开关	电压	+B	0 V	供电电路故障
电动三通阀 1								
1	供电							
2	搭铁							
3	控制信号							
电动三通阀 2								
1	供电							
2	搭铁							
3	控制信号							
电动三通阀 3								
1	供电							
2	搭铁							
3	控制信号							

(4) 散热风扇检测

参考冷却系统电路图及车辆维修手册，对散热风扇进行检测，并将结果填写在表 15-14 中。

表 15-14　散热风扇检测记录表

序号	检测项目	检测点		检测条件	检测类型	标准值	检测值	分析
例	低速继电器	R11/1	车身	散热风扇低速运转	电压	辅助蓄电池电压	0 V	继电器 87 端子未输出
散热风扇低速控制								
1	供电							
2	低速继电器							
散热风扇高速控制								
3	供电							
4	高速继电器							

5) 维修结果检验

打开起动开关，起动车辆，通过观察车辆仪表显示，并使用诊断仪读取故障码及数据流，判断车辆故障是否排除。进行维修结果检验，并将结果填写在表 15-15 中。

表 15-15 维修结果检验记录表

序号	检验项目	检验结果
1	车辆是否能够正常起动	是□ 否□
2	车辆仪表显示是否全部正常	是□ 否□
3	故障码是否完全清除	是□ 否□
4	相关数据流是否全部正常	是□ 否□

四、检查评估

对本任务的学习情况进行检查，并将相关内容填写在表 15-16 中。

表 15-16 检查表

检查项目	检查结果	结果点评
冷却液检查		
冷却液液位是否正常	是□ 否□	
冷却液加注口是否关闭	是□ 否□	
冷却系统故障检修		
是否正确检测到故障点	是□ 否□	
故障码是否清除	是□ 否□	
起动车辆后仪表显示是否正常	是□ 否□	
整理及恢复		
工具、设备是否整理归位	是□ 否□	
维修工位是否打扫干净	是□ 否□	
产生的垃圾是否分类处理	是□ 否□	
工作页是否填写完整	是□ 否□	

五、任务小结

本任务小结如图 15-14 所示。

- 冷却系统故障检修
  - 冷却液检查
    - 冷却液作用：防冻、冷却、防腐等，用在冷却系统中，作为热量传递介质吸收高压部件散发的热量
    - 冷却液使用性能：黏度小、冰点低、沸点高、热传导性好且不产生水垢、不易起泡沫
    - 冷却水箱
      - 作用：用于存储冷却液
      - 安装位置：一般位于前机舱内
      - 数量：1个、2个或3个
    - 冷却液牌号：−20、−25、−30、−35、−40和−45六种
    - 冷却液选用：选择冰点比环境温度低10°C以上的冷却液
    - 冷却液检查项目：冷却液液位检查、冰点检测、性能检查、更换周期查验以及冷却系统密封性检查
  - 冷却系统故障检修
    - 冷却系统作用
      - 主要对动力蓄电池系统的动力蓄电池以及驱动电机系统的驱动电机、电机控制器等高压部件进行冷却
    - 冷却系统冷却方式
      - 风冷式、液冷式和空调制冷剂冷却式
    - 液冷式冷却系统
      - 结构组成：电动水泵、温度传感器、散热器、散热风扇、冷却水箱、电动三通阀、冷却管道等
      - 工作原理：控制单元根据温度信号控制电动水泵工作，带动冷却液循环流动，冷却液通过热传导将高压部件热量带走，经散热器对冷却液进行冷却，支路上安装三通阀以控制冷却液流向
      - 检查项目：冷却液检查、冷却系统部件检查以及冷却系统电控系统检测

图 15-14　任务十五小结

任务十六　整车温控系统故障检修

一、任务导入

场景：某品牌新能源汽车售后维修车间。

人物：维修技师小王、车主张先生。

情节：售后维修车间拖来了一辆新能源故障车，据车主张先生所说，车辆行驶一段时间后仪表提示冷却液温度过高，停车后车辆便自动熄火。小王根据张先生的描述初步判断该车温控系统出现故障，从而导致动力蓄电池、驱动电机等高压部件无法有效散热，但在该车送检过程中各部件已经逐渐冷却，短时间难以进行故障验证，于是小王根据初步判断对该故障进行诊断与检修。

二、任务目标

◇ 能根据车辆维修手册，通过实车查找验证，正确绘制出温控系统结构示意图。

◇ 能根据车辆电路图手册以及温控系统检测内容，使用诊断仪、万用表等工具，规范完成温控系统故障检修作业。

三、任务实施

（一）温控系统结构示意图绘制

1. 知识学习

1）温控系统作用

温控系统的作用是根据温度传感器传递的温度信息切换冷却系统或加热系统的工作模式，使冷却系统或加热系统作用的驱动电机系统、动力蓄电池系统等在正常温度区间工作，从而延长部件使用寿命。

2）温控系统组成

温控系统一般由温控系统控制单元、温度传感器、高压液体加热器、冷却器、电磁阀、电动三通阀以及空调系统与高压部件组成。温控系统组成结构简图如图 16-1 所示。

3）温控系统结构形式

随着车辆上冷却技术与加热技术的发展，以及整车温度控制策略的改变，现如今新能源汽车上的冷却系统与加热系统一般不再是独立的系统，冷却方式与加热方式

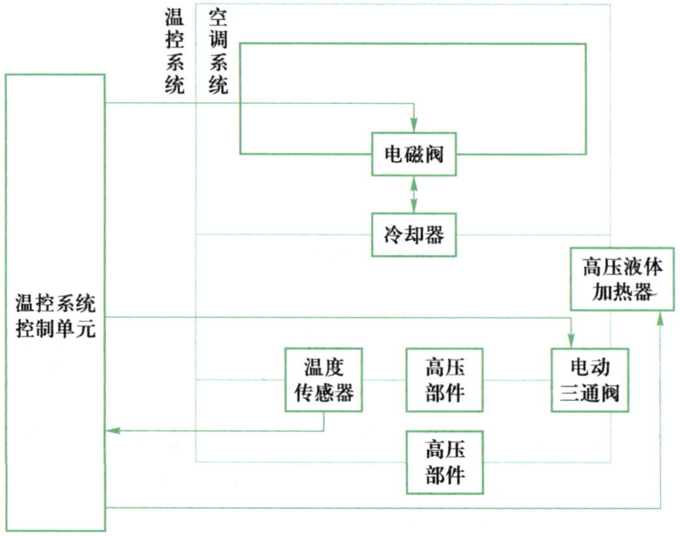

图 16-1　温控系统组成结构简图

也进行了合理的结合，将冷却系统与加热系统整合为温控系统，统一进行高压部件温度的调节控制。空调系统也不再单单只对车舱内制冷或制热，而是整合到温控系统中，有效提升了温控系统的冷却或加热效率。

车型不同，应用的冷却技术与加热技术也不相同，常见的温控系统结构形式如下。

（1）独立型

独立型温控系统中，冷却系统与加热系统独立工作，动力蓄电池加热方式为加热片式，驱动电机、电机控制器、动力蓄电池冷却方式为液冷式。独立型温控系统结构示意图如图 16-2 所示。

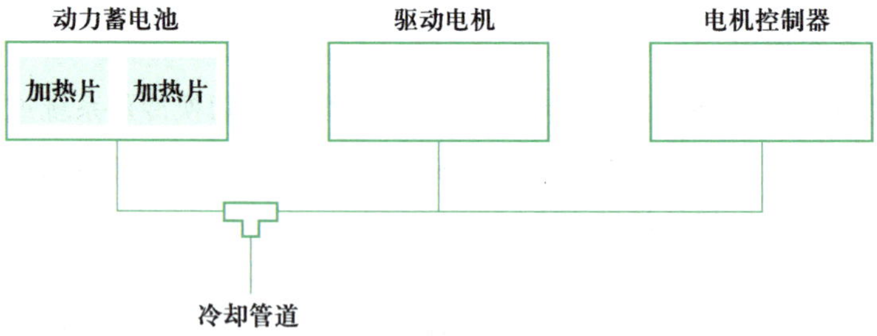

图 16-2　独立型温控系统结构示意图

（2）冷却液两用型

冷却液两用型温控系统中，冷却液不仅负责为驱动电机、电机控制器、动力蓄电池进行冷却，通过在动力蓄电池支路加装高压液体加热器，冷却液也能为动力蓄电池提供加热功能。冷却液两用型温控系统其结构示意图如图 16-3 所示。

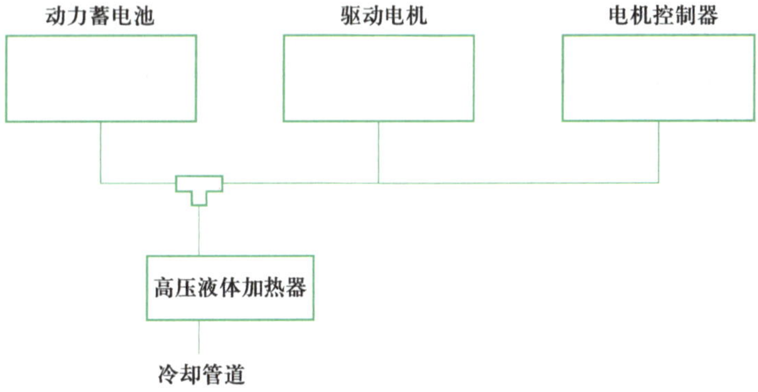

图 16-3　冷却液两用型温控系统结构示意图

(3) 空调辅助冷却型

空调辅助冷却型温控系统中加装冷却器，由冷却器将空调管道与冷却管道相接触，通过空调系统加速冷却液冷却效率。其加热方式有两种，一是独立型的加热片式，二是加热冷却液式。空调辅助冷却型温控系统结构示意图如图 16-4 所示。

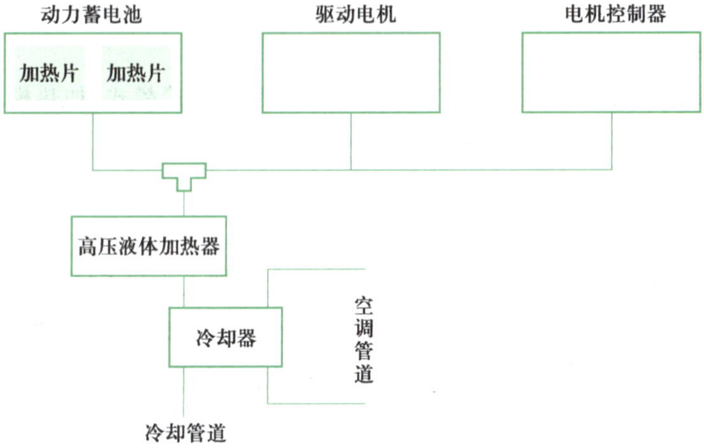

图 16-4　空调辅助冷却型温控系统结构示意图

2. 技能操作

1) 操作准备

准备技能操作所需的物料，见表 16-1。

表 16-1　物料准备

类别	所需物料
高压安全防护用品	人身安全防护用品、车辆防护用品、操作场地安全防护用品
资料	车辆维修手册
设备、工具	实训车辆、智能钥匙、万用表、防护袋(或绝缘胶带)、绝缘工具、举升机、绝缘表、手电筒

2）温控系统结构示意图绘制

参考车辆维修手册以及实车查找验证，将实训车辆温控系统结构示意图绘制在图 16-5 的框中。

图 16-5　温控系统结构示意图

（二）温控系统故障检修

1. 知识学习

1）温控系统工作模式

温控系统一般有 4 种工作模式，分别为慢冷模式、快冷模式、加热模式以及保温模式，这 4 种工作模式可以根据环境温度和高压部件对温度的不同需求进行自动切换。

（1）慢冷模式

中低温时，车辆处于相对柔和的工况，发热量小，驱动电机系统、动力蓄电池系统工作产生的热量便通过冷却液散发到空气中。当检测到部件温度为 25～38 ℃时，温控系统运行于慢冷模式。温控系统慢冷模式循环过程如图 16-6 所示。

（2）快冷模式

中高温时，车辆处于相对恶劣的工况，发热量较高，驱动电机系统、动力蓄电池系统工作产生的热量由冷却液带走，之后不仅通过散热器将冷却液的热量散发到空气中，还利用空调制冷剂共同作用使冷却液快速降温。当检测到部件温度大于 38 ℃时，温控系统运行于快冷模式。温控系统快冷模式循环过程如图 16-7 所示。

（3）加热模式

低温时，环境温度和动力蓄电池温度较低，通过高压液体加热器加热冷却液，再由冷却液加热动力蓄电池。当检测到动力蓄电池温度小于 5 ℃时，温控系统运行于加热模式。温控系统加热模式循环过程如图 16-8 所示。

（4）保温模式

低温时，若动力蓄电池温度高于一定阈值，温控系统进入保温模式。当检测到动力蓄电池温度小于 5 ℃时，再次切换至加热模式。

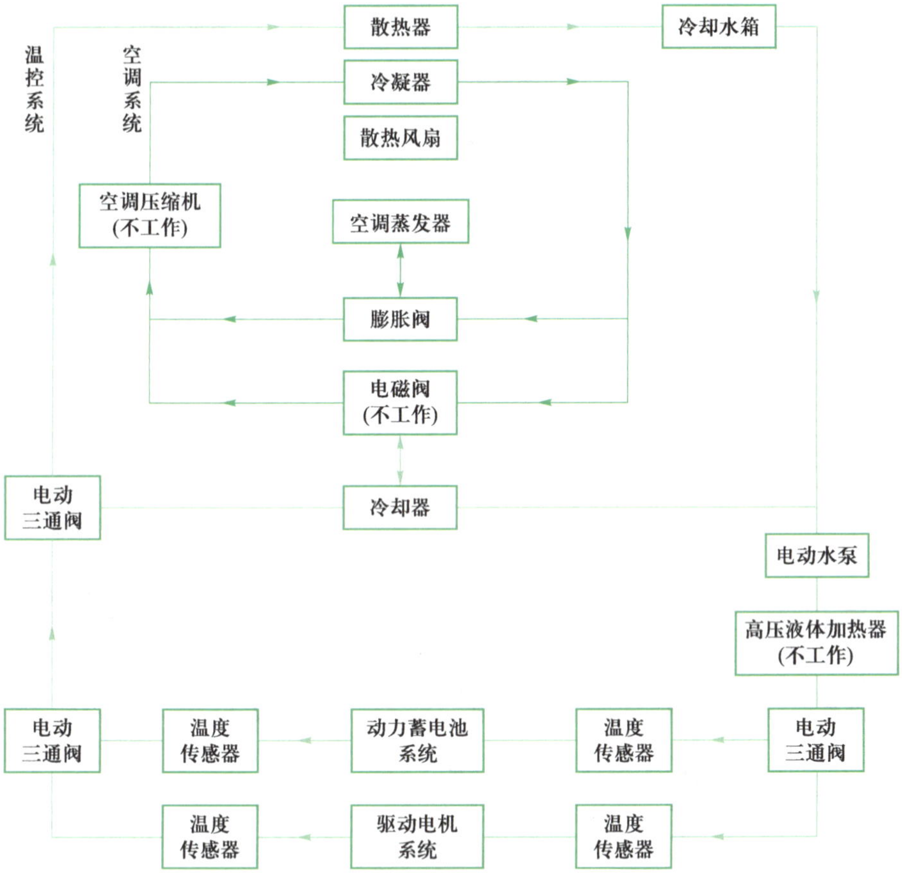

图 16-6　温控系统慢冷模式循环过程

2）冷却器工作原理

冷却器是用于流体降温的换热设备，新能源汽车温控系统中应用的冷却器一般与电磁阀集成为一体。冷却器本身为机械结构，电磁阀则是由温控系统控制单元来控制开闭，当电磁阀打开时，空调管道中的液态冷凝剂流经冷却器并蒸发。冷却器为上下两层结构，一层流过空调系统的冷凝剂，另一层流过冷却系统的冷却液，两层中间为导热性能较好的铜或其他金属片。

为了增大冷凝剂与冷却液的接触面积，提高冷却液散热效率，冷却器单个腔体内部类似空调系统的冷凝器与蒸发器都采用回环结构，如图 16-9 所示。

3）高压液体加热器工作原理

高压液体加热器的工作原理类似空调制热系统的 PTC 加热器，它利用高压直流电使内部电阻元件发热，再通过热交换器的热传递加热冷却液，从而使加热后的冷却液加热动力蓄电池。高压液体加热器如图 16-10 所示。

4）温控系统控制单元安装位置

新能源汽车的温控系统控制单元一般安装在仪表台下方，温控系统控制单元通

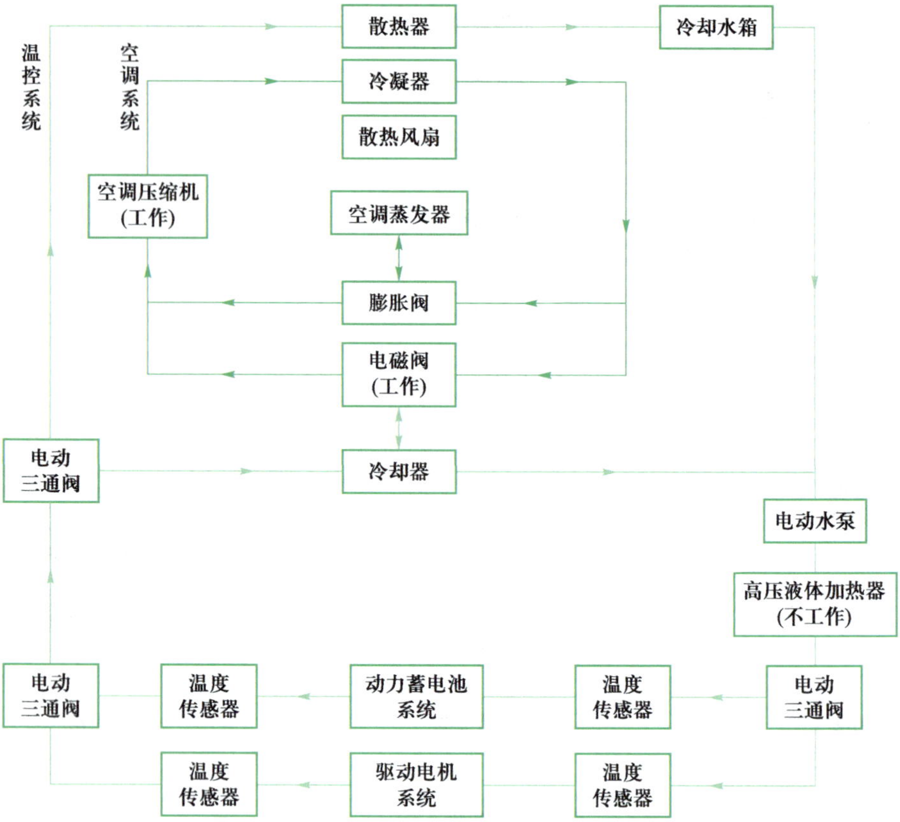

图 16-7　温控系统快冷模式循环过程

过螺栓固定在仪表台支架上，并通过可靠的连接器与其他电器相连接。温控系统控制单元安装位置如图 16-11 所示。

5）温控系统检测内容

首先根据车辆维修手册在实训车辆上查找到温控系统控制单元安装位置，之后对温控系统控制单元的供电、搭铁以及 CAN 通信一一进行检测，再对温控系统所包含的温度传感器、高压液体加热器、电磁阀、电动三通阀、电动水泵、散热风扇、加热片等部件的低压电路进行检测。

2. 技能操作

1）操作准备

准备技能操作所需的物料，见表 16-2。

2）故障验证

(1) 仪表显示

起动车辆，观察车辆仪表显示，将相关内容记录在表 16-3 中。

(2) 读取故障码

使用诊断仪读取故障码，将相关内容填写在表 16-4 中。

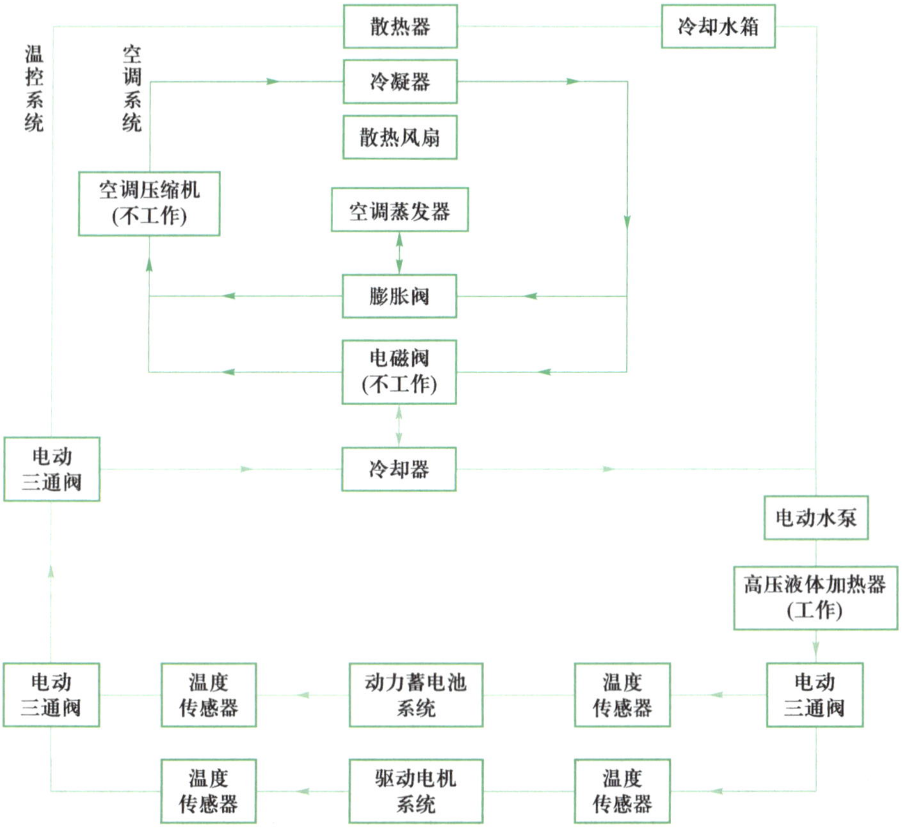

图 16-8　温控系统加热模式循环过程

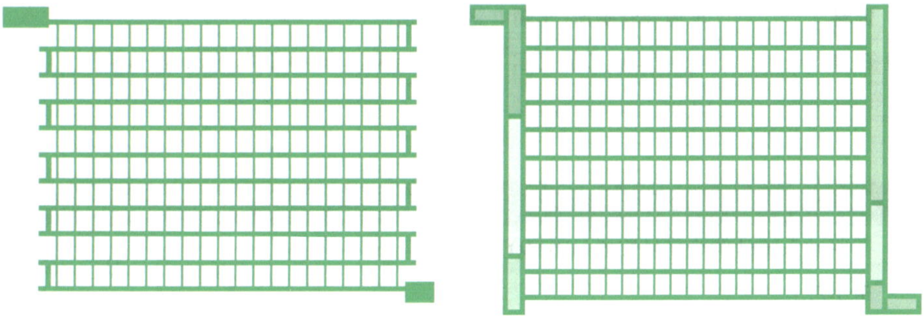
图 16-9　冷却器腔体结构

(3) 读取数据流

使用诊断仪读取数据流，将相关内容填写在表 16-5 中。

3) 故障查询

(1) 拆画电路图

参考车辆维修手册，将温控系统电路图绘制在图 16-12 的框中。

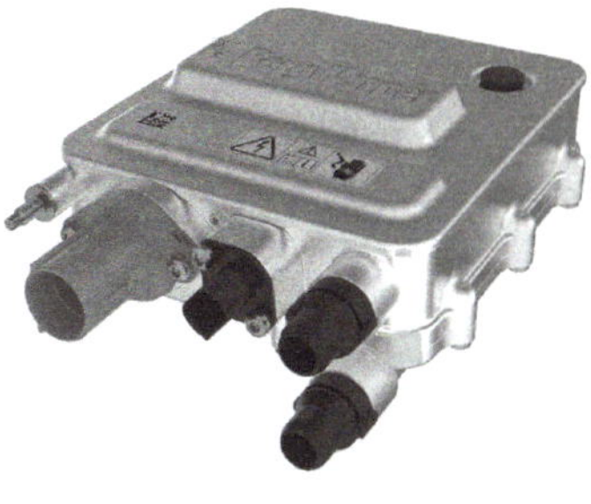
图 16-10　高压液体加热器

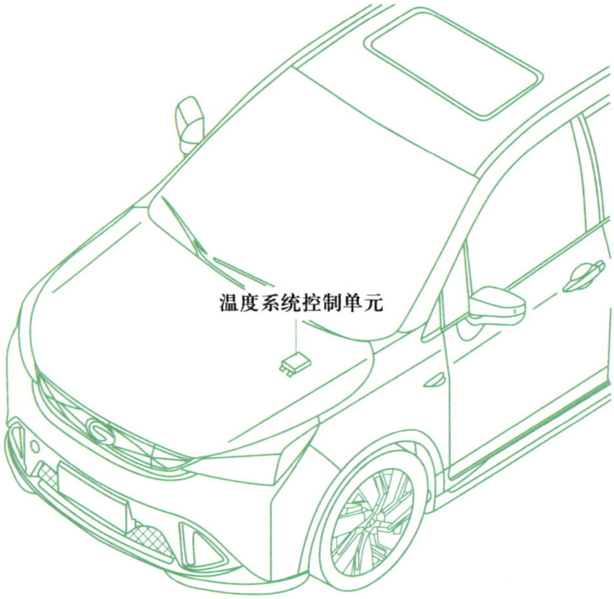

图 16-11　温控系统控制单元安装位置

表 16-2　物料准备

类别	所需物料
高压安全防护用品	人身安全防护用品、车辆防护用品、操作场地安全防护用品、防护袋（或绝缘胶带）
资料	车辆维修手册、车辆电路图手册
设备、工具	实训车辆、智能钥匙、万用表、绝缘工具、举升机、绝缘表、诊断仪

表 16-3　仪表显示记录表

序号	项目	仪表显示	正常情况	是否正常
1	驱动系统已就绪信号装置（READY 指示灯）		点亮	是□　否□
2	系统故障信号装置		熄灭	是□　否□
3	室外温度		—	—
4	异常信号装置		—	—
5	文字提示		—	—
6	语音提示		—	—

表 16-4　故障码信息记录表

序号	故障码	故障码描述	状态
例	P06J81C	与温控系统通信丢失	当前的

续表

序号	故障码	故障码描述	状态
1			
2			

表 16-5　数据流信息记录表

序号	控制单元	名称	当前值/状态	标准值/状态	是否正常
1	温控系统	驱动电机温度	56℃	-20~40℃	是□　否☑
2					是□　否□
3					是□　否□
4					是□　否□
5					是□　否□

图 16-12　温控系统电路图

(2) 查找端子定义

查询车辆维修手册,将温控系统涉及的连接器端子定义填写在表 16-6 中。

表 16-6　温控系统连接器端子定义记录表

序号	端子号	定义	序号	端子号	定义
例	FB99/27	温控系统控制单元常电	例	FB99/28	电动水泵控制输出
1			10		
2			11		
3			12		
4			13		
5			14		
6			15		
7			16		
8			17		
9			18		

4）维修方案制订

根据读取到的故障信息，对故障进行初步分析，并制订维修方案，完成表 16-7 的填写。

表 16-7　故障分析及维修方案制订

故障分析：可能的故障原因或故障点		
1		
2		
3		
4		
5		
维修方案/检测流程		
示例	外观检查	检查高压线束是否破损
1		
2		
3		
4		
5		
6		
7		
8		
9		
10		

5）温控系统故障检测

参考温控系统电路图及检测内容，对温控系统涉及的各部分依次进行检测，并将结果填写在表 16-8 中。

表 16-8　温控系统检测记录表

序号	检测项目	检测点		检测条件	检测类型	标准值	检测值	分析
例	电源	T81/37	搭铁	打开起动开关	电压	蓄电池电压	12.45 V	正常
温控系统控制单元								
1	供电							

续表

序号	检测项目	检测点	检测条件	检测类型	标准值	检测值	分析
1	供电						
2	搭铁						
3	CAN 通信						
温度传感器							
1	信号						
2	供电						
3	搭铁						
4	电阻						
加热片							
1	加热片总正、总负						
2	加热片 1						
3	加热片 2						
4	加热片 3						
5	加热片 4						
6	加热继电器线圈						
7	加热继电器高压触点						

续表

序号	检测项目	检测点		检测条件	检测类型	标准值	检测值	分析
				高压液体加热器				
1	供电							
2	搭铁							
3	控制信号							
				电动水泵				
1	供电							
2	电动水泵继电器							
3	搭铁							
4	控制信号							
				电动三通阀				
1	供电							

续表

序号	检测项目	检测点		检测条件	检测类型	标准值	检测值	分析
2	搭铁							
3	控制信号							
电磁阀								
1	供电							
2	搭铁							
3	控制信号							
散热风扇								
1	低速风扇供电							
2	低速继电器							
3	高速风扇供电							
4	高速继电器							

6）维修结果检验

打开起动开关，起动车辆，通过观察车辆仪表显示，并使用诊断仪读取故障码及数据流，判断车辆故障是否排除。进行维修结果检验，并将结果填写在表 16-9 中。

表 16-9　维修结果检验记录表

序号	检验项目	检验结果
1	车辆是否能够正常起动	是□　否□
2	车辆仪表显示是否全部正常	是□　否□
3	故障码是否完全清除	是□　否□
4	相关数据流是否全部正常	是□　否□

四、检查评估

对本任务的学习情况进行检查，并将相关内容填写在表 16-10 中。

表 16-10　检查表

检查项目	检查结果	结果点评
温控系统结构示意图绘制		
绘制的温控系统结构示意图是否与实训车辆相符	是□　否□	
绘制的温控系统结构示意图是否完整	是□　否□	
温控系统故障检修		
是否正确检测出温控系统故障点	是□　否□	
温控系统运行是否正常	是□　否□	
故障码是否清除	是□　否□	
整理及恢复		
工具、设备是否整理归位	是□　否□	
维修工位是否打扫干净	是□　否□	
产生的垃圾是否分类处理	是□　否□	
工作页是否填写完整	是□　否□	

五、任务小结

本任务小结如图 16-13 所示。

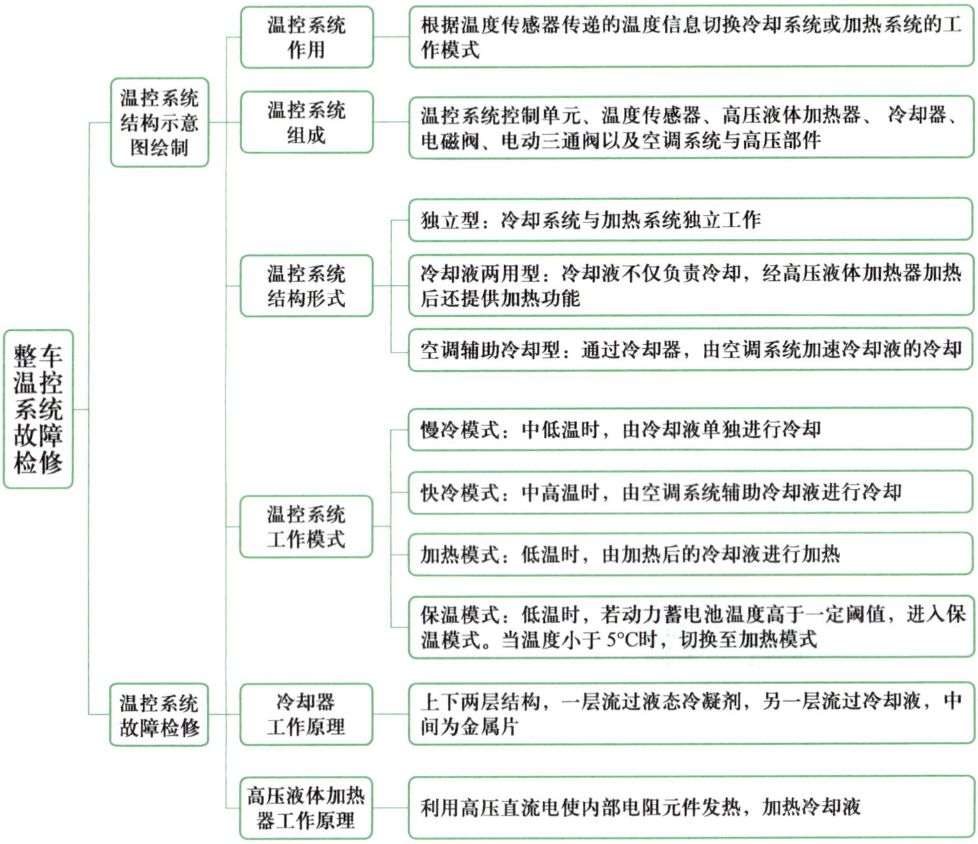

图 16-13　任务十六小结

参考文献

[1] 赵振宁. 新能源汽车整车控制系统诊断[M]. 北京:机械工业出版社,2022.

[2] 田晋跃,郭荣. 新能源汽车整车控制技术[M]. 北京:人民邮电出版社,2021.

[3] 包丕利. 新能源汽车整车控制系统检测与维修[M]. 北京:北京理工大学出版社,2020.

[4] 夏建武,许云珍. 电动汽车整车控制技术[M]. 北京:人民交通出版社,2018.

[5] 吴东盛,杨正荣,沐俊杰. 新能源汽车整车控制系统检修[M]. 北京:机械工业出版社,2022.

[6] 赵振宁,侯丽春. 新能源汽车整车控制系统原理与检测[M]. 北京:北京理工大学出版社,2019.

郑重声明

高等教育出版社依法对本书享有专有出版权。任何未经许可的复制、销售行为均违反《中华人民共和国著作权法》，其行为人将承担相应的民事责任和行政责任；构成犯罪的，将被依法追究刑事责任。为了维护市场秩序，保护读者的合法权益，避免读者误用盗版书造成不良后果，我社将配合行政执法部门和司法机关对违法犯罪的单位和个人进行严厉打击。社会各界人士如发现上述侵权行为，希望及时举报，我社将奖励举报有功人员。

反盗版举报电话　(010) 58581999　58582371

反盗版举报邮箱　dd@hep.com.cn

通信地址　北京市西城区德外大街4号

高等教育出版社法律事务部

邮政编码　100120

读者意见反馈

为收集对教材的意见建议，进一步完善教材编写并做好服务工作，读者可将对本教材的意见建议通过如下渠道反馈至我社。

咨询电话　400-810-0598

反馈邮箱　gjdzfwb@pub.hep.cn

通信地址　北京市朝阳区惠新东街4号富盛大厦1座

高等教育出版社总编辑办公室

邮政编码　100029